Chronicle V

ODA Mitsuo
小田光雄

出版状況クロニクル V

2016.1~2017.12

論創社

はじめに

『出版状況クロニクル』の5冊目をお届けする。

これまでと同様に、本クロニクルは出版業界の歴史と構造、出版社・取次・書店という近代出版流通システムと再販委託制の問題をベースにして、第一次データというべき出版物販売金額を始めとする数字をたどり、毎月の出版業界を定点観測した記録からなっている。

今回は２０１６年から17年にかけてであるが、出版状況が月を追うごとに悪化し、危機から崩壊と解体へと向かっていることが生々しく伝わってくるだろう。

太洋社の破綻から始まり、丸善ジュンク堂の経営陣の辞任に至る、この2年間は雑誌の凋落と重なり、これまで以上に出版業界に大きな衝撃をもたらしたはずだ。

この先に何が待ち受けているのか、それを記録することが本クロニクルに負わされた義務のようにも思えてくる。

それゆえにもうしばらく書き続けていくことを約束しよう。

著者

目次

2017年度

2016年度

クロニクル❶　2016年1月

15年12月の書籍雑誌の推定販売金額は1290億円で、前年比5・6%減。その内訳は書籍が572億円で、同1・4%増、雑誌は718億円で、同10・5%減、そのうちの月刊誌は600億円で、9・3%減、週刊誌は117億円で、16・5%減。

雑誌の落ちこみは3ヵ月続けて二ケタマイナスで、これに16年はさらにマイナスを重ねていくことになれば、月刊誌にしても週刊誌にしても、採算ベースを割ってしまう雑誌が多く出てくると予測される。15年の月刊誌は7・2%減、週刊誌は13・6%減となっているからだ。

雑誌をベースにして組み立てられた出版社・取次・書店という近代出版流通システムが解体していく悲鳴のようなものが、マイナス数字にこめられている。

それでも返品率のほうは年末とあってか、書籍37・4%、雑誌38・8%と40%を下回った。

このような出版状況の中で、2016年が始まっていることになる。

〔1〕　出版科学研究所による1996年から2015年にかけての出版物推定販売金額の推移を

■出版物推定販売金額 (億円)

年	書籍		雑誌		合計	
	金額	(前年比)	金額	(前年比)	金額	(前年比)
1996	10,931	4.4%	15,633	1.3%	26,564	2.6%
1997	10,730	▲1.8%	15,644	0.1%	26,374	▲0.7%
1998	10,100	▲5.9%	15,315	▲2.1%	25,415	▲3.6%
1999	9,936	▲1.6%	14,672	▲4.2%	24,607	▲3.2%
2000	9,706	▲2.3%	14,261	▲2.8%	23,966	▲2.6%
2001	9,456	▲2.6%	13,794	▲3.3%	23,250	▲3.0%
2002	9,490	0.4%	13,616	▲1.3%	23,105	▲0.6%
2003	9,056	▲4.6%	13,222	▲2.9%	22,278	▲3.6%
2004	9,429	4.1%	12,998	▲1.7%	22,428	0.7%
2005	9,197	▲2.5%	12,767	▲1.8%	21,964	▲2.1%
2006	9,326	1.4%	12,200	▲4.4%	21,525	▲2.0%
2007	9,026	▲3.2%	11,827	▲3.1%	20,853	▲3.1%
2008	8,878	▲1.6%	11,299	▲4.5%	20,177	▲3.2%
2009	8,492	▲4.4%	10,864	▲3.9%	19,356	▲4.1%
2010	8,213	▲3.3%	10,536	▲3.0%	18,748	▲3.1%
2011	8,199	▲0.2%	9,844	▲6.6%	18,042	▲3.8%
2012	8,013	▲2.3%	9,385	▲4.7%	17,398	▲3.6%
2013	7,851	▲2.0%	8,972	▲4.4%	16,823	▲3.3%
2014	7,544	▲4.0%	8,520	▲5.0%	16,065	▲4.5%
2015	7,419	▲1.7%	7,801	▲8.4%	15,220	▲5.3%

示す。

【『出版状況クロニクルⅣ』の**48**で、15年度の出版物売上高は1兆5200億円前後であろうと予測しておいたが、ほぼ同様の数字となった。そればかりでなく、表から分かるように、15年は5・3%と最大の落ちこみである。雑誌の8・4%の凋落に象徴されるように、16年はさらにマイナスが加速していくことは確実だ。この1996年から2015年にかけての出版物販売金額の推移の中に、出版業界の失われた20年の実態がこめられている。何と20年間で1兆1344億円が失われたのであり、数年のうちに半減ということになろう。これが90年代後半から崩壊過程に入っていた、再販委託制に基づく出版社・取次・書店という近代出版流通システムの帰結だといっていい。2000年の時点で、そうした状況に抗するためには出版業界の歴史を検証し、危機感を共有し、再販委託制に代わる現代出版流通システムを提起しようとする想像力の確立が必要だと考え、私が出版業界の絶対権力者であれば、どうするかという書籍に関する13の試案を、安藤哲也、永江朗との鼎談集『出版クラッシュ?!』（編書房）の「あとがき」に記したことがあった。それらを以下に再録してみる。

1　再販制と委託制の廃止。
2　低正味買切制へ移行。書店マージンを10％上げ、出版社は卸正味を10％下げる。
3　販売価格は書店が自由に決める。
4　1年間書店の新規開店凍結。
5　1年間新刊書籍の刊行を中止。
6　書店は新刊仕入れがなくなる訳だから、既刊分を自主的に選んで棚作りに専念する。
7　出版社の編集部は1年間営業に回り、書店営業を体験し、書店の生の声を聞く。
8　取次は新刊配本がなくなり、売上は下がるが返品がゼロとなるため、流通経費は大幅に下がる。買切注文制にすれば入金率は上がる。歩戻しも廃止する。
9　新刊発刊を1年間停止すれば、新古本産業に流入する新古本は激減すると予測される。
10　このことによって、書店はブックストアとマガジンショップに棲み分けしていくことになる。
11　新刊委託配本はなくなり、書店はプロの仕入れが必要となる。従って本に詳しい書店人が専門職として成立する。

12　買切注文制により、返品ゼロ市場が出現すれば、何よりも資源の保護につながる。
13　無論、淘汰される出版社、取次、書店も予想されるが、業界三社が仕入れを巡る緊張した関係を構築する方向に向かう。

これらはあまりにも空想的で実現不可能な暴論だとの、反論、異論を受けたことを思い出す。しかしその後の出版危機の進行と深刻化、その帰結としての現在の出版状況を直視すれば、こうした改革へと向かうしかなかったと判断するしかない。だがそれらはひとつも実現することはなかったし、出版業界は末期的な危機状況の中に追いやられてしまったことになる】

〔2〕　出版科学研究所が電子出版市場の独自の推計を始め、『出版月報』1月号に掲載しているので、それも引いておく。

【これまでは電子出版市場に関して、『出版状況クロニクルⅣ』などで示しておいたように、インプレスのよる調査を参照してきた。こちらは4月から3月期の年度だが、出版科学研究所は1月から12月の暦年であるので、２０１４年の数字に違いが生じている。それはともかく、15年電子出版市場規模は１５０２億円で、前年比３１・３％増となっている。そのコアはやはりコミックで、77％のシェアを占める１１４９億円に及び、スマートフォンの普及による市場規模拡大とされ

■電子出版市場規模　（単位：億円）

年	2014	2015	前年比（%）	占有率
コミック	882	1,149	130.3	76.5
電子書籍	192	228	118.8	15.2
電子雑誌	70	125	178.6	8.3
合計	1,144	1,502	131.3	100.0

■2015年　年間出店・閉店状況　(面積：坪)

月	◆新規店			◆閉店		
	店数	総面積	平均面積	店数	総面積	平均面積
1月	3	431	144	68	5,562	87
2月	6	657	110	69	7,642	114
3月	21	3,701	176	97	8,503	93
4月	31	5,642	182	53	3,960	81
5月	11	4,090	372	52	4,135	83
6月	9	1,062	118	51	3,663	75
7月	17	4,655	274	47	4,996	114
8月	7	2,342	335	54	6,258	118
9月	21	2,805	134	61	6,125	107
10月	25	4,183	167	52	2,769	60
11月	19	3,614	190	41	4,406	113
12月	19	2,358	124	23	2,837	135
合計	189	35,540	188	668	60,856	97
前年実績	217	48,215	222	656	64,920	108
増減率(%)	▲12.9	▲26.3	▲15.4	1.8	▲6.3	▲10.4
増減率（%）	18.3	17.9	▲0.3	2.3	−	▲2.6

る。出版科学研究所はこれから上半期と下半期と年2回調査発表していくようなので、これ以上のコメントは加えず、まずはデータを示しておくことにする】

〔3〕アルメディアによる2015年の書店出店・閉店数が出された。

【出店189店に対して、閉店668店である。これは15年も書店が減少し続けていることを告げているし、それは坪数も同様で、出店と差し引きすれば、2万5316坪の純減だが、閉店による減床面積は6万856坪である。閉店1店当たりの平

■2015年売場面積上位店　（単位：坪）

順位	店名	売場面積	所在地
1	二子玉川蔦屋家電	2,200	東京都
2	MARUZEN 名古屋本店	1,500	愛知県
3	文苑堂書店富山豊田店	1,406	富山県
4	梅田蔦屋書店	1,200	大阪府
5	ジュンク堂書店高松店	1,128	香川県
6	三省堂書店池袋本店	1,030	東京都
7	丸善京都本店	999	京都府
8	蔦屋書店茂原店	900	千葉県
9	ビッグワン TSUTAYA 宇都宮南店	800	栃木県
10	丸善岐阜店	772	岐阜県

均面積は97坪となり、14年の100坪よりも縮小しているが、ほぼ毎日97坪相当の2店が閉店し、膨大な返品が生じているとわかる。大型出店は丸善ジュンク堂4店、CCC4店と実質的に2社で占められ、それが周辺中小書店を閉店に追いやっていく構図は16年も続いていくだろう。取次別に見ても、出店は日販92店、トーハン71店、大阪屋21店で、189店のうちの184店が3社で占められ、その他の取次はもはや新規出店から撤退したと見なせるかもしれない。それから14年の大型店ベストにゲオ4店が入っていたが、15年は姿を消している。そのことでトーハンの増床占有率が日販に代わっている。ゲオのそれらの大型店、及びトーハンとゲオの関係はどうなっているのだろうか。なお大洋図書のFC店188店が、太洋社から日販へと帳合変更される】

〔4〕『朝日新聞』（1／20）に村上春樹『職業としての小説家』を刊行したスイッチ・パブリッシングの新井敏

記社長へのインタビューが掲載されている。それを要約してみる。

＊村上の初めての自伝的エッセイをどのように売るか、従来の読者に届くためにはどのようにしたらいいのか、初版部数はどのくらいにすればいいのかを考え、初版部数を10万部とした。そして販売方法、資金計画を考えた。

＊ところが大きな壁は流通だった。スイッチ・パブリッシングの場合、取次への出し正味が67％、配本手数料制の歩戻しが5％であり、実質的には本体価格の62％ということになる。しかも取次からの入金は7ヵ月後なので、資金繰りを含めた対策に迫られた。

＊取次に歩戻しの見直しを申し入れると、村上本は特例として認めることを示唆するものの、取引条件の見直しは難しいとの返事だった。

＊その時点で、村上本の出版の挨拶で、紀伊國屋書店の役員に会ったところ、「うちで買い取って、新しい方法を試しましょうか」という予期せぬ提案が出された。紀伊國屋書店としての中小出版社への応援、全国の小書店へのきちんとした配本への意欲、「リアル書店」の未来像と新しい流通模索の時期と重なっていた。

＊ただ紀伊國屋書店が大部数の書籍の取次の役割を果たすのは前例がなかったので、色々なケースを検討するうちに、初版部数の大半を買切とし、他の書店は紀伊國屋ルート、もしくは取次を通じての配本に落ち着いた。歩戻しはないために取次より好条件の取引だった。

＊紀伊國屋がアマゾンなどのネット書店に対抗と報じられたのは不本意で、あくまで本の流通改善を求めた中小出版社の試みから始まったものである。ネット書店とも良好な関係を保ち、

紀伊國屋にもそれは了承を得ているし、街の本屋も大事にしたい。今回の試みがリアル書店を勇気づけられたとしたら、うれしい。

＊初版10万部3刷で累計20万部に達し、試みは成功だったと思う。ただ取次との歩戻しの改善は一向に進んでいない。

【一般紙で中小出版社から取次正味と歩戻しと支払条件が、このように具体的に語られたのは初めてのことではないだろうか。『出版状況クロニクルⅣ』において、出版社上位１００社で総売上高は１兆２１１７億円、売上シェアは65％に及ぶことを既述したが、これらの大手出版社は高正味、歩戻しなし、支払い条件は新刊にしても注文にしても、翌月１００％払いだと見なせよう。もちろんそうした大小による取引条件の格差は、どの業界でもあるはずだ。しかし出版業界にとってそれが大きな問題なのは、再販委託制下にあることで、大手出版社の自転車操業を可能ならしめているメカニズムとなっているからだ。大手出版社はとにかく新刊を出し続ければ、売れなくとも取次に入れた分だけは翌月に入金されるシステムなのだ。それに反して、中小出版社の入金は新井がいっているように、７ヵ月後だから、返品分は相殺されているので、同じ自転車操業でも、その度合いはまったく異なっている。このような大手出版社への取次の支払いメカニズムが大阪屋や栗田に及び、増資や倒産という事態を招来させたのは、それも大きな要因なのである。だが再販制護持に基づく新聞インタビューはそのことにまったく気づいていないと思われる。また15年２月期は日販、トーハンにおいて、新規出版社の口座開設が一件もなかったという】

〔5〕　みすず書房の２０１４年12月から15年11月にかけての「売上カード一覧表」が届いた。それは『出版状況クロニクルⅣ』などに使用したものとは異なり、書店と大学生協が分けられていたので、前者の上位20位までと、大学生協15店を挙げてみる。

【3年ぶりにみすず書房の「売上カード一覧表」を取り上げたのは、15年には他でもないピケティの『21世紀の資本』の14万部に及ぶベストセラー化が起きたからだし、それが売上カードにどのように反映しているかを確かめたかったことによっている。ちなみに上位10店の合計冊数を挙げてみると、２０１０年は２万９８７３冊、11年は２万６７７４冊、そして15年は２万９１７８冊となっている。15年は10年に及ばないにしても、それに近い冊数であり、11年の数字と比べても、明らかにベストセラー効果が表われているとわかる。『21世紀の資本』のような高額な学術経済書のベストセラー化は、都市の大型書籍店にとって確実に売上の寄与をもたらしたといっていいし、大書店と小出版社の対角線取引の近年の好例を示したことになる。丸善ジュンク堂「２０１５年出版社別売上げ Best 300」も確認してみると、みすず書房売上冊数は３万６４３３冊、前年比８・４１％増とあり、それを裏づけていよう。それならば、大学生協はどうなのか。10年は京都大学生協ルネが15位で１３８３冊、11年も同じく17位で１１５８冊となっていて、東京大学生協本郷書籍部はベスト20位に入っていなかった。ところが14年は東大生協本郷書籍部が１２１９冊で1位となり、この冊数は書店16位の三省堂書店名古屋高島屋店とほぼ同じであり、京大生協書籍部ルネは９８１冊で、19位の東京堂書店神田神保町と、こちらもほぼ同数である。東大生協本郷書籍部は書店と同様に『21世紀の資本』のベスト

■売上カード一覧表
2014.12 ～ 2015.11

地区	店名	冊数
新宿区	紀伊國屋書店新宿本店	5242
千代田区	丸善丸の内本店	4628
豊島区	ジュンク堂書店池袋本店	4023
渋谷区	紀伊國屋書店新宿南店	2694
大阪市	紀伊國屋書店梅田本店	2540
千代田区	三省堂書店神保町本店	2106
豊島区	リブロ池袋本店	1722
中央区	丸善日本橋店	1639
札幌市	紀伊國屋書店札幌本店	1584
渋谷区	MARUZEN & ジュンク堂書店渋谷店	1525
中央区	八重洲ブックセンター本店	1475
福岡市	ジュンク堂書店福岡店	1388
大阪市	MARUZEN & ジュンク堂書店梅田店	1310
新宿区	ブックファースト新宿店	1296
大阪市	ジュンク堂書店大阪本店	1290
名古屋市	三省堂書店名古屋高島屋店	1236
神戸市	ジュンク堂書店三宮店	1196
武蔵野市	ジュンク堂書店吉祥寺店	1181
千代田区	東京堂書店神田神保町店	975
京都市	ジュンク堂書店京都店	937

■売上カード一覧表　大学生協
2014.12 ～ 2015.11

地区	店名	冊数
区	東京大学生協本郷書籍部	1219
京都市	京都大学生協書籍部ルネ	981
目黒区	東京大学生協駒場書籍部	802
港区	慶應義塾生協三田書籍部	642
京都市	同志社生協書籍部今出川店	585
新宿区	早稲田大学生協コーププラザ BC	506
京都市	立命館生協ブックセンターふらっと	479
国分寺市	東京経済大学生協書籍店	353
国立市	一橋大学生協西 SB	349
八王子市	中央大学生協多摩店	339
豊中市	大阪大学生協書籍部豊中店	330
西宮市	関西学院大学生協フォーラム店	254
仙台市	東北大学生協文系書籍店	242
横浜市	慶應義塾生協日吉書籍部	236
岡山市	岡山大学生協ブックストア	235

セラー化の影響があると考えらえるが、京大生協書籍部ルネは売上冊数の落ち方からして、それほどの寄与がなかったように見受けられるし、それは他の大学生協も同様だったのではないだろうか。そのひとつの原因として、学生と教師たちのアマゾン利用の比率が高いことも挙げられている。それに加えて、忙しくて人気があり、本を読み、買う教師ほどアマゾン依存度が高いようで、やはりそれがこのようなみすず書房の生協の売上冊数にも反映されているのだろう。1990年代に京大生協書籍部ルネに営業にいっていた頃は、東京の大学生協を上回る客注取り置き棚の充実ぶりに感服したことがあったが、それはもはや過去の話にすぎないのかもしれない。おそらく大学と学生街の古本屋状況もまた同様なのであろう】

〔6〕月刊『空手道』や『フルコンタクトKARATE』などの雑誌や空手関連の書籍、ビデオ、DVDを扱っていた福昌堂とその印刷製本部門の福昌堂印刷が破産。両社合わせて負債は1億6000万円。

【福昌堂は1970年設立で、空手に関連する一定の読者層をつかんでいたとされるし、1990年代にはその分野のかなりのシェアを占めていた印象がある。96年売上高は5億5000万円に及んでいたようだから、それはあながち間違っていないはずだ。だがネットの普及はそれらの空手誌や関連書、DVDにも及んだようで、そうした傾向は格闘技全体も同様であり、各種の雑誌、書籍、DVDも同じ状況にあると伝えられている】

〔7〕 名古屋のちくさ正文館の2階に出店していた古本屋のシマウマ書房が撤退。

【『出版状況クロニクルⅣ』で、この出店にふれ、また昨年8月には実際に訪れてもいる。その際にはイベントが開かれ、盛況だったし、ちくさ正文館との組み合わせもよく、それなりには好調なスタートのように見えた。しかしその後、客数はまったく伸びなかったらしく、1年もしないうちに撤退となったようだ。立地、知名度、客層からして、新刊のちくさ正文館と古書シマウマ書房のジョイントはベストだと思われたが、複合化の難しさをあらためて考えさせられる。現在は雑貨やカフェとの複合化が盛んに語られ、現実化しているが、その本当の実態はどうなのか。それが遠からず語られるようになるだろう】

〔8〕 年末に『フリースタイル』31が出て、恒例の特集『THE BEST MANGA2016 このマンガを読め!』が組まれている。

【今回は愛読している野田サトルの『ゴールデンカムイ』(集英社)が2位に選ばれていて、本当にうれしい。1位の九井諒子の『ダンジョン飯』(KADOKAWA)はあまり買わないので、実質的にはBEST1と見なしたい。現在5巻まで刊行されている『ゴールデンカムイ』は日本近代史を背景とし、北海道を舞台に先住民、明治維新の敗者、日露戦争からの帰還者、網走監獄からの脱獄者たちを召喚し、そこにアイヌの生活や知恵をオーバーラップさせ、隠された黄金を巡って物語が展開されていく。先行する様々な物語コードのすべてをたたきこんで疾走するドラマとして出現している。第6巻が出る3月が待ち遠しい。たまたま5巻を読み終えた後、

『北方関係を主とした弘南堂古書目録』第56号が届いた。多くのアイヌ民族関係書が掲載され、こちらも想像力を駆り立てる。それにしても1万4千点に及ぶ新刊が出されるコミックは何らかのガイドがないと、もはや選択が難しくなっている。そうした意味において、「ベスト10＋コメント」を寄せている書店担当者たちの選択と意見はとても参考になる。1番早く新刊を見ることができる立場の躍動感と発見の喜びがこめられているように思える。本当はそれらの全員の名前を挙げるつもりだったが、迷惑がかかるかもしれないので止めた。ぜひ『フリースタイル』31を読んでほしい】

〔9〕 ダヴィッド・ラーゲルクランツによる『ミレニアム』4（ヘレンハメル美穂、羽根由訳、早川書房）が刊行された。いうまでもなく、スティーグ・ラーソンの死によって3で中絶してしまった『ミレニアム』の続編である。

【私はヒロインのリスベットをスウェーデンの現代版「緋牡丹のお竜」と見なしているので、思いがけぬ続編の刊行は歓迎すべきものだった。本ブログ「ゾラからハードボイルドへ」の27「スティーグ・ラーソン『ミレニアム』」もぜひ参照されたい。ひとつの社会的思想を有する『ミレニアム』のようなミステリーシリーズを引き継いで書くことはかなり難しいと思われたが、ラーゲルクランツはそれをきちんとふまえ、ラーソンの連作にこめた意志を継承し、ふさわしい続編を提出していると見なせよう。リスベットはアメリカのNSA（国家安全保障局）のネットワークに侵入し、「国民を監視する者は、やがて国民によって監視されるようになる。

民主主義の基本原理がここにある」とのメッセージを残し、それにミカエルの調査が絡み、この『蜘蛛の巣を払う女』は始まっていく。現在の監視社会に対する批判であると同時に、これがスノーデンによるＮＳＡの国際的盗聴告発事件の事実に触発され、この作品として提出されたことは疑いを得ない】

〔10〕『出版状況クロニクルⅣ』で、香港の出版社兼書店の関係者4人が北京へ連行されたことに言及したが、同じく『ニューズウィーク日本版』（1／19）などが続報を発している。その記事「『反中』書店関係者が連続失踪 香港の自由ももう終わり？」は次のように書き出されている。

「中国政府との間で何かと問題を起こしてきた香港の銅羅湾《コーズウェイベイ》書店関係者が1人1人と姿を消している。謎に包まれた失踪事件に、言論の自由が失われるのではとの懸念が出ている。」

【これらの記事によれば、先の桂民海などの4人に加え、株主の李波も香港から失踪した。その後、桂民海と李波は中国本土にいることが明らかになり、中国当局による越境身柄拘束、「気に入らない書店経営者」拉致事件で、香港では5人の釈放を求め、10日に銅羅湾書店関係者を始めとする6千人の抗議デモが行なわれた。一国二制度で、言論や出版の自由が認められている香港でも、「気に入らない書店経営者」の中国への拘束連行が起きたことで、習主席関連本を撤去するなどの影響が出始めているようだ。ここで『ミレニアム』に類する社会批判をコアとするミステリーのことを考えると、そうした作品を作家が書き、出版、流通、販売できる出版業界の存在は、自由な社会を示すバロメータではないだろうか。中国でそのようなミステリーが刊行されたとは聞いていないし、独裁国家、内乱や戦争が起きている社会ではそれらの出版は許されないだろう。ロシアにしてもペレストロイカ後には出されていたが、プーチン時代になってからはどうなのであろうか。エジプトでもアラブの春の時期にミステリーが出され、ベストセラーになったことは知られているが、現在はどうなっているのか。中東では難しくなっていると思われる。日本、アメリカ、西欧、北欧はまだそうしたミステリーが刊行できることだけでも、出版の自由があることを認めなければならないだろう。だが一方で、「気に入らない書店経営者」や出版関係者が拘束される時代もやってくるかもしれない。そこで『ミレニアム』に関連してだが、拉致された1人の桂民海はスウェーデン国籍であるので、この事件をベース、もしくはモデルにして、『ミレニアム』のさらなる続編を期待したい】

〔11〕　藤脇邦夫の『出版アナザーサイド』（本の雑誌社）が刊行された。サブタイトルは「ある始まりの終わり―1982－2015」。

【これは白夜書房に1982年から2015年まで、営業マン兼単行本企画編集者として在籍していた記録であると同時に、当然のことながら、白夜書房史となっている。私は藤脇の著書や編集本を何冊も購入し、読んでいるので、白夜書房史をめぐる物語は彼が書くと思っていたし、寿ぐべきだろう。版元もよく出してくれた。タイトルに「アナザーサイド」とあるように、私見によれば、1980年代から90年代にかけては白夜書房の時代だったと思える。荒木経惟と『写真時代』、『ビリー』『ヘイ！バディ』などが寄り添い、白夜書房だけが放っていた編集の熱気のようなものを感じることができた。それは自販機本やビニール本と同種のオーラにも似ていた。藤脇のこの一冊を読みながら、そのような雑誌群の記憶が蘇ってきた。その一方で、末井昭も特異な編集者だが、経営者の森下信太郎の話も一度聞きたいと思った。藤脇は『出版ニュース』（1／上・中）に「ダウンサイジング化していく出版業界」も寄稿しているが、これも「アナザーサイド」へ、ひとつの視点であって、「ダウンサイジング」のすべてが解明されているわけではない】

〔12〕 藤脇の『出版アナザーサイド』を読んでいるうちに、最近読んだもう一冊の本も思い起こされた。それは牧村康正＋山田哲久『「宇宙戦艦ヤマト」をつくった男 西崎義展の狂気』（講談社）である。

【これも日本アニメ史の「アナザーサイド」を描いた一冊と呼んでいいかもしれない。「彼は悪党であった。／そして誰もが知る時代のシンボルを創り上げた人物だった」と始まっている。この西崎は創価学会の民音プロデューサーから手塚治虫の虫プロ商事に入り、アニメ製作に進み、まさに「悪党」として「宇宙戦艦ヤマト」という時代のシンボルを創り上げる。この作品を契機として、「機動戦士ガンダム」も「エヴァンゲリオン新世紀」も生み出されていったのである。それに付け加えれば、この共著者の牧村は竹書房の編集者、経営者だった人物で、常に溝口敦に同伴した竹書房版極道ジャーナリズムの隠れた功労者だといっていい。竹書房もまた1980年代から90年代にかけての出版史の「アナザーサイド」であることは明白だし、ぜひ遠からず、竹書房史を書いてほしい】

〔13〕『人文会NEWS』(No.122)に「図書館レポート」として、吉田倫子が「公共図書館の選書」を寄稿している。

吉田の図書館歴は4半世紀に近い、横浜市中央図書館司書、日本図書館協会の認定司書である。彼女は図書館の選定に関して、図書館Webサイトで公開している鳥取県立図書館「資料収集方針」など、「調布市立図書館資料の収集・保存・除籍に関する基本的方針」、「横浜市立図書館資料収集基準」を示した後、具体的な収集基準を挙げている5つの表を掲載している。

それらのタイトルと図書館名だけを引いてみる。

表1「重要度の表現について」(国立国会図書館　資料収集方針書)

表2「資料の種類についての表現」(横浜市立図書館資料収集基準・収集基準の記述)

表3「一般(大人)用図書館資料　中央図書館」(横浜市立図書館資料収集基準・館種別収集基準)

表4「一般(大人)用図書館資料図書収集基準　中央図書館　590(家政学)分類」(横浜市立図書館資料収集基準より抜粋)

表5「医療情報コーナー選定方針」(横浜市中央図書館)

これに続けて、「図書館と書店の理想的関係」として、図書館はすべて地元の書店を通じて定価で購入するという「鳥取モデル」の実像も紹介し、「図書館は書店と出版社の隣人だと声を大にして言いたい」と結んでいる。

【これを紹介したのは、5つの表に具体的に示された公共図書館の選書の方針や基準が提出されているからである。これまで不勉強で、ここまでまとまった選書方針や基準は目にしていなかった。これらに目を通しただけで、公共図書館における明らかに残予算消化のための意味脈絡不明の購入が浮かび上がってくることになる。定有堂書店と鳥取県立図書館の関係は、奈良敏行から聞いていたが、あらためて定有堂も「鳥取モデル」の中に位置する書店と了解される。こちらから問いたいことは多々あるし、吉田も「意見部分は個人的なもの」と断っているけれど、とても啓蒙されたことを付記しておこう。なお、日本図書館協会が66年にわたって実施し、『週刊読書人』に「選定図書週報」として掲載されてきた「選定図書速報」事業が3月で終了する】

クロニクル❷　2016年2月

16年1月の書籍雑誌の推定販売金額は1039億円で、前年比4・5％減。その内訳は書籍が

540億円で、前年比0・1％増、雑誌は498億円で、同9・1％減、そのうちの月刊誌は398億円で、8・0％減、週刊誌は100億円で、13・2％減。返品率は書籍が35・5％、雑誌が44・0％で、もはや雑誌のほうが高返品率という状況が定着しつつある。

今年もこのような出版状況が続いていくだろうし、16、17年の全体のマイナスが5％とだと想定した場合、16年は1兆5000億円を割りこみ、17年は1兆3000億円台という事態を迎えると考えられる。

そうなるとピーク時の1996年の半分という出版物売上状況に直面する。大阪屋、栗田出版販売にしても、2月の太洋社にしても、いずれもが売上高を半減させたところで、ほとんど資産を失いながら破綻となっている。そうした現実に照らし合わせれば、これからどのような出版危機状況に入っていくのかはいうまでもあるまい。

〔1〕 太洋社は2月5日付のファックスで、取引先出版社と書店に対し、「今後の弊社事業の行く末を見据えますと、いずれ、自主廃業を想定せざるをえない」とし、全資産精査を伴う自主廃業に向けての事業整理を発表。

そこに至った経緯と事情を要約抽出する。

＊2005年売上高487億円が15年には171億円まで激減し、営業損失7億円を計上するに至った。それは出版業界の市場規模の縮小に伴う取次競合と帳合変更によるもので、複数の主要書店を失ったことに起因している。

＊それに加え、財務内容に大きな悪影響を与えかねないのが、一部の取引書店に対する売掛金の焦げ付きで、これは書店の売上不振と帳合確保の条件提示として生じたものである。「売掛金入金の滞りがちな一部のお取引書店様に対しても、最大限の支援を申し挙げて参りました。しかし、結果としては、このような一部のお取引書店様に対する売掛金につき、多額の延滞が生じ、その回収の可能性を慎重に検討すべき事態に直面することになりました。」

＊このまま漫然と経営を維持しますと、早晩全資産をもってしても、出版社に対する買掛金支払に困難をきたす事態が生じかねない。

＊そのための全資産精査に際して、出版社の書籍雑誌の継続供給、常備寄託の取次伝票切替、書店の帳合変更をお願いしたい。

続けて、2月8日に太洋社は出版社と書店向けに説明会を開き、その「議事録」や「配布資料」も出されているので、こちらも抽出してみる。

＊まずは不動産を売却しての現金捻出に着手している。埼玉県戸田市の物流センターが11億3000万円、神田商品センター2億1800万円、四国支店と長崎市の不動産が6000万円で、これらも借入金のために担保設定されているが、それらは合計7億円だから、相当程度残るはずだ。また換金価値を有する有価証券もあり、それらも1億数千万円に及ぶ。これらを併せ、債務弁済に充当させる。

＊書店への売掛金は47億円だが、これは速やかな返済をお願いしている。取引支援書店に対しては焦げ付きが予想されるが、不動産担保や連帯保証金などの保金措置を講じているので、

それらの手続きを進めることになる。
＊当社の貸借対照表では、負債84億8000万円に対し、資産は92億2000万円で、7億4000万円の資産超過なので、書店からの売掛金回収が想定どおりに実現すれば、自主廃業は可能だと考える。
＊現在の取引書店は300法人、800店舗で、帳合変更は3月を目途としている。
＊出版社に対する買掛金残高は、こちらも書店売掛金とほぼ同じ47億円であるが、2月末の支払分に関しては資金繰りの手当てはついている。ただ3月以降の支払いはあらためて報告する。
＊以上のような状況下であり、現在は自主廃業をめざしているが、その前に実質的な営業停止となるわけで、その後はどのようになるかについては確定的な話をすることは難しい。
また22日付で、中間決算、書店売掛金回収と帳合変更、資産売却状況に関して、文書報告がなされている。それによれば、中間売上高は63億円、経常損失3億円、12億円の売掛金のある書店に大きな焦げ付きが生じるようで、「極めて由々しき事態」を迎えている。

帳合変更は300法人、800店舗のうちの50法人、350店舗にとどまり、それに伴う2月末時点の売掛金回収は9億4000万円。保有株式は1億円の現金化は確実だが、不動産売却はどれも売買契約に至っていない。

【この半年ほど、太洋社に関しては月末になると様々な情報が流され、それが1月はより具体的なものだったが、1月分の支払いは確実とのことであった。それらもあり、前回のクロニクルでは太洋図書FC店180店の帳合変更を伝え、Xデーの近いことだけは暗示しておいたけれど、ここまで急速に事態が流動していくことは予想外であった。それはひとえに太洋社の自主廃業という選択によるものだろう。これはまったく私見だが、これまでの鈴木書店、大阪屋、栗田出版販売の破綻処理スキームと異なり、このような太洋社の自主廃業スキームは、きわめてまっとうなものではないかと思われる。太洋社の歴史をふまえた取次と書店の関係と構造に関する現状認識、それに基づく資産超過のうちに自主廃業とした決断は、これまでほとんど実行されてこなかった。それは何よりも弁護士などに丸投げしていない、これらの文書と説明にもよく表われている。しかしその一方で、それはこれまでなかった取次からの一斉的な書店への売掛金の精算という、いわばパンドラの箱が開かれたことを意味していよう。それゆえに「この売掛金の焦げ付き額は、極めて重要なポイントです」と述べているように、太洋社の自主廃業の行方はこの問題の処理に左右されるであろう】

〔2〕 太洋社の自主廃業発表によって、取引先書店の閉店が続いている。

それらはつくば市の友朋堂我妻店、梅園店、桜店の3店、鹿児島市のひょうたん書店、豊橋市のブックランドあいむ、熊本市のブックス書泉、八重洲書店江津店、さいたま市の愛書堂、長崎市の Books 読書人、北九州市のアミ書店、四街道市マキノ書店。とりわけ徳島県は顕著で、小山助学館鳴門店など4店である。これはさらに続くだろう。

【戦後出版史においてもほとんど取り上げられていないが、太洋社の社史を兼ねる一冊として、

1996年に『大海原―さらなる発展に向けて』（藤野邦夫著、太洋社）が出されている。これは「創業者・國弘直と太洋社50年のあゆみ」をサブタイトルにするもので、戦後に國弘が古本屋から始め、インディーズ系雑誌取次としての太洋社を創業し、地方の小書店を中心にして、太洋社が成長していった「50年のあゆみ」が記されている。かつて國弘晴睦から恵送されたことを思い出す。他の取次が戦前の東京堂や日配の流れをくむ大手出版社や大手書店を背景とするものであったことに対し、太洋社はアウトサイダー的に取次をスタートさせたことになる。もちろんそうした立ち上げの位置からして、取引先が中小出版社、地方の小書店を対象としたのは必然的な成り行きだった。それらの中小出版社や地方の小書店が成長することによって、太洋社も同様に成長を遂げたといえる。だが今世紀に入っての地方の商店街の小書店の壊滅的状況や、大手チェーンとなった取引先書店の帳合変更などにより、太洋社は長きにわたる急激な減収と連続赤字に追いやられたことになる。ただこれは社史に記されているわけではないが、そのような太洋社の取次事情から、アダルト系出版社、それらを主とする小書店との関係において、最大の取次であった。そのことを考えると、太洋社の自主廃業はこれまで出版業界を底辺で支えてきた、それでいて新しい分野、著者や編集者といった人材を生み出してきたエロ本業界を、これも壊滅的状況へと追いやってしまうかもしれない。それは何よりも、1でふれた250法人、450店舗の帳合変更の見通しがたっていないとされる太洋社帳合書店の現在状況が告げていよう】

〔3〕 2月26日になって芳林堂書店が自己破産。負債は20億円。

1948年に創業され、71年には池袋西口に芳林堂ビルを建設して「池袋本店」とし、また都内を中心に出店を進め、99年には売上高70億円に達していた。

しかしその後、大型店との競合により、03年に池袋本店を閉店し、ビルも売却、近年は津田沼店、センター北店、汐留店、鷺ノ宮店の閉店に至っていた。

現在は高田馬場店、コミック専門店「コミックプラザ」などの都内4店、埼玉県5店、神奈川県1店の10店の直営店の展開となっていたが、15年売上高は35億円と半減していた。

【私が聞いていたのは太洋社に対する未払い買掛金が5億円あり、その捻出は不可能なので、自己破産するしかないというものだった。今回の自己破産で明らかにされた20億円の負債のうちのどのくらいを太洋社が占めているのか、まだ確認できていないが、1でふれたように12億円とすると、太洋社の自主廃業スキームも大きな修正を迫られることになろう。また芳林堂は9店の書店事業をアニメイトグループの書泉に譲渡するとしているので、太洋社との清算はどうなるのか、これも不透明な状況にある】

〔4〕 河出書房新社から本橋信宏、東良美季の『エロ本黄金時代』が刊行された。

【これも前回ふれた藤脇邦夫の白夜書房レポート『出版アナザーサイド』（本の雑誌社）と併走するもうひとつの「出版アナザーサイド」であり、さらなるエロ本業界のカレードスコープのような仕上がりになっている。この一冊を読んだことで、様々なミッシングリンクがつながり、

1980年代の自販機本とビニール本に始まるアンダーグラウンド的出版人脈が浮かび上がってくる感慨に捉われた。ここでこの本を取り上げたのは**2**でふれたように、エロ本業界の最大の取次としての太洋社の存在が大きかったのではないかと思ったからである。80年代の雑誌の時代にあって、『本の雑誌』や『広告批評』が地方・小出版流通センターを流通販売の窓口にしていたように、「エロ本黄金時代」のベースを支えていたのは、太洋社とその帳合書店だったのではないだろうか。やはり同じ役割を果たしたと見なせる協和出版販売が、最近トーハンへと吸収された際に、オリンピックを控えたコンビニにも不要なので、アダルト系出版社は切られたと伝えられている。太洋社ばかりでなく、そのようにして「エロ本黄金時代」も終わっていくのであろう】

〔**5**〕　群馬県の文真堂書店が地域経済活性化支援機構により、取引金融機関の金融支援とトーハンの増資を受け、トーハンの100％子会社化。
文真堂書店は1967年設立で、群馬県を中心に40店舗を展開し、売上高は92億円。

【『出版状況クロニクルⅣ』で既述してきたが、この文真堂こそはかつて太洋社の主要帳合書店で、貸本屋から大手チェーンへと成長している。同じくトーハン傘下に入った明屋書店も元は貸本屋で、当初は後に合併して協和出版販売となる神田図書を取次としていた。おそらく太洋社にしても、戦後の成長の過程で、貸本屋や古本屋、小さな雑誌店、雑貨なども兼ねた複合店などとも取引があり、出版物の販路の裾野を広げることに貢献していたのだろう。その太洋社と文真堂が時を同じくしてそれぞれこのような状況に追いやられたことは偶然ではないし、ここまでくれば、大手取次による「囲い込み」の果てに起きることすらも想定すべきであろう】

〔6〕 1から5の背景にあるのは日本の出版業界、及び出版社・取次・書店という近代出版流通システムの要といえる雑誌の凋落に他ならない。

2015年まで含めたその雑誌推定販売金額と販売部数の推移を示す。

【15年の雑誌販売金額、販売部数はいずれもが、この20年間のうちで最大の落ちこみとなっていることを突きつけている。販売金額は前年比8・4％減、その内の月刊誌は7・2％減、週刊誌は13・6％減、販売部数は10・5％減、そのうちの月刊誌は8・7％減、週刊誌は14・6％減といずれも大きなマイナスで、まったく下げ止まりは見られない。とりわけ週刊誌は双方が二ケタマイナスである。販売金額は1997年の半分の7801億円、販売部数は2004年のこれも半分の14億7812万冊となり、販売金額以上に販売部数がこの10年間で急速に減少しているとわかる。しかもその一方で、雑誌やコミックスの電子書籍化は進んでいるわけだから、さらに今年も雑誌の凋落は加速していくと考えるしかない】

■雑誌推定販売金額　（億円）

年	雑誌	前年比	月刊誌	前年比	週刊誌	前年比
1997	15,644	0.1%	11,699	0.1	3,945	0.1%
1998	15,315	▲ 2.1%	11,415	▲ 2.4%	3,900	▲ 1.1%
1999	14,672	▲ 4.2%	10,965	▲ 3.9%	3,707	▲ 5.0%
2000	14,261	▲ 2.8%	10,736	▲ 2.1%	3,524	▲ 4.9%
2001	13,794	▲ 3.3%	10,375	▲ 3.4%	3,419	▲ 3.0%
2002	13,616	▲ 1.3%	10,194	▲ 1.7%	3,422	0.1%
2003	13,222	▲ 2.9%	9,984	▲ 2.1%	3,239	▲ 5.3%
2004	12,998	▲ 1.7%	9,919	▲ 0.6%	3,079	▲ 4.9%
2005	12,767	▲ 1.8%	9,905	▲ 0.1%	2,862	▲ 7.1%
2006	12,200	▲ 4.4%	9,523	▲ 3.9%	2,677	▲ 6.5%
2007	11,827	▲ 3.1%	9,130	▲ 4.1%	2,698	0.8%
2008	11,299	▲ 4.5%	8,722	▲ 4.5%	2,577	▲ 4.5%
2009	10,864	▲ 3.9%	8,455	▲ 3.2%	2,419	▲ 6.1%
2010	10,536	▲ 3.0%	8,242	▲ 2.4%	2,293	▲ 5.2%
2011	9,844	▲ 6.6%	7,729	▲ 6.2%	2,115	▲ 7.8%
2012	9,385	▲ 4.7%	7,374	▲ 4.6%	2,012	▲ 4.9%
2013	8,972	▲ 4.4%	7,124	▲ 3.4%	1,848	▲ 8.1%
2014	8,520	▲ 5.0%	6,836	▲ 4.0%	1,684	▲ 8.9%
2015	7,801	▲ 8.4%	6,346	▲ 7.2%	1,454	▲ 13.6%

■雑誌推定販売部数　（単位：万冊）

年	雑誌	前年比	月刊誌	前年比	週刊誌	前年比
1997	381,370	▲ 1.3%	229,798	▲ 0.4%	151,572	▲ 2.5%
1998	372,311	▲ 2.4%	226,256	▲ 1.5%	146,055	▲ 3.6%
1999	353,700	▲ 5.0%	215,889	▲ 4.6%	137,811	▲ 5.6%
2000	340,542	▲ 3.7%	210,401	▲ 2.5%	130,141	▲ 5.6%
2001	328,615	▲ 3.5%	203,928	▲ 3.1%	124,687	▲ 4.2%
2002	321,695	▲ 2.1%	200,077	▲ 1.9%	121,618	▲ 2.5%
2003	307,612	▲ 4.4%	194,898	▲ 2.6%	112,714	▲ 7.3%
2004	297,154	▲ 3.4%	192,295	▲ 1.3%	104,859	▲ 7.0%
2005	287,325	▲ 3.3%	189,343	▲ 1.5%	97,982	▲ 6.6%
2006	269,904	▲ 6.1%	179,535	▲ 5.2%	90,369	▲ 7.8%
2007	261,269	▲ 3.2%	172,339	▲ 4.0%	88,930	▲ 1.6%
2008	243,872	▲ 6.7%	161,141	▲ 6.5%	82,731	▲ 7.0%
2009	226,974	▲ 6.9%	151,632	▲ 5.9%	75,342	▲ 8.9%
2010	217,222	▲ 4.3%	146,094	▲ 3.7%	71,128	▲ 5.6%
2011	198,970	▲ 8.4%	133,962	▲ 8.3%	65,008	▲ 8.6%
2012	187,339	▲ 5.8%	127,044	▲ 5.2%	60,295	▲ 7.2%
2013	176,368	▲ 5.9%	121,396	▲ 4.4%	54,972	▲ 8.8%
2014	165,088	▲ 6.4%	115,010	▲ 5.3%	50,078	▲ 8.9%
2015	147,812	▲ 10.5%	105,048	▲ 8.7%	42,764	▲ 14.6%

〔7〕旧栗田出版販売が裁判所による再生計画・確定証明を得て、新しい栗田出版販売としてスタートし、4月1日をもって、大阪屋と合併し、大阪屋栗田として発足。

それに向けての「報告文書」にはつぎのような「目指すべき方向について」の一節が見える。

「両社の持ち味である独自の小回り力と取引先（出版社様・書店様）に寄り添った視点で共に考える、自由度と柔軟性に富んだ取次を実現し、街ナカに本のある空間の存続と創立にチャレンジングな会社であること」。

【太洋社の自主廃業、それに伴う「街ナカ」書店の多くの閉店、廃業のかたわらで、大阪屋栗田は発足することになる。旧知の人たちが経営陣にいるので、はなむけのことばのひとつもかけてやりたいが、そのような出版状況下でないことはご当人たちもよく承知しているだろう】

〔8〕このような出版状況の中で、『ユリイカ』（3月臨時増刊号）が総特集「出版の未来」を組んでいる。その中の「鼎談」115ページで、永江朗が次のような発言をしている。

「出版不況ということを前提に業界の人は語りますけど、私は出版不況ではないと思っています。生産年齢人口（15歳〜64歳）の推移を見ると、2015年の推計は7682万人で、それはだいたい1975年（7581万人）と同じレベルなんです（厚生労働省「人口動態統計」）。一方、2014年の書籍の年間推定販売冊数は6億4661万冊で、これもだいたい1975年（6億3222万冊）と同じレベルなんですよ。ということは国民ひとりあたりの書籍の購買数というのはほとんど変わっていなくて、唯一変わったのは、新刊発行点数が1975年の4倍弱（1万9979点→7万6465点）になっていることで、その4倍に水ぶくれしたのが不況感の原因。出版社側からすると「新刊書が売れない」という実感があるかもしれないけれど、読者の側からすると、これだけ情報の選択肢が多くなったにもかかわらず本は40年前と変わらず買われている。ということからすると、なんら悲観することはなくて、1975年のレベルに合わせた商売をすればいいだけのことだと思います」

【まったく出鱈目な発言であるし、永江特有の「その場しのぎ言説」で、エピゴーネンたちが反復するかもしれず、批判しておくべきだろう。「出版不況ではない」という根拠が生産年齢人口にあるというのは、単なる思いつき発言以外の何ものでもないからだ。煩わしさは承知の上で、1975年から2014年までの出版物販売金額、書籍売上、売上冊数の推移、同じく15年までの生産年齢人口推移を示してみる。出版物販売金額と書籍金額は1975年の9765億円、4889億円に対して、95年はその2倍以上に達し、この20年間の出版業界の成長を示している。またその後のマイナスがどのようにして起きてきたのかは本クロニクルでずっと実証してきたように、出版業界の歴史、及び再販委託制に基づく出版社・取次・書店という近代出版流通システムの崩壊とその帰結に求められる。それは書店数の半減という事実に象徴的に表出しているものだ。この出版業界の40年間の成長と衰退の売上状況に対して、生産年齢人口は7500万人前後から8500万人前後の推移であり、出版物販売金額、書籍売上の動向との明確な関係は抽出できない。まったく関係ないとは言い切れないにしても、ことさら比較対照すべき例とするものではない。それに75年と異なる現在の高齢化社会を考えれば、老人人口（65歳以上）を含めない論は成立しないであろう。それに加え、もし出版と人口関連を挙げるのであれば、生産年齢人口ではなく、年少人口（0～14歳）に言及すべきで、こちらは1975年の2722万人に対し、2015年には1583万人になっている。戦前、戦後の出版

■出版物販売金額、書籍売上、売上冊数、生産年齢人口の推移

年	出版物販売金額（億円）	書籍売上（億円）	売上冊数（万冊）	生産年齢人口（万人）
1975	9,765	4,889	63,222	7,581
1980	14,523	6,724	76,450	7,884
1985	17,399	7,273	89,177	8,251
1990	21,298	8,660	91,131	8,590
1995	25,896	10,469	89,371	8,717
2000	23,966	9,705	77,364	8,622
2005	21,764	9,197	73,944	8,409
2010	18,748	8,212	70,233	8,103
2014	16,064	7,544	64,461	7,682（*2015）

史をたどると、講談社や小学館などはこれらの年少人口に向けての学年誌、少年少女雑誌、コミック誌、コミックと児童書をコアとして成長してきたのである。そしてそれらのマス雑誌をベースにして、流通販売システムも整備されていったのだが、その中心だった町の小書店と読者としての年少人口の減少が、出版業界の危機を招来させた大いなる要因でもあるからだ。ただ確かに売上冊数は販売金額ほどの増減は示していないが、1975年と現在ではこれも同列に比べることはできない。それは当時カウントするまでもなかった公共図書館の貸出冊数とブックオフの販売冊数で、前者は7億冊、後者は3億冊に及び、それらも含めれば、実質的に売上冊数は20億冊近くあるのではないかとも考えられる。公共図書館貸出数は今世紀に入って、5億冊から7億冊へと増え、売上冊数を超えていることもすでによく知られていよう。推測するに、永江はいつもこれみよがしに持ち歩いている年度版の『出版指標年報』の書籍のところで、たまたま1975年と2

014年の売上冊数がほぼ同じ6億冊半ばという数字を目にし、それにこれもほぼ同じだが、何の根拠もない生産年齢人口と結びつけているだけだ。そして売上冊数も生産年齢人口も同じなのに、新刊点数だけは4倍になっているので、これがバブルであり、「出版不況ではない」ということになったのではないか。『同年報』には公共図書館貸出冊数の推移も掲載されているにもかかわらず、それを考慮しない、まさに手前勝手な「その場しのぎ言説」というしかない。どのような状況分析にしても、点ではなく、線で、面でという視点が不可欠なのに、永江は1975年と2014年の数字をピックアップしているだけなのだ。要するに出版史にしても読書史にしても、何もわかっていないのである。このような発言を繰り返すのであれば、まずは『その場しのぎ言説のための読書術』の刊行をお勧めしよう】

〔9〕 長野の郷土出版社が廃業。

【郷土出版社は全国の地域の写真集を刊行し、それらは地場の書店との連携で販売され、また必ず図書館に入っているので、地方の出版社ではあるけれど、書店や読者にとってはよく知られていたと思われる。1999年には「地方出版25年総目録」も兼ねた『私たちの全仕事』という社史も出していて、それをあらためて見ると、地域写真集はその一部であって、多くのジャンルにわたっているのがよくわかる。現在までの刊行点数は4千点に及んでいるという。買っておけばよかったと思われるのは『熊谷元一写真全集』であり、彼の復刻版『会地村』しか持っていないからだ】

〔10〕『新文化』(2/18)が「デアゴスティーニのパートワーク戦略」を掲載している。
パートワーク誌に特化したデアゴスティーニ・ジャパンはイタリアに本社があり、その前身は地理学者ジョバンニ・デ・アゴスティーニがローマで創設した地理学研究所だったという。

同社が日本に参入したのは1988年に省心書房としてで、97年に現在の社名となり、これまで日本でも大ヒットしたのは初期の「クラシック・コレクション」だが、8割以上が日本独自のオリジナル企画である。それらは4つのカテゴリーにわかれている。
＊教育・趣味分野の技術などが習得できる「学べるコース」
＊集めると百科事典になる「マガジンもの」
＊グッズやDVDを集める「コレクションもの」
＊毎号付属のパーツを組み立てる「組立てもの」
同社は日本参入以来、これらを5億4000万部発行してきたとされる。

【創刊号の商品告知の重要性、書店定期率などは省略したが、実は私も「コレクションもの」を買っていて、現在も「東映任侠映画傑作DVDコレクション」を定期購読しているのである。「パートワーク誌」は『出版月報』などでは「分冊百科」に分類されていて、15年創刊は25点で、講談社なども参入している。雑誌というよりも、付録を主とする雑誌の継子のようなものと見ていたが、このような企画カテゴリー分類を知ると、この分野も雑誌ジャンルを横断して、様々なアイテムを出版物として流通販売できる器だということを教えられる。自分も買っているので、ここで言及してみた】

〔11〕 ゲオチャンネルが始まった。

これはゲオホールディングスとエイベックス・デジタルの連携による、590円という月定額動画配信サービスで、映画やドラマなどの13チャンネル、8万タイトルが見放題とされる。

【本クロニクルでも、アメリカのネットフリックスの上陸を伝えてきたが、ゲオチャンネルもそのような動向に抗するサービスとして始まっている。だがこのようなサービスが成功すれば、自社やTSUTAYAのレンタル市場にダイレクトな影響が及ぶわけだから、まさにDVDレンタルと動画配信の関係も、紙と電子書籍配信のそれと同様なものと考えられる。これらの本年のストリーミングビジネスの展開はどうなるのであろうか。それらをにらんでか、日販の副社長に、かつてのMPD社長の吉川英作が就任している】

〔12〕 アニメイトJHAがタイのバンコク店180坪を開店。

同社はアニメイト、KADOKAWA、集英社、講談社、小学館の5社が昨年設立したジャパンマンガアライアンスのバンコクにおける100%子会社で、日本のアニメや漫画の宣伝や普及も兼ねている。

【これはいささか旧聞に属するのだが、永井浩の『見えないアジアを報道する』（晶文社、1986年）の中に、「バンコク書店戦争」という章があったのを思い出した。それは80年代のバンコクの「日本デパート戦争」に続き、谷島屋書店が開店したことで、その背後には谷島屋＝日販と、紀伊國屋書店＝東販の取次も含んだ海外市場の熾烈な競争が絡んでいるとされる。

その影響をもろに受けたのはバンコクの地元書店であり、また「ドラえもん」はタイ人のアイドルにまでなってしまったという。そのようなブームに対して、バンコクの書店主は語っている。

「日本のマンガはたしかに美しく、すぐれている。だが、わが国にだって、ドラえもんに匹敵するようなすぐれた作品を描ける才能を秘めた作家がいることを忘れてはいけない。ただ、残念ながら、いまのタイのビジネスの体質は、そういう自国の有能な才能を時間をかけて育ててあげようとはしない。それよりも、外国資本と結びついていかに手っとり早く目先の利益をできるだけ多くあげるかに急だ。それがドラえもんブームを生みだすと同時に、自国のすぐれた文化を育めない大きな要因のひとつとなっている」

それからアニメイトＪＨＡの出店は30年を経ていることになるが、タイの文化状況はどのようなものになっているのだろうか。またその後の静岡の谷島屋にふれておけば、この海外出店による赤字が原因で、浜松の谷島屋に吸収合併されることになったのである】

〔13〕『出版状況クロニクルⅣ』で、田中英夫の『洛陽堂河本亀之助小伝』を紹介し、近代文学、出版研究者必読の一冊として、推奨しておいた。

その後日譚を記しておく。

【実は編集者から教えられたのであるが、同書は初版４００部の自費出版ということだった。その著者献本冊数は確認していないが、これを連載していた小冊子『洛陽堂雑記』からすると、

100部ほどだったのではないかと推測される。したがって版元在庫は300部だったのではないだろうか。それが幸いなことに保阪正康によって『朝日新聞』（1／31）で書評され、私もよかったなと思っていた。ところがその300部が売れないとの話が聞こえてきた。これを書くために燃焼社に問い合わせると、その後とりあえず在庫はなくなったけれど、返品があり、それで注文は間に合っているし、とても重版はできないとのことだった。著者の田中は在野の研究者だが、みすず書房などから手堅い著作を何冊も出しているし、今回の著書は近代文学や出版研究に不可欠な労作である。それが『朝日新聞』の書評を得ても、300部も売れないとは。公共図書館と大学図書館は4500館あるのに、ほとんど入っていないのだろう。そして研究者も買わないし、読まない。そのような状況の中に研究書出版は置かれていることになる】

〔14〕『ニューズウィーク日本版』（1／26）に、コラムニストのローラ・ミラーによる英訳ベストセラー〝The Life – Changing Magic of Tidying Up〟（日本版、近藤麻理恵『人生がときめく片づけの魔法』、サンマーク出版）の「こんまり魔法に見る『生と死』」という3ページ書評が掲載されていた。

ローラによれば、読んでときめく本ではなく、人生がときめく片づけの魔法を語っていながらも、「物に対する拒食症」という病気ではないかという印象を与える。

ときめかない物は捨てる、ときめく物は大切にというその二つしかなく、第三の道はない。近藤の本は人間の死すべき運命を執拗に言いたて、やがて故人になるのは読者で、「死こそ最大の欠乏の魔法」だと訴えているかのようだ。

そしてローラはいう。がらくたの意味は嘘であるかもしれない。「でも生きていくには必要な嘘だ。そう、がらくたの山にこそ生の歓びはある」と。

【私も雑書に囲まれ、本クロニクルを書いている。名著などではなく、まさにがらくたの山だといっていい。しかし馬齢を重ねてくると、谷沢永一ではないけれど、雑書の中にこそ本当の意味があることも見えてくる。「そう、がらくたの山にこそ生の歓びはある」のだ】

〔15〕 最後にとても楽しく読んだ一冊を紹介しておく。

それは山田航著『桜前線開架宣言』（左右社）である。

【これは70年代以降生まれの40人の歌人たちの作品のアンソロジーであり、また俵万智以後の大学短歌会の隆盛、歌集専門出版社の紹介、自費出版歌集のブックオフでの入手法なども書かれている。そういえば、ブックオフにはそうした歌集がいつまでも売れずに残っていることなどを思い出させた。それにちなんで、杉本秀という歌人の二首を引いておこう。

　ブックオフの百円コーナーだけだろう
逸見政孝をわすれないのは

わが街にもやっとTSUTAYAができました

これからは荒廃しそうです】

〔16〕論創社のHPで、2月から「本を読む」という連載を始めた。第1回は「ホルモン焼きとゴルフ」で、こちらは本クロニクルと異なり、楽しんでもらえるかもしれないので、よろしければのぞいてみられんことを。

クロニクル❸ 2016年3月

16年2月の書籍雑誌の推定販売金額は1475億円で、前年比0・1%減。近年なかったほぼ横ばいという数字だが、これは4年に1度の閏年で、前年より1日多かったことによっている。そのために書籍が844億円で、同9・8%の大幅増だったが、雑誌は631億円で、同10・9%減となり、閏年効果はまったくないといっていい。

雑誌の内訳は月刊誌が508億円で、12・7%減、週刊誌が123億円で、2・7%減。返品率は月刊誌が40・0%だが、週刊誌は好調な『週刊文春』効果もあり、35・2%と3ポイントほど改善している。なお書籍の返品率は31・4%で、週刊誌や月刊誌よりも低くなっている。

閏年であっても何も影響も見られない雑誌の凋落は、書店の客数と売上のマイナスに結びつき、その資金繰りに対して、この1年を通じて、ボディブローのような影響を与えていくだろう。

3月は学参期とあって、最大の推定販売金額となるのだが、それはどのような数字となって表われるのだろうか。学参期が終わり、5月連休後の出版状況が焦眉の問題となるように思われる。

〔1〕 太洋社が自己破産。負債は76億円。
太洋社から3月15日付で、出版社と書店に対し、「ご報告とお詫び」と題する文書が出されているので、それを要約してみる。
＊2月8日の説明会などで、出版社への買掛金支払原資の全容を把握するために、全資産の精査の実施を約束し、その換価処分、及び取引書店に対する売掛金の回収に着手していた。
＊書店の帳合変更に関しては規模が大きい書店は進んだが、中小書店は資金繰りや帳合変更条件から難航し、進捗が芳しくなかった。それでも事業廃止等を決定した書店を除くと、80％を超える書店の帳合変更が決まり、それらの売掛金回収はほぼ完了した。
＊しかし最大の取引先の芳林堂書店が2月26日に破産したことで、売掛金の全額回収に支障をきたす事態になった。それに伴い、いくつかの大口売掛金についても、多大の焦げ付きが予想される状況となった。
＊そのような状況下で、とりわけ芳林堂書店の売掛金12億円のうち、3億円の在庫回収額を除

く8億円の売掛金焦げ付きが発生してしまった。またその後の帳合変更に伴う決済でも2億円が未回収となった。

＊こうした事態を迎え、もはや全資産の処分と回収により、出版社への買掛金を弁財するという当初想定のスキームの完遂は不可能となり、太洋社は万策が尽きたものとして、自主廃業を断念し、本日破産申立するに至った。

【前回、太洋社の自主廃業スキームは、これまでなかった取次からの書店への売掛金の精算というパンドラの箱を開けてしまったこと、続いてその売掛金回収が最も重要な問題で、芳林堂の破産によって大きな修正を迫られるのではないかと記しておいた。それが実際に太洋社の自己破産という結果となって表出したことになる。これまでの総合取次の危機の処理として、大阪屋は大手出版社による増資、栗田出版販売はこれも大手出版社主導の中小出版社の実質的売掛金カットというスキームが実行されてきた。この両者のスキームは結局のところ、書店に対して未回収売掛金の精算に至っておらず、むしろそれを回避するためのものであったと見なすこともできよう。しかし今回の太洋社のスキームは自主廃業を決断することで、書店の出店バブルの根幹にある未回収売掛金の問題まで踏みこんでしまったのである。それに対して、最大の取引先書店の芳林堂は自己破産というかたちで応じ、太洋社も同じ選択を強いられるしかなかったという構図が浮かび上がってくる。そこに至る担保設定や保証人問題、在庫の回収の実際的処理、営業権譲渡などに関してのディテールは伝えられていないが、これらの真相は債権者集会で多少なりとも明かされることになるのだろうか。だが芳林堂の自己破産がそのまま太洋社へとはね返り、同様の処置へと至るしかなかった両刃の剣的プロセスは、大手取次にとっても震撼たらしめるダメージを与えたことになろう。総合取次の書店との関係は、大手であっても中堅であっても変わることはないわけだから、日販もトーハンも同じ構造にある。本クロニクルでずっと追跡してきたように、とりあえず、両社は書店の危機に対しM&Aなどによる「囲い込み」を行なってきた。これは現実的には売掛金回収の先送りといっていい。しかしそれにも限界があるし、もし大手ナショナルチェーンの売掛金回収問題が緊急とされる段階に入った場合、芳林堂のように自己破産してしまえば、太洋社と同様の立場へと追いやられてしまうかもしれない。今回の太洋社スキームと自己破産に至ったケースはその問題を露出させてしまったことになろう】

〔2〕このような太洋社状況に対して、2月29日付の出版協「FAX新刊選」(3月、41号)が高須次郎会長の「太洋社は自主廃業できるのか」を発信している。

それは小出版社の立場からの、ベルマーク汐留での説明会と2月下旬の太洋社状況、またこれまでの太洋社の「トーハン、日販による草刈り場」「帳合はぎ取り」のレポートともなっていて、太洋社の自主廃業スキームは最悪の事態を迎えるとの見解を表明している。

なおこれは『出版ニュース』(3/下)に再録されている。

【今回の太洋社自主廃業から自己破産に至る過程で、公式見解を発表したのは出版協だけでまたしても書協、雑協、取協、日書連は何の声明も発していない。その一方で、太洋社の債権者リストが出回り、そこに１００万円以上の債権を有する４５０社近くの出版社が掲載されている。同じものは先の栗田の場合も出回っていたが、太洋社はその出版社との関係が明らかに異なっているとわかり、中小の雑誌、コミック出版社、つまりエロ本業界との関係の深さを知らしめている】

〔3〕 2の小出版社からの見解と同様に、小取次の立場から、「地方・小出版流通センター」(NO.475、3／15)が次のように発言している。

「当社にとって総合取次4位の太洋社は先週末（3月4日）で取次業務を停止しました。その前に破綻した栗田出版販売の場合は民事再生を申請し、営業は継続されていましたので、戦後の出版流通で総合取次の業務停止ははじめてのことになります。廃業に入ると公表されてほぼ一ケ月になりますが、太洋社の業務停止に伴う多くの取引書店の廃業の実態を見ると、日本の取次システムの重要さを実感するとともに、雑誌扱いの急激な減少と書籍市場の縮小に伴い、いままでの取次業の存立基盤が厳しくなっていることを痛感します。

当社は40年前設立の時点から太洋社との取引きを開始しました。関東圏の取引書店が多かったのですが、他に四国や北陸に多く取引書店を持っていました。当社の場合、設立のきっかけが三多摩地区の公共図書館による「地方や小規模出版の良書発掘運動」だったことがあり、その当時、図書館への販売業務に力を入れていた太洋社の図書館部にはいろいろ教えていただくとともに売っていただきました。データ提供、見本配本等のシステムに組入れてもらいました。太洋社は関東地方の図書館に強く、大阪屋は関西地方の図書館へのルートを拡大していました。」

【これを引いたのは、太洋社が取次の中で1970年代から先駆けて図書館販売に力を入れていたことが伝えられているからだ。そのような前史があって、太洋社がTRCの取次を担うことになったのである。TRCと公共図書館の側からの太洋社に関するコメントは出されているのだろうか。また地方・小出版流通センターからは、太洋社からの帳合変更書店一覧が3月14日付で出されている。それを見ると、99店で、日販が94店で、トーハン4店、中央社1店となっている。太洋社の2月22日付発表によれば、300法人800店舗のうち、帳合変更は50法人、350店舗とされていたが、それが現実化したのは100店舗ほどだったことになるのか。とすれば太洋社の自己破産によって700店近くの小書店が消滅したことになる。これらのことを考えていると、かつて読んだ金子のぶおという書評家の「街の書店、ささやかな悪徳。」(『フリースタイル』18所収)を想起してしまった。そこで金子は「いつもどこかに寄り道しながら、いろんな街の、いろんな書店を歩いてきた。しかし、これまでなじんできた、街の書店のかなりの店がすでに姿を消している」けれど、その中でも思い出されるのが、「暗い場所」とでもいう「街の本屋」だと書いている。そして具体的に目黒駅近くにあったその本屋の名前を挙げ、いつも「大人の本」を眺め、「ささやかな孤独の悪徳」を味わった体験を記している。さらに世界そのものが家と、学校、勤め先の他にもうひとつの「暗い書店」のようなものが必要なのに、そうした店に出会う可能性が少なくなったとも述べている。そうなのだ。かつての「街の本屋」は小さくて暗かった。それは貸本屋も古本屋も図書館も同様で、そこから「読書という悪徳」をも学んできたのである。しかしそのような「暗い場所」はもはや追放されてしまった。太洋社帳合書店の消滅はそのことを象徴しているのだろう】

【4】その一方で、相変わらず大型店の出店は続いていて、2月26日に丸善&ジュンク堂書店が立川高島屋にワンフロア1000坪で開店。

100万冊の在庫で、月商6000万円から8000万円が目標とされる。取次は日販。

【高島屋からのオファーを受け、多摩地域における旗艦店をめざすというが、これほど様々な疑問を生じさせる出店はないといっていい。在庫金額と回転率問題は、『出版状況クロニクルⅣ』の丸善&ジュンク堂MARUZEN名古屋本店の開店に際してふれているので省略し、家賃コスト問題を考えてみる。この売上目標では年商10億円といったところであろう。しかし坪当たり2万円の家賃とすれば、月2000万円、年間2億4000万円ということになり、それだけで出版物販売粗利を上回ってしまう。もちろん歩戻しも含めた利益率を30%、3億円としても、家賃が8割を占めることから、年商10億円ではとても採算ベースの売上とは見なせない。ましてこのような出版状況下での出店は、長期における売上伸び率は見こめないことからすれば、万年赤字を宿命づけられたようなものだ。もちろん高島屋からのオファーとのことで、多少の優遇はあったとしても、家賃が半額などという条件は出されていないだろう。歩合制10%の場合、これは坪当たり1万円を割ってしまうので、それも考えられないからだ。このような疑問はこの丸善&ジュンク堂の立川高島屋だけにつきまとっているものではなく、その他の大型店出店にも必ず感じられることだ。ただそれにもまして、立川高島屋の場合、オリオン書房の拠点でもあり、同店は日販が買収し、子会社としたばかりだし、当然のことながら、立川高島屋店と競合してしまう。つまり日販にしてみれば、カニバリズム的展開となることは自明だからだ。それゆえに何のために取次は日販なのかという問いも、自ずから発せられることになる。それからこれは複数の情報筋から入ってきているが、ここにきて、大型店からの大量万引が所在地の警察を通じ、古本屋も巻きこみ、問題になっているようだ。ある大型店では被害が数百万円に及んだというし、そこまでいかなくても、大量万引は広範に発生し、それが棚卸し在庫問題へともリンクしていくのも確実であろう】

〔5〕　日販やトーハンの機構改革や人事異動の発令も出され始めている。
まだ業界紙には掲載されていないが、日販の主たる新設、廃止組織機構はいずれも16を数えている。

それには「コンプライアンス推進室」や「ビジネスサポート事業部」が見られ、これらの役割に注目すべきだろう。

またグループ会社日販図書館サービス（ＮＴＳ）も整理対象となり、17年3月で事業終了。同社は１９７７年に日本図書館サービスとして始まり、公共図書館１５０館などに装備図書や「ニッパン・マーク」を納入していた。

トーハンの機構改革は管理本部の廃止だけで、大きな変化は見られない。

【日販の機構改革と連動してか、TSUTAYAもグループ再編が行なわれている。T・MEDIAHDの吸収合併、地域別カンパニーの新制分割として、北海道TSUTAYA、中国四国TSUTAYA、九州TSUTAYAの設立、物流事業などの日本サプライサービスも設立される。おそらくNTSの経営環境悪化による撤退は、今後のTSUTAYA図書館の展開と結びついているのだろう。トーハンのほうだが、近隣のあおい書店の大型店がゲオへとリニューアルしている。調べてみると、あおい書店は蟹江店、西部店などもドラッグストアやバイク店などに変わっているようだ。まだ詳らかでないが、さらにこのような転換が進めば、書店のナショナルチェーンのリストラということになろう。なお中古店「お宝ワールド」があおい書店グループであり、それで取次がトーハンだったことを了承する】

〔6〕　1から5の日本の出版業界の状況の中で、『週刊東洋経済』（3／5）が特集「12兆円の買い物帝国アマゾン」を組んでいる。それを要約抽出してみる。

まず「世界を股にかけるアマゾン経済圏」がチャート化で示されている。

＊推定年間宅配戸数は40億個、年間利用者3億人。

＊売上高は12兆円で、日系小売り大手と比べた場合、セブン＆アイ・HDの6兆円の倍。ただ営業利益は低く2500億円。

＊ネット通販では世界14ヵ国でライバルを圧倒し、英国、ドイツ、フランスでも売上高首位で、

米国と日本は2ケタ成長。

続いてアマゾンジャパンも同様に示される。

＊本・洋書、CD・DVD、家電、おもちゃ&ホビー、ヘルス&ビューティ、ファッション、コスメ、食品&飲料、DIY・工具、楽器、ペット商品、kindle、中古車などの2億個の商品を揃える。それに日本独自のサービスも付加。

＊年間4億個の商品が流通し、翌日配送まで含めると、95・1%をカバー。

＊売上高1兆円で、11年の売上高5240億円から倍増。セブン‐イレブン・ジャパン店平均売上高の4166店分、イオンの同184店分。

＊通販サイト月間訪問数は3740万人で首位。

＊正社員数は昨年半年で500人を採用し、3500人。

＊国内に13カ所の物流センターを保有し、さらに川崎市高津区に巨大物流センターを建設中。

これらを支えるシステムは次のようなものである。

＊メーカーから直接仕入れて販売する「直接販売モデル」。

＊それを個人も含めた外部の販売事業者がアマゾンサイトに出品する「マーケットプレイス」。

＊この自社の巨大サーバーとシステムをクラウドサービスとして他社に提供する「Amazon Web Services（AWSL）。

＊注文から最短1時間で荷物を届けてくれる「プライム・ナウ」

そしてさらにアマゾンの「独自経済圏の磁力」などへと続いていくのだが、それは直接読んでもらったほうがいいだろう。

【このようなアマゾンのこの5年間の成長とそのシステムの進化を見ると、日本の出版流通システムの旧態依然の状態を眼前に突きつけられたような気がする。『出版状況クロニクルⅣ』でも3PLシステムの導入によるロジスティクスの進化と変容にふれてきたが、取次のロジスティクスはまったく変わっていない、あるいは変えられなかったゆえに、栗田にしても、太洋社にしても破綻するしかなかったようにも思われる。そのこともあり取次の送返品を含む物流センターとロジスティクスは汎用性がなく、他業界では生かすことができないシステムと見なされ、売却することも困難な状況に追いやられていたとも考えられる。実際に3PLが主体となっている物流センター関係者に問い合わせてみると、既存の倉庫現場をアマゾン物流センターのような機能を有するものへと転換するためには高コストを要するので、新たに建設するほうがベターだという答えが戻ってきた。これがそのまま取次の物流センターに当てはまるかどうかは断定できないけれど、今後のトーハンとオムニチャンネルの組み合わせの行方がそのことを明かしてくれるだろう。奇しくも『日経MJ』(3/4)が「ネット通販黒字の疲弊」を一面特集、トラック物流問題に言及し、「即日配送」、「返品無料」といったネット通販のサービスがもたらす、長時間労働と低賃金による人手不足、下請け構造に焦点を当てている。また続けて『日経MJ』(3/25)は「お届け進化総力戦」と題し、ヤマトの山内雅喜社長とアマゾンのジャスパー・チャン社長にインタビューしている。アマゾンのより安くより早い「プライム・ナウ」を利用できる「アマゾン・プライム」(年会費3980円)をめぐっての攻防が展開され始めている。そうした状況の中に出版物も置かれているのだ。なお出版物に関して補足しておけば、アマゾンバイスプレジデント村井良二書籍担当の証言から、書籍・雑誌の出版社の直取引は20％台後半とされている。トータルの出版物売上は２０００億円ほどと推定できるので、直取引は５００億円前後ということになる。しかしそのアマゾンの出版物売上高もピークアウトしたのではないかとも考えられることを付記しておく】

〔7〕アマゾン商品として、出版物に続き、ＣＤ・ＤＶＤが挙げられているし、こちらの動向も示してみる。

『キネマ旬報』（３／下）の「映画業界決算特別号」で、映像メディア総合研究所の四方田浩一が「パッケージ概況・配信状況」についてレポートしている。

日本映像ソフト協会によれば、ＤＶＤ・ブルーレイなどのパッケージソフトの15年メーカー出荷金額は２１８０億円で、前年比５・２％減。その内訳は販売用１６２６億円、２・９％減。レンタル用５４３億円。１１・７％減である。

とりわけＤＶＤに関してはピーク時の04年３７５４億円と比べると、40％以上も落ちこみ、また同年のレンタル用１１４４億円に限れば、半分になっている。

またレンタル店だが、16年１月で３１３７店、これも２０００年には６２５７店あったわけだから、15年で半減してしまった。

そのようなレンタル状況の中で、ネットフリックスが上陸し、15年は動画配信元年となり、16

年は各社のサービスが加速し、それらが既存サービスへの影響となって、数字に反映してくるであろう。

【TSUTAYAやゲオにしても、FCと直営の相違はあるにしても、レンタル事業がコアとなっているわけだから、ネットフリックスなどの動画配信サービスの加速の影響を受けざるをえない。それが日販やMPD、トーハンにも及んでいくことは必至で、これらもまた取次へ大きな影響をもたらしていくはずだ】

〔8〕『出版月報』(2月号)が特集「紙コミック&電子コミックの最新動向―コミック市場2015」を組んでいるので、これも紹介しておく。

まずはコミック推定販売金額推移を示す。

15年のコミックス売上は2102億円で、前年比6・8%減、コミックス誌は1166億円で、同11・2%減。コミックス誌はかつてない2ケタのマイナスとなり、ここでも雑誌の凋落が投影されている。

それはコミックス、コミックス誌合計にも表われ、こちらも8・4%減という最大の落ちこみ、20年連続のマイナスである。

新刊点数は1万2562点と、この5年ほどほぼ横ばいだが、販売部数はコミックスが4億25万冊、同8・6%減、コミックス誌が3億4788万冊、同12・5%減となっている。合計では10・4%減で、販売金額よりも落ちこみ幅は大きく、返品率も初めて30%を超え、30・

3％に至っている。

この紙のコミック市場に対し、5万タイトルを配信する電子コミック市場は1149億円で、同31・8％増。紙と電子コミック市場合計規模は4437億円である。

【この紙と電子と合わせ、4437億円の売上を有するに至ったコミック市場の行方はどうなるのか。これらの動向は近年の紙コミックス、コミックス誌の減少に対し、電子コミックス、コミックス誌が急成長したことによっている。ただ確かに電子コミック市場は14年881億円に対し、1169億円と30％以上の伸びを示している。それとパラレルに紙コミック市場はマイナスが続いているので、コミック市場全体の販売金額は14年が4456億円、15年が4437億円で、0・4％減となっている。この15年の4437億円は、08年の紙のコミック市場規模の4483億円とほぼ同じ販売金額だが、1990年代前半の全盛期には5000億円後半を保っていた。それを考慮すれば、紙のマイナスを上回る電子の大幅プラスが毎年のように続かないと、5000億円を超える販売金額に至るのはかなり難しいと見ていい。仮にもしそれが実現すれば、紙と電子の販売金額は逆転してしまうであろうし、そうなればコミックの意味、出版社、取次、書店にとってのコミックの位置づけといった、コミックを巡るあらゆるコンセプトが変わってしまうことになる。私たちはその端境期にいることになるのだろうか】

〔9〕　講談社の決算が出された。
売上高は1168億円、前年比1・9％減、当期純利益は14億5400万円、同47・2％減。

■コミックス・コミック誌の推定販売金額　　（単位：億円）

年	コミックス	前年比	コミック誌	前年比	コミックス コミック誌 合計	前年比	出版総売上に 占めるコミック のシェア（%）
1997	2,421	▲4.5%	3,279	▲1.0%	5,700	▲2.5%	21.6%
1998	2,473	2.1%	3,207	▲2.2%	5,680	▲0.4%	22.3%
1999	2,302	▲7.0%	3,041	▲5.2%	5,343	▲5.9%	21.8%
2000	2,372	3.0%	2,861	▲5.9%	5,233	▲2.1%	21.8%
2001	2,480	4.6%	2,837	▲0.8%	5,317	1.6%	22.9%
2002	2,482	0.1%	2,748	▲3.1%	5,230	▲1.6%	22.6%
2003	2,549	2.7%	2,611	▲5.0%	5,160	▲1.3%	23.2%
2004	2,498	▲2.0%	2,549	▲2.4%	5,047	▲2.2%	22.5%
2005	2,602	4.2%	2,421	▲5.0%	5,023	▲0.5%	22.8%
2006	2,533	▲2.7%	2,277	▲5.9%	4,810	▲4.2%	22.4%
2007	2,495	▲1.5%	2,204	▲3.2%	4,699	▲2.3%	22.5%
2008	2,372	▲4.9%	2,111	▲4.2%	4,483	▲4.6%	22.2%
2009	2,274	▲4.1%	1,913	▲9.4%	4,187	▲6.6%	21.6%
2010	2,315	1.8%	1,776	▲7.2%	4,091	▲2.3%	21.8%
2011	2,253	▲2.7%	1,650	▲7.1%	3,903	▲4.6%	21.6%
2012	2,202	▲2.3%	1,564	▲5.2%	3,766	▲3.5%	21.6%
2013	2,231	1.3%	1,438	▲8.0%	3,669	▲2.6%	21.8%
2014	2,256	1.1%	1,313	▲8.7%	3,569	▲2.7%	22.2%
2015	2,102	▲6.8%	1,166	▲11.2%	3,268	▲8.4%	21.5%

売上高内訳は雑誌６７８億円、５・８％減、書籍１７５億円、１７・７％減、広告収入48億円、１３・６％減、事業収入２１８億円、３４・８％増、その他16億円、９０・６％増、不動産収入31億円、１・５％増。

【講談社の売上高内訳に出版業界の現在が合わせ鏡のように映し出されている。雑誌はアシェット婦人画報社の雑誌売上を加えなければ、さらに落ちこんでいただろうし、コミックが前年を下回っている。また書籍における文庫の18％近くのマイナスも尋常ではない。文庫や新書といった大量生産、大量消費出版システムも、もはや限界の時を迎えているといっても過言ではない。それを裏づけるように、決算発表の場で、金丸徳雄取締役が「中堅取次の破綻が示すように、コンテンツが読者に自動的に届く時代が終わりを告げたと認識している」と話したという。それは本クロニクルがずっと指摘し続けてきた近代出版流通システムの崩壊に他ならない】

〔10〕日本文芸社が、トレーニングジムのライザップなどを運営する健康コーポレーションの子会社化。

健康コーポレーションは、日本文芸社の親会社の、電通、博報堂に次ぐ第三位の大手広告代理店アサツーディ・ケイから20億円で全株式を取得し、実用書の出版で実績のある同社の編集、販売機能を活用し、美容、建築関連事業などとのコラボレーションをめざすとされる。

【アサツーディ・ケイが日本文芸社を子会社化したことも知らなかったが、前者のＩＲによれば、平成26年2月に完全子会社化としたという。そこに示された日本文芸社の3年間の売上高は40億円を上回っているものの、3年連続赤字だったことを明らかにしている。日本文芸社は『日本文芸社三十年史』（１９９０年）という社史も出していて、創業者の夜久勉こそは戦後の貸本、マンガ、エロ本業界のトリックスター的人物である。三洋社からの白土三平の『忍者武芸帖』出版にしても、夜久たちによっているのである。その出版業界の裏通りの名門出版社が大手広告代理店の傘下となった果てに、『週刊文春』でさんざん叩かれたライザップを運営する企業に買収されてしまうのは、これも時代の巡り合わせということになるのだろうか】

〔11〕 酣燈社《かんとう》が破産。負債総額は4億円。

同社は1946年に設立され、月刊誌『航空情報』や航空関連書を刊行していた。2008年には年商1億6700万円を計上していたが、赤字続きで債務超過となり、14年には『航空情報』をせきれい社に譲渡し、15年には年商7000万円となっていた。

【鈴木徹造の『出版人物事典』（出版ニュース社）に、酣燈社に創業者として水野成夫の名前が掲載されているし、かつて酣燈社は学術書や文芸書を刊行し、リトルマガジン『心』や『三田文学』の発行所でもあった。私も両者について、「水野成夫と酣燈社」（『古本探究Ⅱ』所収）を書いている。これは私見だが、堤清二がリブロポートに託した出版活動は、この水野と酣燈社の戦後の時期の出版のイメージに基づいているように思われる。なお2月は『精神分析学辞典』や『医大受験』などを出していた育文社が倒産、また学術書の昭和堂がミネルヴァ書房の子会社となっている】

〔12〕 ブックオフが2004年創業以来の赤字。

【これはブックオフのIRや『週刊東洋経済』（4／2）の「核心リポート」でもふれられているが、「グループ中期事業計画」のひとつとして、中古家電を取り扱い始めたところ、その仕入れ増と人員増強などの先行投資が影響し、当初予想を下回るものになった。その結果、修正予想売上高は770億円と前年を20億円上回るものの、営業利益は50億円から1億5000万円の赤字となる。本クロニクルでも、ブックオフのハードオフからの離脱、販売価格の変化などを既述してきた。その一方で、FC店は減少し、直営店が増えているようだが、おそらくブックオフも新たな段階へと入りつつあるのだろう】

〔13〕『サイゾー』4月号が特集「文壇タブー事情」を組み、「専業は一握り？〝食えない小説家〟のイマドキ事情とは？」や「芸能人作家増殖で芸能界の言いなりになる文芸の未来」などの本のレポートや座談会やコラムが掲載されている。

【『噂の真相』が休刊となって以来、すでに十年余が経とうとしている。このディケードにおける出版と小説の失墜はいうまでもないけれど、作家や著者たちのスキャンダルや事件は一部を除き、ほとんど報じられなくなってしまった。そのような中で組まれた特集で、現在の文芸書事情と売れ行き、有川浩の版権引上げ騒動、百田尚樹『殉愛』出版差し止め裁判内幕、KADOKAWAとドワンゴの関係などがレポートされ、それなりにゴシップを楽しませてくれた。だがそれ以上に面白かったのは、寺尾隆吉のコラム「邦訳発売まで間もなくラテンアメリカ文学3選」で、フェルナンド・デル・パソの『帝国の動向』を早く読みたいと思う。どこから、いつ出るのだろうか】

〔14〕『FACTA』（4月号）にジャーナリスト山口義正の「『空港島展示場』で大村・河村バトル」と題する一文が掲載されている。
これは愛知県の大村知事と名古屋市の河村市長の間での国際展示場計画をめぐる問題である。

前者は展示場を中部国際空港島に建設する、後者は名古屋港の展示場ポートメッセなごやを拡張する構想を抱いていた。この河村市長構想側に立っているのが、リードエグジビション・ジャパンの石積忠夫社長だとし、山口は書いている。

「リードは今年、全国区で164件の見本市開催を予定しており、収益規模はちょっとした上場企業並みだ。第一人者を自負する石積は、日本展示会協会（日展協）の会長も兼務し「国際見本市は経済効果が大きく、日本はその大国になるべきだが、もっと大きな規模の展示場が必要」と主張している。

企業経営者としての顔だけでなく、石積は政商の一面も併せ持つ。日本では欧米に比べて大規模な展示場が少ないうえ、東京ビッグサイトさえイベントは飽和状態に近く、事業を拡大しようにもその余地が乏しいとして、箱モノの計画が持ち上がる方々でカネをばらまいていると評判だ。」

【ここに出てくるリードとは、毎年恒例の東京国際ブックフェアを主催する企業である。『出版状況クロニクルⅣ』でも、フランクフルトのブックフェアなどと異なる東京国際ブックフェアにふれ、出版業界に関してのメリットに対する疑問、新潮社、文藝春秋、光文社、筑摩書房、中央公論新社、ダイヤモンド社などが脱退した事実にふれ、このリードとは何なのかに留意してきた。ここで初めてまとまったリードに関する記述に出会ったことになる。ここに東京国際ブックフェアを主催するリードの実態の一端が示されている】

クロニクル❹　2016年4月

16年3月の書籍雑誌の推定販売金額は1816億円で、前年比3・4％減。書籍は1063億円で、同2・5％減、雑誌は753億円で、同4・7％減。雑誌のうちの月刊誌は630億円で、同3・6％減、週刊誌は123億円で、9・9％減だが、3月は送品稼働日が前年より1日多かったことで、小幅なマイナスになっている。

返品率は書籍が27・0％、雑誌は39・0％。

16年四半期販売金額は4331億円、前年比2・6％減とマイナスは近年と比べ、小さくなっている。

しかし本クロニクルとしては、5月連休明けからその反動がおきるのではないかと予測していたが、そこに熊本地震が出来してしまった。これも出版業界にどのような影響と波紋をもたらしていくのだろうか。

『出版状況クロニクルⅢ』でも東日本大震災と原発事故にふれ、浜岡原発の被災距離内に居住しているので、私も同じ環境にあることを記しておいたが、熊本地震もそのような思いをあらた

■文庫マーケットの推移

年	新刊点数		推定販売部数		推定販売金額		返品率
	点	(増減率)	万冊	(増減率)	億円	(増減率)	
1995	4,739	2.6%	26,847	▲6.9%	1,396	▲4.0%	36.5%
1996	4,718	▲0.4%	25,520	▲4.9%	1,355	▲2.9%	34.7%
1997	5,057	7.2%	25,159	▲1.4%	1,359	0.3%	39.2%
1998	5,337	5.5%	24,711	▲1.8%	1,369	0.7%	41.2%
1999	5,461	2.3%	23,649	▲4.3%	1,355	▲1.0%	43.4%
2000	6,095	11.6%	23,165	▲2.0%	1,327	▲2.1%	43.4%
2001	6,241	2.4%	22,045	▲4.8%	1,270	▲4.3%	41.8%
2002	6,155	▲1.4%	21,991	▲0.2%	1,293	1.8%	40.4%
2003	6,373	3.5%	21,711	▲1.3%	1,281	▲0.9%	40.3%
2004	6,741	5.8%	22,135	2.0%	1,313	2.5%	39.3%
2005	6,776	0.5%	22,200	0.3%	1,339	2.0%	40.3%
2006	7,025	3.7%	23,798	7.2%	1,416	5.8%	39.1%
2007	7,320	4.2%	22,727	▲4.5%	1,371	▲3.2%	40.5%
2008	7,809	6.7%	22,341	▲1.7%	1,359	▲0.9%	41.9%
2009	8,143	4.3%	21,559	▲3.5%	1,322	▲2.7%	42.3%
2010	7,869	▲3.4%	21,210	▲1.6%	1,309	▲1.0%	40.0%
2011	8,010	1.8%	21,229	0.1%	1,319	0.8%	37.5%
2012	8,452	5.5%	21,231	0.0%	1,326	0.5%	38.1%
2013	8,487	0.4%	20,459	▲3.6%	1,293	▲2.5%	38.5%
2014	8,574	1.0%	18,901	▲7.6%	1,213	▲6.2%	39.0%
2015	8,514	▲1.2%	17,572	▲7.0%	1,140	▲6.0%	39.8%

にした。

まだ今年は半分にも至っていない。出版業界のみならず、日本社会はどこに向かっているのだろうか。

〔1〕『出版月報』(3月号)が特集「文庫マーケットレポート2015」を組んでいるので、その「文庫マーケット」の推移を示す。

【「文庫マーケットの推移」は前年ほどではないにしても、やはり2年続きの大きなマイナスで、新刊点数はほぼ横ばいだが、販売部数は1億7572万冊、販売金額も1140億円と、この20年間で最悪のところまで落ちこんでしまっている。このまま推移すれば、17年には1000億円を割ってしまうこともありうるだろう。12年まで急成長してきたライトノベルも、15年は212億円、5・8％減と3年連続のマイナスとなっている。『出版状況クロニクルⅣ』で、学研ホールディングスのリストラに伴う学研M文庫の廃刊に関して、同文庫が1500点ほど刊行するに至っても利益を上げておらず、赤字だったことから廃刊へと追いやられたのではないかとレポートしておいた。それは学研M文庫だけでなく、他の文庫にも共通しているはずで、本来ならば、文庫は既刊本の重版率が高く、ロングセラーによって支えられていることで利益を生み出す仕組みになっている。しかし現在の「文庫マーケット」もまた単行本と同様に、新刊依存度が高くなり、雑誌と変らない構造へと推移して久しい。それゆえに、15年の新刊の8514点の多くが返品されれば、既刊本注文として「文庫マーケット」へと再出荷されていく比率は低くなり、断裁の憂き目にあっていると考えるしかない。それは販売部数が20年間で1億冊マイナスとなっているにもかかわらず、返品率がまったく改善されていないことにも示されている。2016年に入って、本クロニクルで雑誌とコミックの推移も見てきているが、文庫は雑誌とコミックに続いて、書店売上の大きなシェアを占めている。トーハンの15年「書店経営の実態」の「売上高構成比」の「総平均」によれば、雑誌とコミックスで51・1％、文庫11・9％であり、この3分野の占める売上高シェアは63％に及んでいることになる。そのいずれも分野も大きな落ちこみを見せているわけだから、現在の書店市場がどのような状態にあるのかはいうまでもないだろう】

〔2〕　高知の興文堂書店が破産、負債は5億円。

興文堂書店は取次の高知出版販売の関連会社として書店運営を目的に設立され、１９９６年頃は高知県にチェーン展開し、売上高15億円を計上していた。

またそれに先立ち、１９５８年設立の高知出版販売も破産申請、負債は5億２０００万円。

【太洋社の自己破産が興文堂書店と高知出版販売にも及んだことになる。太洋社の高知出版販売への売掛金は4億４０００万円。太洋社の社史ともいえる『大海原—さらなる発展に向けて』の中に、四国太洋会の隅田遼介会長（高知出版販売株式会社）の次のような発言が引かれている。

「太洋社とわたしの店が、取引をはじめたのは、わたしの先代の時代のことですので、そのきっかけとか、当時のエピソードなどについては、残念ながらよくわかりませんね。（後略）」

同書には１９５４年高知出張所開設、翌年高松出張所開設、68年第一回四国太洋会を開催とあるので、太洋社は四国エリアの取引を高知出版販売とともに推進し、発展させてきたことになろう。おそらく高知出版販売は、四国の小書店やスタンドなどと太洋社を結ぶ中取次のような位置にあったと思われる。そしてその高知出版販売が興文堂書店を展開するに当たっても、太洋社が要を占めていたことは明白で、太洋社が倒れれば、当然のことながら、高知出版販売も興文堂書店も同じ破産という道をたどるしかなかったのである】

〔3〕　大阪屋と栗田出版販売が合併し、「大阪屋栗田―OaK(オーク)出版流通―」として発足。

【あらためてその「経営執行体制」としての「取締役・監査役」を確認すると、元大阪屋は「取締役執行役員」の二人だけで、栗田はいない。あとは社長を始め、講談社、楽天、KADOKAWA、小学館、DNP、集英社、日販で占められている。「経営執行体制」は増資に応じた大手出版社や楽天に移行し、流通とロジスティックスの現場は旧大阪屋と栗田に引き継がれたことになるのだろう。しかし気になるのは発足とほぼ同時に起きた熊本地震で、大阪屋の九州シェアは高くなかったけれど、栗田は『栗田出版販売七十五年史』などに見られるように、かつてかなり大きい九州支店を有していた。旧栗田帳合書店も被災したかもしれない。『新文化』(4/21)が熊本市などの被害書店に関して、レポートしているが、日販とトーハンだけでも100店近くに及んでいるようだ。なお取協によれば、4月21日現在で、43店が休業中という。その一方で、出版協の前会長の高須次郎が『新文化』(3/17)で述べているように、出版協会員各社の返品が再生債権を超える金額になってしまったところも出てきている。またそれは出版協よりも中堅クラスの版元のほうが、さらに上回る事態であるとされている。大阪屋栗田は、このような「出版社が事実上、債権額以上に自社の返品を買い取らされるという、〝悪しき前例〟を残した」ことによって発足したことを忘れるべきではない】

〔4〕　東京都書店商業組合の組合数が400店を割り、395店となる。

【『出版状況クロニクルⅣ』で、日書連加盟の書店数の推移は2012年までたどってきている。それを見ると、東京の場合、1990年は1401店、2012年は529店で、90年に比べれば何と1000店が閉店し、消えてしまったことになる。これは東京の25年において、非加盟店も含めれば、毎週1店が廃業していった事実を示しているし、出版物売上高の1997年からのマイナスとリンクしていることは疑いを得ない。このような状況は規模のちがいはあるにしても、全国各地に起きていた光景に他ならず、それは紛れもなく、出版物売上高の絶えざる減少と重なっているのである】

〔5〕ユニーはショッピングセンターのアピタ、ピアゴのインショップ夢屋書店57店のうちの36店を、日販グループの新会社Y・spaceに譲渡すると発表。夢屋書店事業部は廃止。

【夢屋書店は1985年に発足し、レンタルなどの複合店も手がけてきたが、今回の店舗譲渡と事業部廃止は、結局のところ、ユニーグループの書店事業からの撤退を意味していよう。そして例によって日販が「囲い込む」という、毎月のように起きている取次による書店のM&Aチャートを見せつけるのである。私が買物に出かけているピアゴにも小さな一店があるけれど、それはどうなるのだろうか】

〔6〕丸善CHIホールディングスの決算が出された。

丸善ジュンク堂、TRC、丸善雄松堂、丸善出版の連結業績は売上高1751億円、前年比3・7%増、営業利益22億円、同17・3%増、当期純利益10億円、同21・4%増の増収増益。

その内訳は図書館、大学向け文教市場販売事業が595億円と前年並だが、外国雑誌などの収益増加で、営業利益18億円、同15・8％増。

店舗、ネット販売事業は752億円、同1・7％増だが、新規開店や店舗改装費用で営業損失3億3500万円。

図書館サポート事業は206億円、同7・3％増、営業利益21億円、同6・2％増。出版事業は45億円、同3・0％減、営業利益は3億円、同10・3％減。

店舗などの企画、設計、デザインといった「その他」は151億円、同33・8％増、営業利益7億円、同99・8％増。

【五つの事業のうち、赤字であるは店舗、ネット販売、すなわち他ならぬ丸善ジュンク堂で、名古屋本店など9店を開店、パピエ田無店など8店を閉店した結果、前年の6400万円を上回る3億円強の営業損失を計上したことになる。出店と閉店を繰返す中で、赤字が積み上がっていく丸善ジュンク堂の実体、バブル大型店の現在が映し出されている。おそらくそれらを支える取次も同様であることをも】

〔7〕　日販のグループ会社のダルトンが、東急自由が丘駅に「DULTON JIYUGAOKA」を開店。売場面積は100坪、4フロア展開で、家具や雑貨を中心とし、カルチャーやアート関連の洋書古本4000冊、新刊和書400冊を並べ、ビールやコーヒーも飲める。ダルトンとしては渋谷や心斎橋などに6店を出しているが、「リノベーショングループ」の協力も得て、「DULTON

JIYUGAOKA」を旗艦店と位置づけている。
それに合わせ、『文化通信』（4／25）が日販の「リノベーショングループ」を特集している。これは15年に書店の場所の価値を高めることを目的とし、店作りをサポートする「企画部隊」で、仮想本屋ブランド「YOURS BOOK STORE（ユアーズブックストア）」をコアとする。

実際に手がけてきたのは、あゆみBOOKSの「文禄堂」リニューアル化、「雑貨ハウス」「アウトドアリーディング」「BOOK ROUTE（ブックルート）」で、カフェ、イベント、雑貨などを加えた「書店価値、本の価値」を追求し、「人と本の接点をデザイン」していくとされる。

【取次が出版物の流通販売からテイクオフし、新しい地平に向かっているように見えるけれど、これは日販のTSUTAYA化のようにも映る。『日経MJ』（3／30）がCCC＝TSUTAYA特集を組み、そこで増田宗昭社長にインタビューし、「CCCは顧客が何を求めているかを考える企画会社」「CCCの最大の原則は顧客中心主義」「本屋はライフスタイルを提案する場所」との言を紹介している。そのようにして、代官山T・SITE、公共図書館、蔦屋家電なども手がけてきたと。先の「リノベーショングループ」のモチーフも、基本的には「企画会社」による「本屋はライフスタイルを提案する場所」というコンセプトから発想されていると見ていい。しかし『日経MJ』はCCCが「企画会社」として新事業の種をまいている代官山T・SITE、図書館、家電店にしても赤字と見られ、5月には枚方市に百貨店開業を控え、それらが打ち上げ花火に終わるのか、「企画会社」の力がためされているとレポートしている。取次の手がける新しい事業も同じく、そのような危惧を孕んで進行しているように思われてならない。これから大型店は縮小を迫られることが必然で、それに向けたプロジェクトの一環であろうが、CCCのようにフランチャイズシステムを導入することは困難だと考えられるし、本当に『文化通信』の見出しではないけれど、「日販リノベーショングループのこれから」の行方はどうなるのだろうか】

〔8〕 これも『日経MJ』(4/10、4/22)が続けて、「セブン&アイHD鈴木会長突然の交代劇」に関して、「不信増大『お家騒動』」、「井阪体制4つの疑問」という大見出しでの特集を組んでいる。

前者では「セブン&アイHD鈴木会長の足跡」も掲載され、1963年の東販からのイトーヨーカ堂への転職、71年のアメリカでのセブンイレブンの発見、74年のセブン-イレブン1号店出店、80年の1000店達成、2003年の1万店達成などを追い、「コンビニという日本の経済・社旗に欠かせない流通インフラ」をもたらした鈴木の軌跡をたどっている。

後者ではポスト鈴木体制への予測が示され、そのひとつとして、「オムニは重荷?」が挙げられている。それによれば、鈴木体制の崩壊により、インターネットと実店舗を融合させる「オムニチャンネル戦略」の先行に暗雲が漂ってきたとされる。昨年11月のオムニチャンネル戦略の第一弾として、グループ横断の通販サイトを開設し、180万品目をセブンイレブンなどで無料で受け取り、返品できることにした。しかし現状ではアマゾンの後塵を拝し、足元の数字は公表していないが、スタート当初の勢いは失われている。セブン&アイはオムニチャンネル戦略に10

00億円を投じる計画だったが、井阪体制では難しいのではないかと見られている。

【出版業界プロパーの出来事ではないけれど、鈴木敏文は隠れたる出版業界のキーパーソンであったように思われる。現実的に東販とセブンイレブンの結びつき、その後のトーハン役員への就任、トーハンとセブン&アイの接近、トーハンのオムニチャンネル参加にしても、鈴木の存在を抜きにしては語れないだろう。それに昨年の池袋西武からのリブロ撤退にしても、鈴木の意向があったとも伝えられている。ただそれら以上に、出版業界と鈴木の関係は深く、私はかなり前から、セブンイレブンと全国多店舗システムの原型は、取次と書店の関係に求められるのではないかと考えていた。さらにそれに買切制とフランチャイズシステムを結びつけたのではないかと。このことをかつて『出版状況クロニクルI』に記したところ、東販時代に鈴木の部下だった人物から連絡が入り、そのとおりだという証言も得ている。確かにコンビニは日本の経済や社会を変えてしまう産業と化したが、それには出版業界がもたらした影響も含め、コンビニエンスに伴うダークな側面も拭い切れない。今回の出来事も対岸の火事のように映るが、セブン&アイにおける鈴木体制の崩壊は、忘れた頃になって出版業界に大きな津波のようなものをもたらすかもしれない】

〔9〕 KADOKAWAはアメリカで日本のマンガやライトノベルなどの英語出版を行う新会社に、投資会社を通じ、51%出資をする。
新会社アシェットグループのYen Press事業部門から分社化されるYen Press,LLCである。

YPはマンガ、ライトノベルに特化する英語出版事業としては北米第2位の規模で、ニューヨークを拠点として、日本原作の英語作品、アシェットグループやディズニー、韓国やYPオリジナルの作品も手がけている。

それに伴い、アニメ配信最大手のクランチロールとKADOKAWAアニメ作品の海外向け配信の包括許諾、北米におけるKADOKAWAの出版事業へのマーケティング協力などを含む戦略的提携に基本合意した。

【本クロニクルでも「クールジャパン」に象徴される日本のコミックやアニメの海外進出にふれてきたし、同②でもアニメイトやKADOKAWAなどが設立したタイのアニメイトJHAを取り上げたばかりだ。しかしこれらの先行するアメリカ、フランス、中国などへの進出は、その立ち上がりは華々しく伝えられるが、いつの間にか立ち消えになってしまった印象が強い。今回のKADOKAWAの現地資本との提携、直接出資戦略はどうなるであろうか】

〔10〕『新文化』(4/7)が「取次2社の破綻で分かったこと」と題して、PHP研究所の清水卓智社長にインタビューしている。要約してみる。

＊栗田と太洋社の対応は当事者意識が欠落し、破綻の噂が先行していたにもかかわらず、その時点で説明責任を果たさず、倒産という結果になってしまった。それに加え、出版社も書店も当事者としてどのように対応していくかという危機感が足りなかった。

＊当社の場合、太洋社の噂が出始めた昨年の夏頃、太洋社に数千万円の債権があったが、松下

正幸会長から、「自社の本を回収すること、書店も商品をもっていたら支払いに困るし、返品したほうが三者の傷が浅くなる」といわれた。これが当たり前の対応だと後に認識したが、結果として実行できず、傷を深くしてしまった。

＊太洋社への出荷も続けたのは、努力している書店に対して、噂の段階で出荷を止めることは商道徳に適っていないのではないかと考えたこと、当事者としての出版社ができることは出荷数を最小限に抑え、これまで通り出荷することだけだった。

＊代金を回収して初めて仕事が完結するというのが経営の原則だが、出版社は書店からの回収を取次に委ねているので、商売そのものが見えず、自分も分からなかった。

＊それが委託制度の難しいところで、委託制を否定するものではないし、それによって多種多様な出版物が生まれ、日本の知的水準も保たれてきた。しかしこれからもこの委託制度を同じように運用して大丈夫なのか、返品率もこのままでいいのかと不安を感じている。

＊出版社の社長となって一番分からないのは、書店からの注文品でも返品があることで、委託と注文の区分けがなく、それに応じた取引条件による商いをすべきだ。

＊それに応えるために、出版者は書店が買い取ってもいいという商品をつくるべきであり、それは読者の感性に訴えられるような本でなければならず、そのリスクを負って出版する覚悟が必要だ。

＊当社もピーク時の2000年には新刊点数1100点、売上高210億円だった。2050年には売上高500億円という構想で、新刊点数を増やしてきたが、09年にとんでもない赤

字決算を計上した。それで会長がトップにつき、大鉈を振るい、すべてのウミを出した。その結果、次期から黒字転換し、15年は新刊点数は700点弱、売上高は146億円となっている。

＊PHPがスタートしたのは1946年だが、取次口座を開設したのは初めて書籍を刊行した72年で、それまでは直販だったことから、現在でも生協ルートなどを始めとする直販売上が40億円ほどある。出版社や書店はそれぞれにデジタル化や複合化などといった事業内容を変えてきたが、栗田や太洋社は変えるだけの資力がなかったためか、取次という業態から脱皮できないまま終わってしまったのではないか。

【この清水社長がどのような人物なのか、まったく知らない。だが業界臭もなく、取次も含め、率直に現在の出版業界の根本的な問題を語っていて、まさに書協こそは傾聴すべきだと思われる。もちろん異論もあるけれども、PHPが出版の正論を唱える時期を迎えているのだ。このインタビューを取り上げたのは、まだ複数の確認はできていないが、大手ビジネス出版社がファンドに買収されたとの話も入ってきたからで、ビジネス書出版社も様々な岐路に立たされていると思われるからだ】

〔11〕　岩崎学術出版社がミネルヴァ書房の子会社化となる。

【前回の本クロニクルで、昭和堂のミネルヴァ書房子会社化を伝えたばかりだが、それに岩崎学術出版社も続いたことになる。岩崎学術出版社は、岩崎書店の社史を兼ねる『追想岩崎徹太』の中に記されているように、1965年にその子会社として設立されている。1970年代に「現代精神分析双書」全20巻が出されていて、その中のライヒ『性格分析』やビンスワンガー『フロイトの道』などを読んだことを思い出す。しかしこれらは版権の関係もあり、そのまま引き継がれていくようには思われない。同時期に、同じ岩崎書店の子会社として設立された岩崎美術社のほうはどうなったのだろうか。数年前に古本屋で特価本として出されていた「美術名著選書」を十冊ほど買い求めているけれど、その後の消息は伝わっていない】

〔12〕岩波書店隔月雑誌『文学』が11月発行の11・12月号で休刊。発行部数の減少が続いているためとされる。

【『岩波書店七十年史』によれば、『文学』は『講座 日本文学』の「月報」を前身とし、1933年に月刊誌として創刊されているので、戦時中の休刊はあったものの、80年以上の長きわたり刊行されてきたことになる。かつて私も一度だけ『文学』に出ている。それは2003年3・4月号の「昭和初年代を読む」特集で、学習院大学の山本芳明との「円本の光と影」と題する対談においてである。あれからすでに10年以上経ったのかとの感慨をもよおしてしまう。その後山本は、類書のない『カネと文学』(新潮選書)を刊行するに至っている】

〔13〕『新文化』(3/24、3/31)に続けて、翻訳エージェントの大原ケイが「米アマゾンリアル書店出店の狙いと背景」「米国、『電子書籍』落ち込みの真相」を寄稿している。

前者は15年11月にアマゾンの本社があるシアトルに開店した「アマゾンブックス」に関するレポートである。その150坪の店舗は郊外の大型商業施設の中にあり、顧客のレーティングやネット販売の売れ筋など、5000タイトルの書籍がすべて面陳、平積みされている。値札はなく、店内のプライスチェッカーに本をかざすか、自分のスマホのアプリで確認することになるが、通販と同額設定だとされる。店舗中央にはアマゾンの扱う「キンドル」などの電子機器のデモンストレーションコーナーが設けられている。

アマゾンは全国のモールに300〜400店舗を設ける予定ともされ、「アマゾンブックス」2号店はサンディエゴにというニュースも伝わってきている。その狙いは実店舗顧客データをネット書店で生かすこと、それに加え、優れた書店員の知識、アマゾンが抱える多くの自己出版の著者のサイン会の場所を確保することにあるという。

後者は昨年の1月〜5月期電子書籍売上が前年比で1割減少したという全米出版者協会（AAP）の発表とその背景についてのレポートである。こちらは抽出要約してみる。

＊米国電子書籍市場はアマゾン「キンドル」1号機発売の2007年から14年の8年間で、急成長したが、AAPが10％マイナス、足踏み状態となったことを発表した。それを受け、マスコミはこぞって、「紙の本の巻き返し」「電子書籍の衰退」「独立系書店の復活」といった見出しを躍らせた。

＊だがその数字の背景にあるのは、次の3点である。

(1)14年以来の大人向け塗り絵ブームが続き、例外的に紙の本ベストセラー頻度が高まったこと。

(2)アップル社と司法省の間の電子書籍価格談合裁判で和解が成立し、大手出版社5社に2年間禁止されていた、出版社が電子書籍販売価格を決定する契約である「エージェンシーモデル」が復活し、アマゾンの赤字覚悟の新刊電子書籍の9・99ドルという安売りができなくなったこと。

(3)米国は「DIY文化」が根強く、自費出版の「セルフ・パブリッシング」(自己出版)も盛んで、これを受け、アマゾンは自費出版サービス「キンドル・ダイレクト・パブリッシング」、それらを中心とする定額読み放題サービス「キンドル・アンリミティッド」、刊行前の作品の評価、編集作業を手助けするクラウド出版「キンドル・スカウト」に力を注いだ。しかしこれらの電子書籍売上はAAPに反映されておらず、全体的売上の把握が難しくなっている。

＊このような状況を背景として、独立系書店がそうであるように、出版社もアマゾンを敵視してはいない。アマゾンは顧客に対し、「安価な商品を取り揃え、便利なサービスを提供」すればいいが。出版社の顧客は「読者」と「著者」の両方である。「読者」のために本を安く設定すれば、部数は伸びるかもしれないが、安すぎれば「著者」に支払う印税が減る。それに出版社にとって出版とは、アイデアを広くいきわたらせる媒体機能を使い、その仲介者として報酬を受け取るビジネスで、紙の本という〈モノ〉を売っているという発想は最初からない。

＊エージェントやセールスレップなどの本の専門家が関わる大手出版社5社による紙、電子出版ビジネスは「プロリーグ」、自己出版の著者の本を安価に提供するアマゾンの出版ビジネスは「アマチュアリーグ」である。

ただこのような電子書籍流通、格安な価格、読み放題サービス、誰もが著者になれる出版の新たなパラダイムの出現の中で、米国の出版社の進むべき道は、本づくりのプロフェッショナルの道を究める以外にない。アマゾンは「アマチュアリーグ」だとしても、「物流」を変革しようとするグローバル企業だし、その自己出版の中から、「プロリーグ」をしのぐ著者が現われ、電子書籍を後押し、「アマゾンブックス」の書籍に加わるケースも現出するかもしれない。そうなれば、米国の出版社もその存在意図を問われることになる。

【アメリカにおける昨年の電子書籍のマイナス報道の背景がよくわかるし、アマゾンと独立系書店、大手出版社のスタンス、ポジションの相違を啓蒙してくれるレポートとなっている。このところ『出版ニュース』の「海外出版レポート」の「フランス」が竹内和芳名になってから、とても充実し、アクチュアルに読ませてくれる。彼は祥伝社の元社長で、出口裕弘門下として語学に通じていることによっているのだろう。それと同じ感触を大原レポートにも覚えたことを付記しておく】

〔14〕『出版ニュース』（4／中）に「朝日新聞デジタル本部」の肩書を付した林智彦の「だれが『本』を殺しているのか 統計から見る『出版不況論』のゆくえ」が掲載されている。林は日本出

版学会員と思われるし、同誌に「Digital Publishing」を連載している。

この長たらしいタイトル文を簡略に要約してみれば、次のような論旨になる。

出版科学研究所の2015年統計に電子出版も加わったことで、電子出版の発展が裏付けられた。そのうちの電子書籍228億円と電子コミック1149億円を合わせて「電子書籍」1377億円、及び単行本と見なす「雑誌扱いの紙コミック」1919億円を、「紙の書籍」7419億円を加える。これが「紙+電子」の総合書籍市場であり、2015年総合書籍市場は1兆715億円で、前年比0・4%プラスとなる。同様のインプレス総研の試算、これみよがしの12に及ぶ図表掲載や数字への疑問は省略。

インプレス総研の電子書籍も参照すれば、この成長は19年まで右肩上がりで続いていく。それゆえに「紙+電子」という「国際基準」で総合書籍市場を見るならば、「紙だけ」の数字に基づく「出版不況」や「万年不況論」の時代は終わりに向かいつつある。

【まったく出鱈目な言説であるし、このような言説が「連載特別編」の新しい「書籍」定義、「今後の出版物統計の正しい『使い方』」として、日本出版学会の準機関誌と見なしていい『出版ニュース』の巻頭に掲載されたことに唖然とするばかりだ。ここには「査読」という概念すらもない。その背景にある事実認識の間違いも甚だしいし、何よりも「出版不況」を唱えてきたのは、『朝日新聞』を始めとするマスコミ、『出版ニュース』などの業界紙である。私がその代表のようにほのめかされているが、私は一貫して「出版危機」といってきたのであり、自分の言葉として「出版不況」という言葉をまったく使っていない。それは本クロニクルを通読しただけでもわかるだろう。要するに、出版史にしても、出版流通システムにしても、何も読めていないし、理解してもいないのである。出版科学研究所の統計は書籍と雑誌に分類されているが、それは両輪のような関係にあるからで、出版業界を総合的に考察するにあたっては、切り離して論じることはできない。そのようにして日本の出版業界は始まり、営まれてきたのである。そこに電子書籍が出現したからといって、その枠組を手前勝手に組み替えることは現在の出版状況をミスリードするだけである。それに笑ってしまうのは、「雑誌扱いの紙コミック」を総合書籍に組み入れた根拠というのが、林の息子が『進撃の巨人』を雑誌としてではなく、「コミック単行本」として買っていること、またユネスコが策定した国際的定義「本とは表紙はページ数に入れず、本文が少なくとも49ページ以上からなる、印刷された非定期出版物」に基づいていることだ。林は「ここから考えても、コミック単行本が『書籍』であることは一目瞭然である」からだとしている。もちろん読者が雑誌と書籍を区別していないのは当たり前だし、ユネスコの定義にしてもそれがまったく間違っていることにはならない。しかしさらに補足すれば、出版科学研究所が、書籍と雑誌とに分類してきたのは、日本特有の出版状況、雑誌をベースとして始まった近代出版史、取次の流通配本と返品事情などを弁えているからである。それは雑誌の場合、書籍とは異なり、定期的に発行され、部数も圧倒的に多く、雑誌コードを付して刊行されている。それはコミックもムックも同様であり、流通配本において、書籍と同一視できない要素を備えているので、雑誌に分類されているし、それは決して不合理ではない。また書籍にしても、小説に代表されるように、雑誌掲載をベースとして成立している。それが日本の出版の特殊性でもある。それはコミックも同じで、出版科学研究所データが必ずコミックスとコミック誌をセットで統計処理しているように、コミックスは大半がコミック誌の連載から編まれていることにあり、両者は不可分なのだ。そして流通配本もそのようにして行われている。それゆえに「雑誌扱いの紙コミック」にしても、その流れの中にある「電子コミック」にしても、売上を「書籍」に組みこむことは恣意的で、ご都合主義的な操作でしかない。そうした言説が、「今後の出版統計の正しい『使い方』」、「国際基準」の正論として通るようであれば、本クロニクルどころか、出版科学研究所や出版ニュース社の従来のデータ分析やその視座もまったく無効となるし、それは出版学会に関しても同様であろう。またこの出鱈目な言説に重ねて、本クロニクルが批判した、もうひとつの永江朗の、やはり同じご都合主義的「出鱈目な発言」を擁護するという、「生産年齢人口」をめぐる詭弁的な発言もなされている。その二人の関係と事情はここでは言及しないが、このように文中に紛れて、的外れなご託宣と批判を述べるという、出版学会員と『出版ニュース』による私への対応は、2度目であることも付記しておく。なお、これらの事情に関して、永江朗批判は本クロニクル**2**—**8**、「生産年齢人口」の出所と批判については『出版状況クロニクルⅣ』、出版学会と『出版ニュース』と私の関係も、本ブログ内「柴野京子の『書棚と平台』を批評する」「続柴野京子の『書棚と平台』を批評する」1、同2、同3で、特に同4で詳細を既述しているので、それらを参照されたい】

クロニクル❺　2016年5月

16年4月の書籍雑誌の推定販売金額は1259億円で、前年比1・1％減。書籍は612億円で、同6・5％増、雑誌は647億円で、同7・4％減。

書籍の前年比増は、店頭売上は1％増であるけれど、石原慎太郎の『天才』（幻冬舎）60万部、『嫌われる勇気』（ダイヤモンド社）115万部、宮下奈都『羊と鋼の森』（文芸春秋）50万部などのヒットによるもので、それらが主たる要因である。しかしそれらは出回り部数、金額でもあり、その反動も留意しなければならない。雑誌のうちの月刊誌は531億円で、同6・7％減、週刊誌は115億円で、10・5％減。書籍に比べ、雑誌は相変わらずの減が続いている。返品率は書籍が34・1％、雑誌は42・6％。しかし2月に続いて4月も、書籍がヒット商品の貢献で返品率が改善されたこともあって、16年4月までの返品率が31・3％であることに対し、雑誌は41・0％という高返品率となっている。送品抑制もあってのことだから、雑誌の問題は月を追う毎に深刻化しているというべきだろう。

■ムック発行、販売データ

	新刊点数		平均価格	販売金額		返品率	
年	(点)	前年比	(円)	(億円)	前年比	(%)	前年増減
1999	6,599	11.5%	915	1,320	1.9%	43.5	▲0.5%
2000	7,175	8.7%	905	1,324	0.3%	41.2	2.3%
2001	7,627	6.3%	931	1,320	▲0.3%	39.8	▲1.4%
2002	7,537	▲1.2%	932	1,260	▲4.5%	39.5	▲0.3%
2003	7,990	6.0%	919	1,232	▲2.2%	41.5	2.0%
2004	7,789	▲2.5%	906	1,212	▲1.6%	42.3	0.8%
2005	7,859	0.9%	931	1,164	▲4.0%	44.0	1.7%
2006	7,884	0.3%	929	1,093	▲6.1%	45.0	1.0%
2007	8,066	2.3%	920	1,046	▲4.3%	46.1	1.1%
2008	8,337	3.4%	923	1,062	1.5%	46.0	▲0.1%
2009	8,511	2.1%	926	1,091	2.7%	45.8	▲0.2%
2010	8,762	2.9%	923	1,098	0.6%	45.4	▲0.4%
2011	8,751	▲0.1%	934	1,051	▲4.3%	46.0	0.6%
2012	9,067	3.6%	913	1,045	▲0.6%	46.8	0.8%
2013	9,472	4.5%	884	1,025	▲1.9%	48.0	1.2%
2014	9,336	▲1.4%	869	972	▲5.2%	49.3	1.3%
2015	9,230	▲1.1%	864	917	▲5.7%	52.6	3.3%

〔1〕『出版月報』４月号）の「ムック市場２０１５」特集のデータを示す。

【ムックの15年推定販売金額は９１７億円で、前年比５・７％減となり、２年続けて１０００億円を割りこみ、16年には９００億円を下回ってしまうだろう。販売冊数も１億５５２万冊、同４・８％減で、こちらも同様に１億冊を割りこんでしまうのは確実である。それ以上に問題なのは返品率が50％を超えてしまったことだ。書籍や雑誌全体の返品率をはるかに上回る５２・６％という返品率は、もはやムック市場が生産、流通、販売において、利益を生み出す分野から脱落してしまったことを意味している。週刊誌、月刊誌、コミックに加えて、このようなムックのマイナスと返品率は、雑誌の衰退と凋落を象徴しているといえよう。それが近代出版流通システムの解体を意味していることはいうまでもあるまい】

〔2〕これも1とリンクしているので、続けておく。

日販の前期連結売上高は6398億円、前年比3・2％減、単体売上高は5136億円、同4・6％減。単体売上高の内訳は書籍2475億円、同0・5％増、雑誌2434億円、同9・9％減、開発商品327億円、同0・7％増。

【この数字は日販懇話会でのものなので、最終的に確定していないとされるが、ついに大手取次において、雑誌が書籍を下回り、雑誌と書籍の売上が逆転してしまった事実を告知している。もちろんこれが単年度だけということも考えられるけれど、雑誌の9・9％減ということからすれば、続いていく可能性が高い。本クロニクルで、出版社・取次・書店という近代出版流通システムは雑誌をベースとして構築され、それに書籍が相乗りするかたちで営まれてきたことを繰り返し述べてきた。ところがそれが逆となり、書籍をベースにして雑誌を支えていかなければならない状況に追いやられてしまったことになる。そして現在の再販委託制のもとで、それは取次にとって可能なのかという問題に直面してしまったのである。この日販の決算については、来月もトーハンと並べて再びふれることになろうが、この雑誌と書籍の売上の逆転は、

大手取次史にあっても、危機とターニングポイントの双方を象徴する事態と思われるので、先に記してみた】

〔3〕セブン&アイHDの鈴木敏文会長が名誉顧問として残留すると伝えられる一方で、『FACTA』(6月号)が土屋直也「『親バカ』鈴木敏文の末路」をレポートし、『週刊東洋経済』(5/28)が特集「セブン再出発」を組んでいる。

【前回の本クロニクルでも書いているが、これらを読むと、セブン&アイのオムニチャンネルの行方は困難と見るしかない。前者によれば、アマゾンや楽天にまったく歯が立たず、11月の開始から2ヵ月経っても、ほとんど注文が入らなかったという。2回続けてオムニチャンネルにふれたのは、トーハンがそれに寄り添い、いずれはセブン&アイグループに加わるのではないかという観測がなされていたからだ。しかしそのトーハンとセブン&アイを結ぶ要の鈴木敏文が会長を退任し、トーハンも経営陣の交代が囁かれている。役員の鈴木敏文の処遇、トーハンとセブンイレブンとの関係もどうなるのであろうか】

〔4〕紀伊國屋書店新宿南店が7月下旬に、6フロア1200坪のうち6階の洋書売場300坪を残し、事実上の撤退。

同店は1996年10月に日本最大規模の書店として開店し、当初は1日の来店客数5万に、3000万円の売上があったとされる。

【『出版状況クロニクルⅣ』で、予想されるナショナルチェーンの超大型店の閉店を伝えておいたが、これは紀伊國屋書店新宿南店のことであり、ようやく公表されたことになる。仄聞するところによると、予算達成の30％ほどに売上が落ちこみ、賃貸契約を更新することができなかったという。なお次のテナントはニトリに決定している。昨年のリブロ池袋店に続く大型店の撤退で、八重洲ブックセンター本店も建替えのため一時閉店予定とされているが、実質的に縮小となるのではないだろうか。それらの他にも大型店閉店の話が聞こえてくる。いずれにしても、下げ止まることのない出版物売上の落ちこみは、大型店の維持が困難であることを露呈させ始めている】

〔5〕 CCCが大型複合施設「枚方T－SITE」を開店。

地上8階、地下1階の5314坪で、3階の400坪の枚方蔦屋書店、2階の200坪のDVD、CD、コミックのTSUTAYAがコアとなり、レストランや銀行などの43店が入る。

【CCCはこれを百貨店、もしくはライフスタイル提案型デパートメントのコンセプトで開店しているが、パルコ型というよりも、蔦屋書店とTSUTAYAをキーテナントとする、これまでない大型不動産プロジェクトと見なすべきだろう。この「T－SITE」は代官山、湘南に続いて3店目になるけれど、コアとなる蔦屋書店などは赤字と見られ、レンタルのTSUTAYA事業にしても、かつてのような収益を上げることはありえない。それゆえにCCCの「T－SITE」事業は、蔦屋書店とTSUTAYAのブランドを延命させ、それらのフランチャイズシステムを維持するためのものであり、これで打ち止めになるように思われる。日販にしてもMPDにしても、これ以上はCCCと併走できなくなっているだろうし、それにまだ打つ手が残されているのだろうか】

〔6〕ブックオフの売上高は765億円、前年比3・0％増、営業損失5億3000万円、当期純損失5億2800万円。これは「本のBOOK　OFF」から「何でもリユースのBOOK　OFF」への変革コストが予想外に発生したことなどが原因。

リユース店舗事業は売上高685億円、同8・4％増。これは新規出店とFC加盟企業からの事業譲渡などによる直営店舗数の増加による。

【本クロニクル③で、ブックオフの赤字については既述しているけれど、それは予想の1億5000万円の3・5倍に及ぶもので、「本のBOOK　OFF」はすでにピークアウトしたと考えられる。出店にしても直営店8店、FC加盟店5店で、実質的閉店がそれぞれ9店、11店、またFCからの譲受店舗は10店であるので、もはや増加基調にはない。それがより顕著なのは青山ブックセンターや流水書房などの新刊書店によるパッケージメディア事業で、売上高12億円、同78・0％減である。これは前年度にTSUTAYA事業を日販へ譲渡したことにもよっているが、出版物売上の凋落の影響をブックオフも受けているというべきだろう】

〔7〕東京古書籍商業協同組合機関誌として『古書月報』が出されている。その原稿を頼まれた

ことから、『古書月報』16年2月号を送られ、そこにネット販売の「日本の古本屋」事業部の15年11、12月の会員数、書籍登録数、総受注金額が報告されていたで、それを示してみる。会員数、登録数はそれぞれ934店、625万点だが、受注金額は11月が2億4000万円、12月が2億1000万円である。そのうちのクレジット決済金額は両月とも1億1000万円となっている。

【私も「日本の古本屋」を利用しているが、クレジット決済になってからとても便利になり、助かっている。実は近くの郵便局はATMが一台しかなく、近年は時として列ができるほどで、それが現在ではさらにエスカレートしてきているからだ。私が古本に費やすお金などはわずかなものだが、それでも自身の支出額としては最も多い。その「日本の古本屋」のトータル売上はどのくらいなのかが、これでわかる。年間にして30億円弱ということになろうか。**5**で示したブックオフのオンライン事業は56億円とされている。これは古本だけでないと思われるが、「日本の古本屋」の倍近くになるし、これにアマゾンのマーケットプレイスを合わせると、その市場規模が浮かび上がってくるだろう。日本の近代出版流通システムは出版社、取次、書店から形成されるが、それを支えてきたのは古書業界で、東京古書組合の歴史もまたちょうど1世紀に及ぼうとしている。そして同様にバトルロワイヤル状況の中にあるというべきか】

〔**8**〕「発展途上国の明日を展望する分析情報誌」である『アジ研ワールド・トレンド』（5月号）が、何と特集「アジアの古本屋」を組んでいる。

【これはかつてなかったすばらしい特集である。アジア各国の古本屋の実態、研究者から見た古本屋の存在の意味、ネット時代における古本屋の位置づけが縦横に語られている。それは韓国、中国、香港、モンゴル、インドネシア、タイ、ミャンマー、ベトナム、インド、トルコ、イラン・テヘラン、カザフスタン、ロシア、カンボジアなどに及ぶ見開き2ページの15本からなる特集で、37ページという充実ぶりは異彩を放っている。それでいて本体価格は756円というお買得であるので、問い合わせたところ、定期購読以外は入手不可とのことだった。私は近くの大学図書館で同誌を知ったのだが、この特集が記事になったり、言及されたりしていることを寡聞にして知らない。だからここで書いてみた。PDFで全文公開されているので、読まれることを願う】

〔9〕『日本古書通信』（5月号）に折付桂子の「東日本大震災から五年―古書店と読者に聞く『復興』」が掲載されている。

タイトルにあるように、震災から五年後の津波と原発事故を乗越えた古書店と被災地に暮らす読者を尋ねたレポートとなっている。

【私も「出版人に聞く」シリーズ6の佐藤周一『震災に負けない古書ふみくら』で、佐藤から東日本大震災の体験を聞いているが、彼は刊行後、ほどなくして亡くなってしまった。だが古書ふみくらは家族によって建て直され、現在も営業中であることが読者の口からも語られていて、よかったと思う。今回の熊本地震も古書店に関してはまだ伝わってこないが、書店のほうはほとんどが営業再開にこぎつけたようだ。日販は被災書店に4、5月分支払を1年間猶予するという支援策を講じ、被災品も全額入帳すると発表。またトーハンも、支払いについて一定の猶予を設ける金融支援を行なうとしている。出版社も全面的に協力すべきであろう】

〔10〕『DAYS JAPAN』（6月号）が広瀬隆の緊急寄稿「超巨大活断層中央構造線が動き出したそのとき原発は耐えられるか」を掲載している。

これは熊本大地震が近代史上初の中央構造線の巨大地震であることを、写真とチャートで示し、それが原発大事故の危機性とともにあることを知らしめている。

【ここで『DAYS JAPAN』を取り上げたのは『出版状況クロニクルⅢ』でも言及したが、同誌の2011年1月号の特集が「浜岡原発は防げるか」で、その後すぐに東日本大震災と原発事故が起きたことになるからだ。今回6月号の「編集部総力特集」という日本の活断層と原発稼働状況、そして30年以内の地震予測と南海トラフによる津波想定高を盛り込んだ地図を見ていると、日本のどこであっても、いつ大地震に襲われ、また原発事故にも遭遇する危険性から逃れられないことがよくわかる。それを確認するためにも、同誌を読んでおくべきだろう】

〔11〕実業之日本社が企業連合体シークエッジグループの傘下となる。

シークエッジグループは投資会社としてスタートし、現在は実業部門にウエイトを置き、ファッション会社、ネット専業旅行代理店、ソフトウエア開発会社、現代アート会社、広告会社などを十数社有する。その中のフィスコは金融株式情報配信会社で、IRツール受託製作では日本有数のシェアを占めているし、上場企業3社を擁しているとされる。

【これは『文化通信』(5/23)の「創業119年の老舗出版社実業之日本社 生き残りを賭け資金提携」と題する岩野裕一社長へのインタビューで明かされている。岩野によれば、かつてのドル箱のガイドブックと漫画の両部門の収益が悪化し、多様な出版も弱みとなってしまった。10年前に銀座の本社ビルを手放して以来、様々な改革、人員リストラも行なってきたが、この数年厳しい業績が続き、オーナー一家も世襲は自分までにしたいと思っていたこと、出版業界の現在や当社の今後を考えれば、やはり単独でこの厳しい環境を乗り切ることは難しいと考えた上での判断である。増田義一によって創業された実業之日本社は1906年に創刊した『婦人世界』に09年から委託制を導入し、それに他社もならい、それまでの買切制をパラダイムチェンジさせた。そして『日本少年』『少女の友』などの多くの雑誌を創刊し、実業之日本社時代を築いた。それと併走していたのが講談社で、マス雑誌に基づく出版流通システムのコアとなったのは、実業之日本社と講談社に他ならなかった。そしてここにその一方の雄だった実業之日本社が他企業の傘下に入ったことは、出版業界の現在を象徴しているようである。ただこの委託制導入の経緯と事情は、『実業之日本社七十年史』『同百年史』にもまったくふれられていない。例によって出版史は肝心なことは語っていないし、伝えてもいない。その事実は買切制から委託制という流通販売の一大転機にしても、密室の談合的なものによって決定されたことを伝えていよう。そのような事実は、日本の出版業界がそのようにして営まれてきたこと

を告げてもいる】

〔12〕『サイゾー』（5月号）が特集「スキャンダル社会学」を組み、有力週刊誌9誌の戦闘力分析、会員制情報誌の内実、女性記者たちの座談会、階級社会を表象する英国タブロイド分析などを収録している。

【かなり充実した内容で、それなりに楽しませてもらった。とりわけ興味深かったのは「会員制情報誌を支えるカネと人脈」で、『選択』『FACTA』『THEMIS』の三誌が取り上げられ、そのうちの『選択』と『FACTA』は定期購読しているからだ。『選択』は公称6万部で年間7億2000万円、『FACTA』は同2万部で、同2億8800万円の売上高となる。これらは取次を経由せず、書店でも売られていないので、そのまま出版社の売上となり、しかも年間購読料は一括先払いであり、さらに広告料も加わる。それでいて、専属記者はおらず、新聞記者などに高い原稿料を払って書かせるので、人件費コストは低くてもすむ。かつて新潮社が同様の情報誌『フォーサイト』を創刊させたが、廃刊になってしまったのは、ひとえに人件費のコストが高かったゆえで、これらの3誌が続いているのはそうした外注システムを採用しているからであろう。このような会員制情報誌は出版社系雑誌ができない企業批判もできるし、もっと増えてくれれば、雑誌が活性化するのではないかと思うのだが、読者層を考えれば、これらの3誌がリミットであり、これ以上の参入は難しいのかもしれない】

〔13〕『出版ニュース』(5／下)に「世界の出版統計」が掲載されている。欧米の現在の出版状況をラフスケッチしておく。

＊アメリカ／14年出版社総売上高は279億ドルで、前年比4・6％増。総販売部数は前年を1億部上回る27億部。電子書籍売上高は33億ドルで、前年比3・8％増。販売部数も0・2％増で、5億部。販路別売上高は書店販売高が14年になって増加に転じ、前年比3・2％増の38億ドル。販売冊数も5億5400万部から5億7700万部と4・1％増。

＊イギリス／14年出版社総売上高は33億ポンドで、前年比2％減。そのうちのフィジカル書籍(印刷本)売上高は27億5000ポンドで、同11％減だが、デジタル書籍は17％増の5億6000万ポンドとなり、総売上高の17％を占めるに至った。

＊ドイツ／14年ドイツ書籍販売業者総売上高は93億2200万ユーロで、前年比2・2％減。書店売上高は45億8300万ユーロで、前年比1・2％減だが、市場全体の減少率より低かったので、シェアは前年の48・6％から49・2％へと上昇。

＊フランス／14年出版社総売上高は26億5200万ユーロで、前年比1・3％減。販売部数は4億2179万部で、やはり同1・2％減。デジタル書籍売上高は前年の1億500万ユーロから1億6140万ユーロとなり、出版社総売上高の4・1％から6・4％を占めるに至った。

【これも毎年確認していることだが、欧米の出版業界が日本と異なり、微増、微減で推移していることが了承されるだろう。これまでのデータは『出版状況クロニクルⅣ』に収録されているので、必要ならば参照してほしい。なお『出版ニュース』はロシア、中国、台湾、韓国のレポートも掲載されているが、本クロニクルにおいて、当初から欧米との比較にしぼっているので、それらを省略している。こちらも必要であれば、同誌に目を通してほしい】

〔14〕 仲俣暁生の「マガジン航」(5／1)が「『出版不況論』をめぐる議論の混乱について」を発信している。これは前回の本クロニクル④の林智彦「だれが『本』を殺しているのか 統計から見る『出版不況論のゆくえ』」批判に対する「再批判」を謳っている。

その要旨は次のように要約してかまわないだろう。

本クロニクルの功績は認めるけれど、林のいう「電子書籍＋雑誌扱いコミック＋紙の書籍」からなる総合書籍市場説は正しい。それに対して本クロニクルが「テクニカルなところ」から発する「出鱈目な言説」という「批判はまったく噛み合っていない」し、「議論の混乱」を生じさせている。

「新聞社をはじめ一般世間」では「マンガ本(コミックス)」を「書籍」だとおもっているし、「マンガ本(コミックス)」を「雑誌」とみなすのは「素朴な思い違い」である。その「思い違い」によって、「出版不況」言説が流布してきたことが問題なのだ。

また林の本意について、「出版の未来は暗いのか、明るいのか。明るいと思えるには、いや、明るくするにはどうしたらいいのか、ウェブであれ、電子書籍であれ、現実に存在している出版の回路を勘定に入れて考えれば、けっして未来は暗くない。林さんの『出版不況論』批判の中心はそこにある」。それゆえに本クロニクルのいうところの「出版危機」は「一種の終末待望論」として多くの人に受け取られているし、そこで使われている「出版統計にまつわる業界用語の特殊な使い方の存在が、正確な現状認識を妨げてきた」とされる。

そして何よりも「『出版 publication』とは創作物や意見を公に表明する行為、それを支援する仕組みすべてのことだ」と仲俣は定義している。

【この仲俣の論は「再批判」の体をなしていない。「新聞社をはじめ一般世間」とは、朝日新聞社の林と息子の考えを言い換えただけで、何の論拠にもなっていない。それに「新聞社をはじめ」としているが、新聞社も出版報道は出版科学研究所データによっているし、新聞社が揃って公式にコミックを書籍と見なしているとも聞いていない。「一般世間」にしても、出版物全体を「本」とするのが大半を占めるだろうし、それらの区別を意識していないだろう。要するに林にしても仲俣にしても、電子書籍論者としての功名心から、手前勝手な素人言説を述べているだけで、そこには「テクニカルなところ」も視点も欠如している。この「テクニカル」とは仲俣が使っている用語だが、私は「専門の、専門的な」と解釈し、引用している。それに、出版物販売金額がこの20年で1兆円が失われたことは厳然たる事実であり、その過程でコミックを雑誌とし、書籍に分類しなかったことによる「出版不況」言説は、これまで流布などしてこなかった。それゆえに素人言説の思いつきと、「テクニカルな」「長期的な分析」の側にある本クロニクルが、「まったく噛み合っていない」のは当たり前だが、「議論の混乱」

などは起きていない。同じく「出版統計にまつわる業界用語の特殊な使い方の存在が、正確な現状認識を妨げてきた」こともない。ただ仲俣が勝手にそういっているだけだ。彼は本クロニクルの表面だけを読み、誤読に誤読を重ね、そこにある生産、流通、販売の専門的、歴史的関係と構造、それにまつわる経済問題を把握できていないからだ。まず私はこれまで「出版publication」について書いてきたのではなく、一貫して「出版業publishing」を論じてきたのだ。仲俣がそれもわかっていないのは最初から承知していたが、ずっとそうだったとあらためて認識したことになる。仲俣がかつて編集者や編集長も務め、永江朗も編集委員だった『本とコンピュータ』こそは、その「出版」と「出版業」の混同を最後まで自覚していなかった。それだけでなく、編集と出版、紙の本と電子書籍、日本と外国の出版と出版業、専門家と素人などをも混同させており、現在に至るまでの「議論の混乱」の発祥といっていい。それは1997年から2005年にかけて、本誌、別冊合わせて32冊に及び、仲俣は、「出版不況論壇」と自分はまったく関係ないようによそおっているが、そこで形成され始めたのである。またNHKテレビの「クローズアップ現代」にまで出て「出版不況論」を展開していたのは、仲俣自身ではないか。私も『本とコンピュータ』に出たり、書いたりしているが、そのような当時の「出版不況論」を代表する佐野眞一の『だれが本を殺すのか』を、2003年秋号（第2期9号）で批判している。それを示す。

「本書は一般読者に対して出版不況の現在を解説する啓蒙書、あるいは出版ビジネス書といってさしつかえなく、出版業界についての専門書、オリジナルな研究書ではありえない。

ところが残念なことに、異例の売れ行きも相乗してか、数多くの書評はことごとく本書を専門書であるかのように論じ、紹介していた。著者も書評者たちも出版業界の内部の人間か、身近な存在であるにもかかわらず、出版業界についての歴史的構造、分析の視点を全く持っていない。

何よりも〝出版敗戦〟の要因は歴史の中に潜んでいるのであり、彼らはそれを直視することなく出版を論じている。それゆえに出版の危機の本質と真実を隠蔽してしまっている。本書をめぐる騒ぎとその反響は出版業界の思考停止を何よりも物語るものであり、そのことを知らしめた笑劇としての記念的な一冊である。」

佐野だけでなく、私は再販委託制、ブックオフ、公共図書館、CCC＝TSUTAYAを批判してきたし、出版業界にまつわる「出鱈目な発言」「出鱈目な言説」に対して、常に批判してきた。今回の『出版状況クロニクルⅣ』の中でも、電子書籍狂騒曲、JPOと「緊デジ」、大手出版社と書協、取次の再建スキームなどを一貫して批判してきた。しかしそれらの出版危機をめぐる言説はすべて単独でなされている。しかもそれは先述したように、出版業の危機をめぐるものであり、出版と出版業を分けて論じている。ただ出版業危機と表記しないのは、言葉として成熟していないこと、また原則的には出版の中に出版業も含まれるべきだが、日本の近代出版に限れば、現実的には出版が出版業の中に包括されてしまうという事実もあるからだ。それでも『出版状況クロニクル』に先行する『出版業界の危機と社会構造』においては、タイトルに出版業という言葉をダイレクトに使っている。仲俣はそれらの専門的、歴史的ディテールを理解しておらず、林の言説に関して「出版の未来」を「明るくする」「けっして未来は暗くない」とするための提言だと主張している。しかしこれは単に、これからは林のいう「電子書籍＋雑誌コミック＋紙の書籍」からなる総合書籍市場説を採用すれば、「それはポスト『近代出版流通システム』の時代にふさわしい仕組み」になるといっているに等しいし、それこそ「議論の混乱」を招くものであろう。それは粉飾でしかないからだ。それに仲俣のいう「紙も電子も含めた『出版状況』」にしても、トータルしても前年を下回るものであり、それは『出版指標年報２０１６年版』の図表に示されたとおりである。これは林の棒グラフ使用言説に対する批判のように出されているが、まさにシンプルな「紙も電子も含めた『出版状況』」に他ならないし、「出版業」のデータなのだ。これがどのような行方をたどるのか断言できないにしても、電子出版が成長すればするほど、紙の市場は縮小するであろうし、それが出版業＝近代出版流通システムをさらに危機に追いやるだろう。またこれも先述したように、日本の出版は出版業に包括されていることからすれば、出版そのものの概念が変わっていかざるをえない。

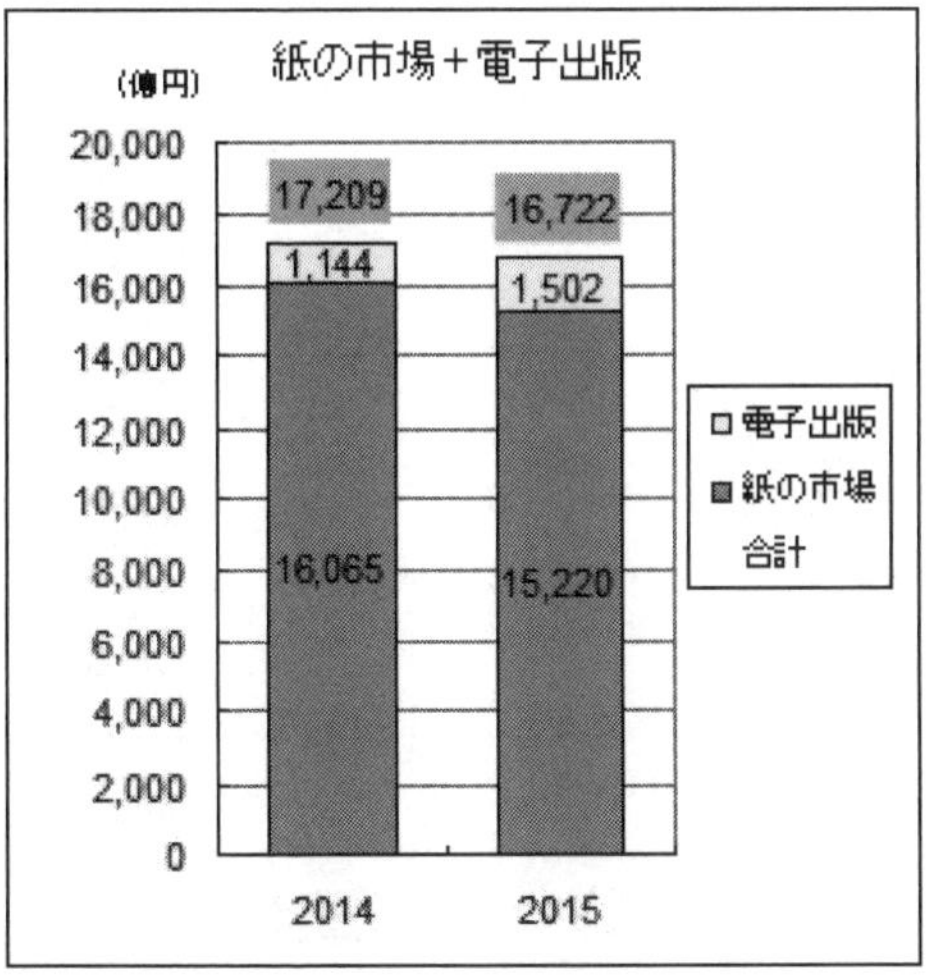

そのような岐路に、日本の出版業界はさしかかっていると見るべきで、仲俣の支持する総合書籍市場が「ポスト『近代流通システム』の時代にふさわしい仕組み」だとは考えられない。仲俣は反論があるならば、今回のように一夜漬けで書くのではなく、せめて『出版状況クロニクルⅣ』を読んでから記すべきだ。「まえがき」で述べているように、本クロニクルの「目的は現在における正確な出版状況分析、それに基づく将来的ビジョンとその帰結の行方」であり、『本とコンピュータ』や出版と出版業を分けていることも書かれているし、決して「一種の終末待望論」ではないからだ】

クロニクル❻　2016年6月

16年5月の書籍雑誌の推定販売金額は962億円で、前年比4・1%減。書籍は461億円で、同3・2%減、雑誌は501億円で、同4・9%減。雑誌のうちの月刊誌は401億円で、同5・7%減、週刊誌は99億円で、1・4%減。後者の近年に見ない小幅なマイナスは、先月の10・5%減の反動と考えられる。返品率は書籍が42・4%、雑誌は45・5%と高止まりしている。

書店売上は書籍が文庫の8%減もあって、石原慎太郎『天才』などのベストセラーが出ているにもかかわらず、3%マイナス。雑誌のほうも定期雑誌7%減、ムック5%減、コミック2%減で、6%のマイナス。5月までの休刊誌は前年より17点増の63点で、創刊誌の40点を上回っているし、まだこれからも続出していくだろう。

2月と4月は書籍がプラスだったために、全体のマイナスは小幅だったが、5月は戻ってしまった。5月までは2・5%減であるが、16年上半期マイナスは2%台にとどまるかどうか、6月の売上次第ということになる。

〔1〕『出版年鑑』による15年の出版物総売上高が出され、『出版ニュース』(6/下)に掲載されているので、それを示す。

【本クロニクル①で示しておいたように、出版科学研究所データは書籍7419億円、雑誌7801億円、合計1兆5520億円、前年比5・3%減である。それに比べ、こちらは合計1兆6010億円、前年比5・2%減である。マイナス幅だけはほぼ共通していることになる。それは14年もほぼ同様だったが、15年の『出版年鑑』による全体マイナス幅5・2%は、この20年間だけでなく、戦後始まって以来の最大の落ちこみで、出版危機が加速していることを告げている。またその事実を反映して、雑誌返品率もかつてない41・6%になっており、実売総金額も16年は雑誌が8000億円を割りこみ、書籍が上回る事態を迎えるであろう。まさに現在、書籍が雑誌を支えなければならない流通販売状況に入っているわけだが、現実的にそれ

■書籍・雑誌発行売上推移

年	新刊点数（万冊）	書籍実売総金額（万円）	書籍返品率（％）	雑誌実売総金額（万円）	雑誌返品率（％）	書籍＋雑誌実売総金額（万円）	前年度比（％）
1996	60,462	109,960,105	35.5%	159,840,697	27.0%	269,800,802	3.6%
1997	62,336	110,624,583	38.6%	157,255,770	29.0%	267,880,353	▲ 0.7%
1998	63,023	106,102,706	40.0%	155,620,363	29.0%	261,723,069	▲ 2.3%
1999	62,621	104,207,760	39.9%	151,274,576	29.9%	255,482,336	▲ 2.4%
2000	65,065	101,521,126	39.2%	149,723,665	29.1%	251,244,791	▲ 1.7%
2001	71,073	100,317,446	39.2%	144,126,867	30.3%	244,444,313	▲ 2.7%
2002	74,259	101,230,388	37.9%	142,461,848	30.0%	243,692,236	▲ 0.3%
2003	75,530	96,648,566	38.9%	135,151,179	32.7%	231,799,715	▲ 4.9%
2004	77,031	102,365,866	37.3%	132,453,337	32.6%	234,819,203	1.3%
2005	80,580	98,792,561	39.5%	130,416,503	33.9%	229,209,064	▲ 2.4%
2006	80,618	100,945,011	38.5%	125,333,526	34.5%	226,278,537	▲ 1.3%
2007	80,595	97,466,435	40.3%	122,368,245	35.3%	219,834,680	▲ 2.8%
2008	79,917	95,415,605	40.9%	117,313,584	36.3%	212,729,189	▲ 3.2%
2009	80,776	91,379,209	41.1%	112,715,603	36.1%	204,094,812	▲ 4.1%
2010	78,354	88,308,170	39.6%	109,193,140	35.4%	197,501,310	▲ 3.2%
2011	78,902	88,011,190	38.1%	102,174,950	36.0%	190,186,140	▲ 3.7%
2012	82,204	86,143,811	38.2%	97,179,893	37.5%	183,323,704	▲ 3.6%
2013	82,589	84,301,459	37.7%	92,808,747	38.7%	177,110,206	▲ 3.4%
2014	80,954	80,886,555	38.1%	88,029,751	39.9%	168,916,306	▲ 4.6%
2015	80,048	79,357,217	37.7%	80,752,714	41.6%	160,100,931	▲ 5.2%

が可能なのか。『出版年鑑』データはそのことを示唆しているといえよう】

〔2〕これも『出版ニュース』（6／中）だが、やはり『出版年鑑』における出版社数の推移も掲載されているので、それも引いておく。

【この20年で、ほぼ1000社が減少したことになる。13年連続のマイナスで、それが21世紀に入ってから、さらに顕著になってきたとわかる。日本の出版物の多様性とは、中小出版社によって支えられていたわけだから、これらの1000社に及ぶ出版社の退場は出版物の多様性が失われ、画一的な出版物が多数を占める市場に拍車をかけたことになる。それもまた出版業界の危機をもたらした要因であることは疑いをえない。また15年の書店閉店が668店だったことは本クロニクル①に示しておいたが、16年は太洋社の倒産もあり、こちらも1000店近くに及ぶのではないだろうか】

■出版社数の推移

年	出版社数
1992	4,284
1993	4,324
1994	4,487
1995	4,561
1996	4,602
1997	4,612
1998	4,454
1999	4,406
2000	4,391
2001	4,424
2002	4,361
2003	4,311
2004	4,260
2005	4,229
2006	4,107
2007	4,055
2008	3,979
2009	3,902
2010	3,817
2011	3,734
2012	3,676
2013	3,588
2014	3,534
2015	3,489

■公共図書館の推移

年	図書館数	専任職員数（人）	蔵書冊数（千冊）	年間受入図書冊数（千冊）	個人貸出登録者数（千人）	個人貸出総数（千点）	資料費当年度予算（万円）
1971	885	5,698	31,365	2,505	2,007	24,190	225,338
1980	1,320	9,214	72,318	8,466	7,633	128,898	1,050,825
1990	1,928	13,381	162,897	14,568	16,858	263,042	2,483,690
1997	2,450	15,474	249,649	19,320	30,608	432,874	3,494,209
1998	2,524	15,535	263,121	19,318	33,091	453,373	3,507,383
1999	2,585	15,454	276,573	19,757	35,755	495,460	3,479,268
2000	2,639	15,276	286,950	19,347	37,002	523,571	3,461,925
2001	2,681	15,347	299,133	20,633	39,670	532,703	3,423,836
2002	2,711	15,284	310,165	19,617	41,445	546,287	3,369,791
2003	2,759	14,928	321,811	19,867	42,705	571,064	3,248,000
2004	2,825	14,664	333,962	20,460	46,763	609,687	3,187,244
2005	2,953	14,302	344,856	20,925	47,022	616,957	3,073,408
2006	3,082	14,070	356,710	18,970	48,549	618,264	3,047,030
2007	3,111	13,573	365,713	18,104	48,089	640,860	2,996,510
2008	3,126	13,103	374,729	18,588	50,428	656,563	3,027,561
2009	3,164	12,699	386,000	18,661	51,377	691,684	2,893,203
2010	3,188	12,114	393,292	18,095	52,706	711,715	2,841,626
2011	3,210	11,759	400,119	17,949	53,444	716,181	2,786,075
2012	3,234	11,652	410,224	18,956	54,126	714,971	2,798,192
2013	3,248	11,172	417,547	17,577	54,792	711,494	2,793,171
2014	3,246	10,933	423,828	17,282	55,290	695,277	2,851,733
2015	3,261	10,539	430,993	16,308	55,726	690,480	2,812,894

〔3〕『日本の図書館　統計と名簿2015』が出されたので、公共図書館の推移を示す。

【『出版状況クロニクルⅣ』において、10年から図書館貸出冊数が書籍販売冊数を上回っていることを指摘し、またそれが14年に至ってマイナスに転じたことも記しておいた。そしてそのマイナスは数年間追跡する必要もあると書いてきた。15年は6・9億冊と2年続きのマイナスで、図書館数、蔵書冊数、登録者数はいずれも増えていることからすれば、図書館貸出冊数もすでにピークアウトを迎えていると見なしていいかもしれない。これもまた**2**で述べたような出版社の減少による、出版物の多様性と魅力が失われたことの反映であるかもしれない。とすれば、図書館においても、出版危機の余波が及んでいることにもなる。また「雑誌の図書館」である大宅壮一文庫の近年の赤字も伝えられている】

〔4〕図表の掲載が続くが、もうひとつ示しておく。それは図書券・図書カード発行高・回収高推移である。

図書カードを発行する日本図書普及の今期の決算と事業実績によれば、図書カード発行高は484億8900万円で、前年比16・9％減、回収高は501億1000万円で、同3・3％減。回収高が発行高を上回ったのは、11年度に続いて2度目。

【1960年に出版社、取次、書店の連携参加によって創立された日本図書普及は、2000年に図書券、図書カードの発行高770億円のピークを達成していたが、それからは15年間連続マイナスで、ついに500億円を割ってしまったことになる。その最も大きな原因は加盟店

■図書券、図書カード発行高、回収高

年	発行高（百万円）			回収高（百万円）		
	図書券	図書カード	計	図書券	図書カード	
1997	63,252	6,303	69,555	61,840	4,872	66,712
1998	63,761	8,322	72,084	62,422	5,962	66,384
1999	63,691	11,244	74,935	62,659	7,388	70,047
2000	61,621	15,497	77,119	60,748	9,983	70,731
2001	59,741	15,164	74,905	59,881	12,180	72,062
2002	57,397	16,990	74,387	57,897	13,164	71,060
2003	53,511	19,162	72,673	54,093	15,512	69,605
2004	47,740	22,748	70,488	51,806	17,577	69,384
2005	18,472	51,557	70,030	38,831	30,577	69,408
2006	-	68,010	68,010	10,934	53,865	64,798
2007	-	67,427	67,427	5,138	58,403	63,540
2008	-	65,311	65,311	3,302	59,628	62,930
2009	-	65,143	65,143	2,383	60,006	62,389
2010	-	66,646	66,646	1,879	61,475	63,354
2011	-	58,303	58,303	1,549	57,682	59,231
2012	-	55,751	55,751	1,068	52,804	53,872
2013	-	53,336	53,336	833	50,378	51,211
2014	-	58,326	58,326	702	51,111	51,813
2015	-	48,489	48,489	-	-	50,110

の激減で、２０００年に１万２５００店近くを数えていたが、15年にはその半分ほどの６６０８店となっている。雑誌や書籍だけでなく、図書カードもまたそれに見合う書店数が必要であり、現在の書店数ではそのインフラが形成できないことを露呈し、明らかに採算問題に入り始めている】

〔5〕 日販の子会社25社を含む連結売上高は６３９８億円で、前年比３・２％減。営業利益は27億

円、5・8%増だが、当期純利益は8億円、18・7%減と減収減益の連結決算。

日販単体の売上高は5238億円、同4・6%減。その内訳は書籍2475億円、雑誌2434億円、開発商品327億円。営業利益は16億円、同14・7%減、当期純利益は10億円、22・4%増の減収増益。

【経費節減によって、営業利益は増となっているが、前回も記しておいたように、雑誌売上が書籍売上を下回る事態を迎えている。単体での雑誌売上高は9・9%減で、とりわけコンビニルートの返品率は51・2%に及び、『出版状況クロニクルⅣ』で指摘してきたコンビニの現在の雑誌の月商30万円台と突き合わせれば、その取次が流通だけで利益を上げていないことは明白であろう。それからリブロ池袋本店などの撤退費用として10億円ほどの特別損失が計上されているが、子会社の書店のリストラはこれから必至であろうし、今期の決算はどうなるのか、それが出版業界全体のメルクマールともなろう】

〔6〕 MPDの売上高は1894億円、前年比1・6%減。営業利益は7億円、同27・5%減。当期純利益は3億円、同48・7%減の減収減益決算。
その内訳は「BOOK」989億円、1・7%減、書籍430億円、5・0%増、雑誌566億円4・9%減。

「AVセル」308億円、8・7%減、「GAME」165億円、8・9%減、「RENTAL」239億円、6・5%減、その他191億円、33・9%増。

【日販の子会社であるMPDは、CCC＝TSUTAYAのために設立された特販取次と見なしていいし、CCC＝TSUTAYAを映し出す鏡だと考えられる。これも『出版状況クロニクルⅣ』でフォローしてきたが、MPDは12年の2094億円をピークとして、3年連続マイナスで、16年はついに1900億円を割りこみ、4期にわたる減収となっている。CCC＝TSUTAYAのFCフランチャイズシステムの主力であった「AVセル」「GAM」「RENTAL」のマイナスも大きく、その大型複合店のチェーンの存続が問われ始めている】

〔7〕トーハンの売上高は4737円、前年比1・5％減。その内訳は書籍が1845億円、雑誌が1702億円、コミックが567億円、MM商品が621億円で、その中でも雑誌は5・4％減の96億円のマイナスとなっている。ただコスト削減もあって、営業利益は61億円、1・6％増、当期純利益は23億円、8・2％増。

子会社14社も含めた連結売上高は4883億円、1・4％減、営業利益59億円、5・6％減、当期純利益16億円、1・3％増の減収増益。

なお太洋社からの帳合変更は日販の200店に対して、トーハンは54店。

【トーハンのコンビニシェア、及びその売上減と返品率は出されていないが、セブンイレブンだけで取引書店の3倍を超える1万5000店を抱えていることからすれば、雑誌の落ちこみは焦眉の問題となっているはずだ。そのコンビニ配送に関しては、日販と協力して共同配送を勧めていくとされるが、5でふれたように、さらにコンビニの雑誌売上のマイナスが生じる可能性が高い。そうなれば、トーハン、日販の共同配送にしても、赤字になりかねないだろう。ここで日販、トーハンの前期の決算が出揃ったわけだが、正念場となるのは今期の決算であろう】

〔8〕 旧大阪屋の決算見通しも発表されている。

それによれば、15年4月から16年3月期の売上割引前の売上高は693億円、前年比0・8％増、その内訳は書籍が433億円、6・4％増、雑誌が242億円、7・7％減、教科書等18億円。

最終的に営業利益数千万円、経常利益、税引前利益1億円台の半ばとしている。

【これも本クロニクル④で既述しているが、大阪屋の前期売上高は681億円で、営業、経常利益は赤字だった。それが増収増益となったのは、栗田の民事再生申請に伴い、何らかの上乗せがなされたからだと判断するしかない。帳合戦争の勝者たる日販やトーハンですら減収となっているのだから、大阪屋の場合、そう考えて当然だろう。それだけでなく、やはり④で、大阪屋栗田の発足をレポートしておいたが、栗田の返品をめぐる問題はまだ解決しておらず、とりわけ大手出版社への返品は処理できていないとも伝えられている。取次の倒産に際しては栗田の返品処理に表出したように、そのスキームが確立されておらず、太洋社の場合にも同じように混乱が起き、それはまだ解決に至っていない。栗田にしても、太洋社にしても、倒産以後の出版社や書店との関係の詳細はほとんど明らかではないし、ブラックボックスと化している。そうした意味からしても、前期の旧大阪屋決算は、今期の大阪屋栗田決算を照らし合わせてみなければ、実態が浮かび上がってこないと思われる】

〔9〕地方・小出版流通センターの決算も出され、売上高は12億9462万円で、前年比9・49%増。

「同通信」(No.478)の報告を引いておく。

「15年度決算の報告をします。昨年は、総合取次・栗田出版販売(株)と(株)太洋社の破綻・出版流通からの撤退という、大きな曲がり角にきた年でした。

また当社が設立以来直接取引きしてきた大型書店・リブロ池袋店が閉店しました。市場の激変のなかで当社はなんとか供給を続けてきました。一昨年、昨年と大幅な扱い高減少に伴い2年連続の最終赤字決算でしたが、15年度は取次出荷が前年比11%増だったことで、なんとか最終赤字は逃れました。

図書館売上は12・5%、直書店売上0・2%増、総売上は9・49%増で、売上総利益は11・82%増となりました。しかし、営業損益は−608万円、積立て金等を取崩した営業外収入866万円でなんとか黒字という有様で、苦しい経営状況であることは変わりません。

経費が若干増えたのは、昨年来続けてきた賃金カット幅を縮小したこと、栗田出版の債権の半分を貸倒れ引き当て計上したことによります。経常利益254万、当期利益443万となりました。」

【このような状況の中で、どうして取次出荷が11％増となったのかは説明されていない。だが先述してきたように、日販、旧大阪屋は書籍が雑誌を上回り、またトーハンも書籍がコミックを抜いた雑誌を上回っていることからすれば、地方・小の場合、大半が書籍であるから、雑誌と比べて、書籍のほうは下げ止まりの兆候を垣間見せていることになるのだろうか】

〔10〕　トーハンは鹿島建設グループから八重洲ブックセンターの株式49％を譲受し、トーハン元社長の山崎厚男が新社長に就任。

八重洲ブックセンターは１９７８年に八重洲に最大型店を出店し、神奈川、千葉、栃木県なども含め、12店を展開し、売上高は59億円。

【株式譲渡金額は明らかになっていないし、またどうしてトーハンだったのかも同様である。ただ仄聞するところ、日販帳合で手がけた新規店がいずれも売上予測と異なり、失敗に終わったこと、また丸善丸の内店が同じく日販であることから、トーハンに株式譲渡と経営を委ねるという決定が下されたのではないかとの観測もあるようだ。それからもうひとつ考えられるのは、東京駅前の八重洲エリア大規模開発との絡みで、そのプロジェクトに備えての布石の試みであるかもしれない】

〔11〕　三洋堂ホールディングスの売上高は２３１億円、前年比４・２％減。

文具・雑貨・食品部門や古本部門は前年を上回り健闘したが、65％のシェアを占める「書店部門」が前年比４％減となり、また「セルＡＶ」や「レンタル」なども同様で、全体として前年をクリアできなかった。

今期予想は売上高２２０億円、前年比５・１％減、当期純利益11億円、同３９・０％減を見込む。

【『出版状況クロニクルⅣ』で、三洋堂の加藤和裕社長の書店の選択肢は、「破綻」か「身売り」しかないとの言、それからトーハンが子会社から三洋堂の株式を譲受し、第2位の株主になったことを既述しておいた。今期予想売上高からすれば、赤字になる可能性をも示唆しているようで、これは上場会社としてのシビアな判断かもしれないが、トーハンによる「囲い込み」を想定しているとも考えられる】

〔12〕 未来屋書店の決算も出された。売上高は５４８億円、前年比８・２％増。

これは昨年かつてのダイエーの子会社アシーネ91店、売上40億円を吸収したからで、それに伴い、店舗数は３３９店となった。

【これも『出版状況クロニクルⅣ』に掲載しておいたが、書店売上高ランキングにおいて、14、15年と続けて、未来屋は第4位を占め、今年もそれは確保されるであろう。イオンの子会社であることから、その郊外ショッピングセンターが中心だと思われるが、総店舗面積はすでに5万坪を超える。今期もすでに6月にオープンした千葉県佐倉市にユーカリが丘店５００坪を含めて4店、今後も5店の新規出店が決まっているという。大駐車場を備え、集客力の強いショッピングセンター内の未来屋は、しばらくは勝ち組としてこれからも増加していくだろう。と同時に、それはフリースタンディングの書店だけでなく、同様の立地の書店とのバッティングをも招来させると思われる】

〔13〕 小学館の決算は売上高956億円、前年比6・7%減で、当期損失は30億円の赤字。営業損失は非公表だが、経常損失は9億円。
「出版売上」は631億円、13・1%減、その内訳は雑誌295億円、12・2%減、コミックス204億円、10・0%減、書籍112億円、14・1%減、パッケージソフト18億円、40・8%減。
広告収入は118億円、7・2%減だが、デジタル収入はコミックを中心にして、117億円、54・4%増で、これは電子コミックの大幅な伸長による。

【30億円の当期損失は栗田や太洋社の破産に加え、有価証券の評価損、固定資産税の除却損なども要因だとされる。だがこのどの分野も軒並み大きなマイナスになっていることは、マス雑誌を中心とする大手出版社が陥ってしまった出版危機の状況を浮かび上がらせているといえよう。これからは雑誌のスクラップ（休刊）とビルド（創刊）を検討していくとされるが、売れなくなった雑誌のスクラップは容易でも、現在の状況において、マス雑誌を創刊し、成長させることが困難なのはいうまでもあるまい。それに電子コミックを推進すればするほど、紙コ

ミックがマイナスになっていくのも自明のことで、これもコミックを柱とする大手出版社の悩ましいジレンマということになろう】

〔14〕ドワンゴとKADOKAWAの共同持株会社カドカワの連結売上高は2009億円、営業利益は91億円、経常利益は101億円、当期純利益は68億円。

またKADOKAWAは所沢市と新たな文化発信拠点をめざす「クール・ジャパン・フォレスト」推進協定を締結。2020年までにKADOKAWAは旧所沢浄化センター跡地に出版製造・物流拠点を作る計画だったが、同構想を受け、図書館、美術館、博物館、ショップ、レストランを併設した「ところざわサクラタウン（仮称）」を建設する。

【カドカワの決算発表とKADOKAWAの「クール・ジャパン・フォレスト」推進協定締結は、まさに連結しているのだろう。角川歴彦会長の言によれば、KADOKAWAの70年の知識とノウハウ、2700人の社員のアイデアを結集し、同社のオフィスだけでなく、ホテルなども誘致するという。それに所沢市もジョイントするわけだから、はた目から見れば、これは出版プロジェクトというよりも、紛れもない文化を冠とした不動産開発プロジェクトのように映る。2020年の東京オリンピックまでに完成をめざすということだから、その推移をまさにはた目から楽しませてもらうことにしよう】

〔15〕宮田昇の『小尾俊人の戦後』（みすず書房）が出された。サブタイトルは「みすず書房出発

の頃」。

【人文書の出版者や編集者にとって、小尾はその範と目される出版者、編集者に他ならなかった。英仏独語に通じ、多くの先駆的な翻訳書の出版に携わる一方で、あの『ゾルゲ事件』に始まる『現代史資料』全45巻をも刊行したのである。それらをもって、出版の原典といえる「ミニプロ・ミニセール」の出版を貫き、体現してくれた。その小尾の「戦後」と「みすず書房の出発の頃」が、彼の「日記1951年」と「年譜」も付され、ここに初めて提出されたことになる。それはどのような出版状況下での「出発」であったのか。宮田は次のように記している。

「その中で出版界は、昭和二十四年三月二十九日の集中排除法の適用による日本出版配給株式会社（日配）の解散に直面する。日配の前身は、戦時下、東京堂、東海堂、北隆館、大東館の大手をはじめ、栗田書店、上田屋、大阪屋などもろもろの取次が投合した、日本出版配給統制株式会社という文字通り本を「配給」する「統制」会社であった。

出版社もその「日配」を通してのみ、本を読者に届けることができた。敗戦後の十月、統制の文字をなくし、日本出版配給株式会社になるが、略称は「日配」であり、書籍も、雑誌も、教科書も、すべて一元的に「配給」する役割は変わりなかった。

その「日配」が集中排除法の適用をうけるのではないかと「朝日新聞」や業界紙「新聞之新聞」が伝えたのは、早くも昭和二十三年二月十三日である。その時点から書店が送金をしぶり、支払いの遅延が始まった。日配の催促に、書店が返本で相殺した結果、出版社は大量の自社在庫を抱えることになる。

日配が解散と決まると、それは雪崩のような返本になった。しかも銀行は金融引き締めで、そのような出版社への貸し出しを渋った。戦後創立された多くの出版社は、それから一、二年のあいだに消えていった。それがのちに言われた「昭和二十四年の出版恐慌」である。」この出版状況は現在の出版業界をも彷彿とさせずにはおかない。しかし小尾もみすず書房も、このような「出版恐慌」をくぐり抜けてきたのであり、この一冊を通じて学ぶべきだと思われる】

〔16〕 宮下志朗の『カラー版書物史への扉』（岩波書店）が刊行された。
【これは長きにわたって、岩波書店の『図書』の表紙、及び解説として連載されたもので、「カラー版」書影入りの書物文化史を形成している。紹介されている版画や地図なども含めた書物は、カエサル『ガリア戦記』のフランス訳から、ボッカッチョ『デカメロン』の84冊に及び、楽しく読めるばかりでなく、充分に目の保養もさせてくれる。ただ読み終えてみると、自分がもっているのは何と一冊にすぎないことに気づく。それは76のアントワーヌ・ガラン訳『千一夜物語』で、しかもここに挙げられているのは1714年刊行の最初の挿絵入りなのである。それに対して、私が所有しているのは1921年刊行のガルニエ版で、残念なことに挿絵は一枚もない。いずれ挿絵入りのガラン訳本に出会えるだろうか】

〔17〕 『キネマ旬報』（5／上）に「追悼嶋地孝麿さん キネマ旬報の『礎』をきずいた一人」と

いう記事が掲載されている。

【これは5ページに及ぶ、まさに「追悼」というべきもので、嶋地は１９８８年にキネマ旬報社を退社していることからすれば、異例の「追悼」特集であり、他の雑誌にしても、そのように「追悼」された編集者はいなかったのではないだろうか。それに彼は映画関係者として著名ではなかったし、私にしても、ここで初めて嶋地の名前を知ったのである。それなのにどうしてここで取り上げたかというと、長きにわたって、キネマ旬報社の『日本映画俳優全集・男優編』『同・女優編』『日本映画作品全集』『アメリカ映画作品全集』『ヨーロッパ映画作品全集』などのお世話になってきたからで、これらはすべて嶋地の編集によっていることを教えられたからだ。この追悼記事が出なければ、これらの「映画ジャーナリズムの財産」というべき、丹念な調査に基づく画期的な事典類の編集者が嶋地だった事実は、そのまま忘却されることになったかもしれない。彼は１９３０年北海道石狩市生まれ、57年にキネ旬に入社し、30年にわたって編集にたずさわってきたことになる。２０１５年11月に死去し、享年85歳だったという】

〔18〕『週刊文春』（6／30号）に、鹿島茂による『出版状況クロニクルⅣ』の書評が掲載された。
【思いがけないことで、とてもうれしい。しかも本クロニクルに初めて寄せられた最も適格な書評でもあるからだ。またさらにこの「移民と郊外、書店と郊外」と題する彼の「私の読書日記」そのものが、私の他の仕事も読まれた上での批評《クリティック》と目されるし、その背後に、私たちが共

に拳々服膺している重要な著作をも浮かび上がらせる仕掛けとなっている。風間さんならぬ鹿島さん、ありがとござんす!】

クロニクル❼ 2016年7月

16年6月の書籍雑誌の推定販売金額は1147億円で、前年比3・4%減。書籍は543億円で、同1・2%減、雑誌は604億円で、同5・4%減。

雑誌の内訳は月刊誌が490億円で、同4・3%減、週刊誌は113億円で、同9・8%減。返品率は書籍が41・9%、雑誌は42・8%で相変わらずの高止まりが続いている。

書店売上は書籍、雑誌いずれも4%減だが、文庫が10%マイナス、コミックも5%マイナスとなり、雑誌と同様の定期刊行物の落ちこみが目立つ。

これらは書店の客数の減少を反映しているのだろう。「ポケモンGO」の上陸は7月の出版物販売金額にどのような影響をもたらすであろうか。

〔1〕『日経MJ』(7/13)の「第44回日本の専門店調査」が出された。

そのうちの「書籍・文具売上高ランキング」を示す。

【『出版状況クロニクルⅣ』で示しておいたように、15年は26店のうち、前年を上回っているのは3店だったが、今年は22店のうち10店が増収となっている。だがそれらは既存店売上高に基づくものではなく、出店や合併などによるもので、いうまでもないが、バブル出店とM&Aによって粉飾された数字と見なすべきだろう。それを象徴するのは「同調査」の「総合売上高伸び率上位20社」で、1位が丸善ジュンク堂書店、8位がCCCである。またCCC、トップカルチャー、精文館、リブロ、積文館は日販との提携、もしくは子会社であり、くまざわ書店、三洋堂、明屋が同じくトーハンと提携し、傘下にあるわけだから、これらは取次とのコラボで、さらなる大型店出店に向かう。そうでなければ、売上が維持できないからだ。それは地方の中小書店の閉店に拍車をかけるだろう。それからこれも『出版状況クロニクルⅣ』でも指摘しておいたが、15年の179億円に続いて今年も、CCCは売上高2392億円に対し、185億円という異常といっていい経常利益を上げている。2位の紀伊國屋の売上高1086億円、経常利益12億円、3位の丸善ジュンク堂の売上高759億円、経常利益赤字4億円に比べ、売上高は突出しているにしても、営業利益とダイレクトに結びつくものではないはずで、この2年続きの経常利益はどのようにして生み出されたものなのか、そこに現在のCCCの核心が秘められているのかもしれない。ちなみにゲオのほうは売上高2679億円、経常利益178億円で、CCCとほぼ同じだがこちらは同じレンタルがメインでも、CCCのようなFCシステムではなく、直営店ビジネスで、CCCとはビジネス業態モデルは異なっている。しかもゲオは

■2016年 書籍・文具売上高ランキング

順位	会社名	売上高（百万円）	伸び率（%）	経常利益（百万円）	店舗数
1	カルチュア・コンビニエンス・クラブ（TSUTAYA、蔦谷書店）	239,233	19.4	18,577	－
2	紀伊國屋書店	108,631	1.8	1,222	66
3	丸善ジュンク堂書店	75,907	264.4	▲442	－
4	ブックオフコーポレーション	65,930	7.8	208	800
5	未来屋書店	54,846	8.3	434	339
6	有隣堂	52,415	4.0	375	45
7	くまざわ書店	42,229	▲1.2	－	238
8	ヴィレッジヴァンガード	36,367	1.7	1,429	388
9	フタバ図書	34,821	0.8	1,242	69
10	トップカルチャー（蔦屋書店、峰弥書店、TSUTAYA）	32,354	▲2.1	759	70
	30,474	▲0.8	▲369	197	196
12	三省堂書店	25,200	▲2.7	－	36
13	三洋堂書店	23,108	▲4.3	255	83
14	精文館書店	19,654	2.0	716	50
15	リブロ（mio mio、よむよむ、パルコブックセンター）	17,120	▲15.4	－	78
16	明屋書店	13,909	1.1	181	86
17	キクヤ図書販売	12,176	▲12.5	－	32
18	オー・エンターテイメント（WAY）	11,941	▲1.4	194	59
19	積文館書店	9,660	▲0.6	31	33
20	ダイレクト・ショップ	8,738	▲8.3	－	52
21	京王書籍販売（啓文堂書店）	8,198	▲9.8	14	31
22	戸田書店	6,833	▲6.3	4	32

	ゲオホールディングス（ゲオ、ジャンブルストア、セカンドストリート）	267,910	▲0.9	17,824	1,637

前年比0・9％減であるから、やはりレンタルのマイナスが影響していると思われる。前回の取次の決算でもふれておいたが、今期は何とかとりつくっても、書店も来期の決算が出版業界の危機を否応なく露出してしまうことになろう】

〔2〕　1の丸善ジュンク堂やCCCのFC店の増床や出店も記しておこう。
丸善ジュンク堂は7月下旬から8月下旬にかけて5店をリニューアル、新規出店する。出店はジュンク堂書店南船橋店1000坪、MARUZEN東松山店250坪、ジュンク堂FCとして奈良の啓文堂書店が商業施設ならファミリーに300坪、リニューアルは丸善お茶の水店が150坪増床して400坪、丸善ラゾーナ川崎店が現在の1010坪から940坪に減床となる。

明文堂プランナーは埼玉の戸田市の商業施設「T－FRONTE」に明文堂書店TSUTAYA1070坪を出店。同社はこれで22店となり、1000坪を超える店は5店目。

【その一方で、まだ定かではないが、返品量などを考えると、書店閉店も急ピッチで進められているようだ。渋谷のリブロ（かつてのパルコ）も閉店が伝えられ、池袋のリブロ、新宿南口の紀伊國屋に続いて、かつての都心大型店の撤退も連鎖するように起きている。その流れは加速することはあっても、止めることはできないだろう】

〔3〕　日書連の2015年「全国小売書店経営実態調査報告書」が出された。

1991年、99年、2005年に続く4回目のもので、『出版ニュース』(7/下)などに掲載されている。

「経営状況の変化」は「悪くなった」36・1%、「非常に悪くなった」31・2%、「やや悪くなった」17・9%、「変わらない」10・5%、「良くなった」1・5%という内訳となっている。

その要因は「客数・客単価の減少」「雑誌の低迷」「ネット書店」「競合店の出現」などが挙げられている。

【2015年の調査で特徴的なのは、05年には「悪くなった」が62・5%で、「非常に悪くなった」の項目はなかったのだが、今回はそれが31・2%に及び、「悪くなった」や「やや悪くなった」を合わせれば、悪化は85・2%に及んでいることになる。まさに瀕死状態といっても過言ではない。この事実は、日書連加盟4000店のうちの大半がそのような状況下にあることを伝えている。これらは雑誌シェアが売り上げの半分以上を占めている書店が67・3%に及んでいることから、雑誌の凋落に直撃され、しかもそれはさらにエスカレートしていると推測するしかない。1990年には日書連加盟店は1万2500店を数えていたことからすれば、街の中小書店の大半が消えてしまい、その最後の段階に入っていると思われる。折しも『週刊東洋経済』(7/23)が「書店は消えていくのか　出版不況で残る条件」という発信をしている】

〔4〕　これも『日経MJ』（6／29）の2015年小売業調査などによれば、通販の売上高は9・2％増。これは首位のアマゾンジャパンが前年比19％増、9999億円だったことに多くを負っている。
セブン＆アイ・ホールディングスのオムニチャンネルなどの通販部門売上高は1587億円。ヨドバシカメラの通販売上高も1000億円に迫る。

さらに関連の数字を引いておけば、コンビニは大量出店もあり、全店ベースで初めて売上高10兆円を突破。

【これらの出版物売上高は明らかにされていないが、本クロニクルでアマゾンのそれがピークアウトしたのではないか、また近年のコンビニの雑誌売上から見れば、取次の流通部門は赤字になっているはずだと述べてきた。シェアが高いアマゾンはともかく、コンビニでは5万店で出版物売上高は2000億円であるから、1店当たり年間売上高は400万円でしかなく、これ以上落ちこんでいけば、他の商品との入れ替えを検討される分野になってしまうかもしれない。また取次がどこまでコンビニとの取引に耐えられるかという状況に入っていることもふまえておくべきだろう】

〔5〕　アマゾンが8月から電子書籍読み放題サービス「キンドル・アンリミテッド」を開始する。月額980円で、キンドル版の電子書籍、雑誌、コミックスなど5・6万点が読み放題となる。
出版社は講談社、小学館の他に複数の中堅出版社が参加する見通しで、KADOKAWAは検討

中、集英社は参加しないという。

【NTTドコモの雑誌中心の「dマガジン」に続いて、総合読み放題ともいえるサービスが開始されることになる。これまで電子書籍化されていなかった村上春樹の「初期三部作」の電子版配信開始の広告が、『朝日新聞』（7／1）などの全一面に掲載されていたが、この「キンドル・アンリミテッド」と絡んでいるのだろう。この広告を見て、これも同紙（6／27）の短歌欄にあった高野公彦選による一首を想起した。それはつぎのような歌である。

いますこし本屋を続けゐたきかな本が紙にて刷られるうちは　長野県　沓掛喜久男

この人物も3の「全国小売書店経営実態報告書」アンケートに経営悪化と返答していたのだろうか】

〔6〕　2015年に栗田出版販売から楽天に事業譲渡されたブックサービスは、9月に楽天ブックスへと統合し、書籍・雑誌通販と出版社直販（ブックサービスコレクト）はそのまま継承される。

【経産省によれば、2015年の国内電子商取引（EC）市場は13兆8000億円、前年比7.6%増とされ、5年前の2倍、全小売市場の5%を占めるに至った。その中心だった楽天は楽天市場の単独業績を開示しておらず、アマゾンに主役を奪われつつあるとされる。今回のブックサービスの統合などはリリースされるが、出版物売上やコボなどの電子書籍事業はどうなっているのだろうか。これも『出版状況クロニクルⅣ』でふれておいたが、12年の電子書籍参入に際し、三木谷社長は電子書籍が出版業界の復活の大きな起爆剤となるし、日本のマンガを世界中に発信し、大きなビジネスとしたいと豪語していた。ところがその後の展開と行方はほとんど聞こえてこない。5の「キンドル・アンリミテッド」ではないが、電子書籍でもアマゾンの後塵を拝するばかりの状況に追いやられているように見える】

〔7〕 6に続いてこれも楽天絡みである。

前回の本クロニクルで旧大阪屋単体決算の見通しを取り上げておいたが、ほぼ同様の売上高で686億円、前年比0・8％増、経常利益2億円の増収増益決算。

それに伴い、大阪屋人事を発表。代表取締役は元講談社の大竹深夫、取締役は楽天の服部達也のままだが、新たな専務取締役として、元日販の専務の加藤哲朗、取締役としてツタヤ関東社長、MPD常務を経て楽天に入社していた川村興市が就任。

【これらの大阪屋栗田の新役員体制を見ると、メインの経営陣は当然のことながら旧大阪屋と栗田から選出されておらず、講談社などの大手出版社、楽天、日販との連携による経営が目ざされているとわかる。「本業のこれまで以上の強化」と「ネットとリアル書店の連携」が謳われ、前者を加藤専務、後者を服部、川村両取締役が担当するとされる。呉越同舟とはいわないけれど、どうなるのか、お手並みを拝見することにしよう】

〔8〕 日販は雑協と出版社34社との共同企画として、8月1日から9月30日まで雑誌時限再販フェア「雑誌夏トクキャンペーン」を実施する。

7月1日移行に発表され、時限再販指定された80誌136点価格決定権は書店に移るが、日販は100円引きを推奨し、出版社は書店割引原資として、1冊当たり100円の報奨金を出す。

【雑誌の銘柄として、柑出版社は全月刊誌、集英社は全ファッション誌、内訳としては「女性向け」49点、「男性向け」38点、「趣味系」49点と発表されているだけである。確かにこれだけの数の雑誌を一堂に集め、時限再販するのは初めての試みだが、現在の出版危機に対応する企画だとは判断できない。おそらくひとつのパフォーマンスに終わってしまう可能性も高い。現在の若い読者にとって、時限再販100円引きは購入の誘いになると思えない。それにこの3つの分野の雑誌は、ブックオフで売られている雑誌のシェアと重なっているからだ。日販がその成果を発表することを期待することにしよう】

〔9〕 またしても『日経MJ』(7/15)だが、アニメイトホールディングスの阪下實社長が初めて日経新聞の取材に応じたという記事が掲載されている。

それによれば、マンガとアニメグッズを販売するアニメイトは昨年島根県に出店し、全都道府県を制覇した。今年で会社設立30年目を迎えるアニメイトは、前身はムービックで、1983年に池袋に1号店を開設し、87年に店舗運営部門がアニメイトとして分社化し、現在は120店舗に及んでいる。その過程で、書泉や芳林堂のM&Aも成立したことになる。

アニメイトの人気を支えるのは若い女性で、アニメを通じた人々の出会いの場を提供するというコンセプトを有し、「活発化するアニメ市場と、停滞が懸念される書店市場という両面を持ち、モノ消費とコト消費の中間のような業態」とされる。

今月から「あなたの街にアニメイトを出店させよう！」と題して、出店希望を募る企画を始めている。

【本クロニクル②でも、アニメイトが講談社やKADOKAWAなどと設立したジャパンマンガアイランスによるアニメイトタイバンコク店の出店にふれたばかりだが、このようなアニメイトの歴史に関しては知らないでいた。おそらく中央社とのコラボによって成長が支えられてきたのであろうし、それもいずれ語られることになるだろう】

〔10〕『出版月報』（6月号）が特集「絵本好調の背景を探る」を組んでいる。

そこに示された絵本市場のデータと児童書販売金額の数字をアレンジして表化してみる。

ただし絵本市場の販売金額は2011年から15年にかけてしか算出されていない。

【2015年の児童書推定販売金額は807億円で、前年比3・5％増の2年連続プラス。そのうちの絵本は309億円で、38・3％を占め、これも同6％増である。出版物販売金額や書店数の減少から考えても、また新刊点数や平均価格や1点当たりの部数の推移を見て、絵本は健闘している分野といっていい。とりわけ新刊部数は半減しているにもかかわらず、販売金額が伸びているのは、既刊本のロングセラーに多くをよっている。ロングセラーを多く擁する児童書出版社の既刊と新刊の比率は9対1で、市場に出回っている絵本数は2万7千点とされるが、圧倒的に既刊書重版に支えられているのである。それゆえに新刊点数が半減しても販売

■児童書・絵本売上推移

年	児童書販売金額（億円）	絵本販売金額（億円）	絵本新刊点数（冊）	平均価格（円）	1点当たり部数（千冊）
2001	920	−	1,305	942	9.0
2002	1,100	−	1,443	903	8.3
2003	950	−	1,312	942	8.5
2004	1,060	−	1,493	976	7.6
2005	920	−	1,714	976	7.4
2006	1,000	−	1,649	1,015	7.4
2007	900	−	1,593	1,079	6.6
2008	940	−	1,452	1,149	6.1
2009	830	−	1,347	1,123	6.1
2010	795	−	1,332	1,135	5.9
2011	803	299	1,382	1,158	5.1
2012	780	292	1,304	1,137	4.8
2013	770	294	1,361	1,081	5.3
2014	780	290	1,476	1,111	5.3
2015	807	309	1,431	1,162	4.9

金額の伸びがあり、それが書籍出版のかつての健全なあり方だったことを想起させるし、「累計200万部以上発行した絵本ランキング」リストはその事実を裏づけている。そういえば、出版協に属している風濤社の近年のロングセラー絵本『地獄』も1980年代に出されたはずだ。

このような絵本市場の拡大の一つの要因は、大人の読者を中心とする近年の絵本ブームも指摘されているが、それらにしても、ロングセラーと既刊書をベースにしていることはいうまでもあるまい。そして絵本や児童書市場の堅調な動向は、翻って新刊とベストセラーに大きく依存する書籍市場の近年の異常さと偏重性を浮かび上がらせることになる。また児童書の販売チャンネルは取次経由での書店ルート、学校、公共図書館ルートの他に、幼稚園、保育園、直販ルートなどがあるが、取次経由ルートが7割以上を占めている。それに関連して付け加えれば、公共図書館の貸出数の２６％は児童書とされている。これを２０１５年に当てはめれば、６億９千万冊のうち、１億８千万冊を占めている。この事実だけを取り上げても、「生産年齢人口」に基づいた出版動向を論じることの間違いがわかるであろう。それからこのデータは日本図書館協会の２０１４年版『図書館年鑑』所収の「公共図書館総計」によっているが、２００８年までしか出されておらず、以後のデータはそれに準ずるものと判断している。児童書売上高推移からすれば、それが妥当でもあると見なしているからだ。公共図書館は児童書だけでなく、年齢別、分野別、貸出シェアの実態を明らかにすべきであろうし、そのような貸出データに基づき、ベストセラー貸出問題をも論議すれば、これまでと異なる視点が浮上してくるかもしれない】

〔11〕 図書館総合展運営委員会による「出版と図書館の未来図」をテーマとする地域フォーラム「図書館総合展２０１６フォーラム in 塩尻」が開催された。
それが『図書新聞』（7／16）にレポートされているが、その開会に先立ち、塩尻市出身の古田晁が創業した筑摩書房の山野浩一社長が次のように語ったという。

「全集の筑摩と言われたが、今月3月末の決算をみて、ペーパーバック（ＰＢ）が売上全体に占める割合は69％、出版点数は３０９点中、２２８点がＰＢ。その割合は74％、ＰＢの筑摩になってきた。単行本の点数は年々少なくなってきて、41点、そのなかで資料性の高い2000円を超えるものはわずか7点だった。四半世紀の間に図書館から遠ざかっていった。」

【『出版状況クロニクルⅣ』で、筑摩書房新刊状況に関する山野の言を紹介しておいたが、それがこの1年でさらに加速し、往年の筑摩ではなく、言外にペーパーバック出版社へとシフトせざるを得なかった内情も語られていることになる。このレポートには、岩波書店の岡本厚社長やみすず書房の持谷寿夫社長のそれぞれの講演「出版社にとって図書館とは？　版元が図書館に期待すること」「図書館で『本』に出会うということ」も収録されている。だが山野の言のほうが、よりリアルで、しかも人文書出版社の現在を生々しく伝えているので、こちらのほうを紹介してみた】

〔12〕　学術出版社の創文社が2020年をめどに会社を解散すると公表。新刊発行は来年3月までとされる。

【これは人文書出版社に静かな波紋として、大きく拡がっていく気がする。創文社は千代田区一番町に自社物件不動産を有し、高定価、高正味と学術出版助成金に加え、日キ販をメインとする安定した取次と常備書店網を備え、盤石の学術出版社と見なされてきたからだ。それゆえに『ハイデッガー全集』やトマス・アクィナス『神学大全』の企画刊行も果たせたと思われてきた。その創文社でさえも売上の回復が見こめず、解散に向かうとすれば、日本でもはや大学出版局を除いて、学術出版は不可能だと考えるしかない。創文社と創業者の久保井理津男に関しては、『出版状況クロニクルⅣ』で書いているが、久保井の『一出版人が歩いた道』は戦前から戦後にかけての学術出版史を形成しているので、あらためて読まれてほしいと思う。また読者としては、カッシーラーの『国家の神話』やマルク・ブロックの『フランス農村史の基本性格』が懐かしい。しかしこのような出版状況下では、ハイデッガーやアクィナスのみならず、それらの継承も難しいかもしれない】

〔13〕 これも人文書の新思索社が破産。負債総額は5000万円。小泉孝一社長が亡くなり、事業を断念したことで、取締役が破産申し立てに至ったとされる。

【実は「出版人に聞く」シリーズ15の『鈴木書店の成長と衰退』の小泉孝一は、この新思索社の経営者であった。このインタビューは2011年11月に行なわれたのだが、その直後から連絡が取れなくなり、四方八方手を尽くしたけれど、探すことができなかった。そのためにインタビューは3年ほどペンディングになっていたのである。しかし取次の危機も顕在化してきたため、そのままにしておくには惜しいこともあり、あえて刊行したという事情も付随していた。だがこの本の刊行後も、小泉の消息への多くの問い合わせは寄せられたが、本人からは何の連絡も入らなかった。そしてそれから二年後に、新思索社破産と小泉の死の知らせを受けたことになる。だがいつ亡くなったのか、在庫はどうなるのか、破産に至る経緯と事情はどうだったのかは、まだ何も伝わってこない。彼には世話になった人たちも多いはずで、それらが判明し

たら、本クロニクルで報告するつもりでいる】

クロニクル❽　2016年8月

16年7月の書籍雑誌の推定販売金額は1068億円で、前年比5・7%減。

1を見ればわかるように、今年になって最大の落ちこみで、これにオリンピックが重なった8月が控えているのだから、大幅なマイナスはさらに続くだろう。

書籍は498億円で、同3・1%減、雑誌は570億円で、同7・9%減。

雑誌の内訳は月刊誌が461億円で、同7・3%減、週刊誌は109億円で、同10・2%減。

返品率は書籍が42・2%、雑誌は42・8%であり、書籍は5月、雑誌は4月から40%台が続いている。出荷や注文調整にもかかわらず、この高止まりが続いていることを考えると、もはや書店市場と取次配本の組み合わせが機能不全に陥っているのではないかという思いにもかられてしまう。

まだ16年下半期の最初の1ヵ月を終えたばかりだが、残された月が平穏無事であるとはとても考えられない。

■2016年上半期 推定総販売金額

月	推定総販売金額		書籍		雑誌	
	（百万円）	前年比（%）	（百万円）	前年比（%）	（百万円）	前年比（%）
2016年 1～6月計	770,095	▲2.7	406,408	1.6	363,687	▲7.1
1月	103,907	▲4.5	54,048	0.1	49,859	▲9.1
2月	147,551	▲0.1	84,425	9.8	63,126	▲10.9
3月	181,691	▲3.4	106,318	▲2.5	75,373	▲4.7
4月	125,936	▲1.1	61,201	6.5	64,735	▲7.4
5月	96,289	▲4.1	46,104	▲3.2	50,185	▲4.9
6月	114,721	▲3.4	54,312	▲1.2	60,409	▲5.4

〔1〕出版科学研究所による16年上半期の出版物推定販売金額を示す。

【書籍雑誌推定販売金額は7700億円、前年比2・7%減。前年は5・3%のマイナスなので、書籍のプラスなどもあり、2・7%マイナスで折り返しているが、それでも16年の売上は1兆5000億円を割りこむだろう。その内訳は書籍が4064億円、1・6%増、雑誌が3636億円、7・1%減。そのうちの月刊誌は2960億円、6・8%減、週刊誌は676億円で、8・1%減。雑誌は前年が8・4%マイナスであり、今年もそれに近い数字となるはずで、その下げ止まりはまったく見られない。返品率のほうだが、書籍は34・3%、雑誌は42・0%で、月刊誌は43・1%、週刊誌は36・7%。雑誌の前年返品率は41・8%であるから、毎月の部数調整にもかかわらず、高止まりしたままである。とりあえず、書籍は微増となっているけれど、雑誌売上は月を追うごとに売れなくなっている事実を突きつけている】

■2016年上半期 紙と電子の出版物販売金額

2016年 1～6月	紙			電子				紙＋電子
	書籍	雑誌	紙合計	電子コミック	電子書籍	電子雑誌	電子合計	紙＋電子合計
(億円)	4,064	3,637	7,701	633	122	92	847	8,548
前年同期比(％)	101.6	92.9	97.3	126.2	116.2	176.9	128.9	99.7
占有率(％)	47.5	42.5	90.1	7.4	1.4	1.1	9.9	100.0

〔2〕今年から出版科学研究所データは電子出版市場も含まれ、『出版月報』（7月号）には「紙と電子出版物販売金額」も掲載されているので、それも引いておく。

【電子出版物販売金額は847億円、前年比28・9％増。その内訳は電子コミックが633億円、同26・6％増、電子雑誌92億円、76・9％増、電子書籍122億円、16・2％増で、前二者でそのシェアは89・1％に及んでいる。これらの分類とそのシェアに日本の出版業界のみならず、日本の電子書籍市場の特殊性がはっきりと表れている。日本の場合は「電子書籍」というよりも、「電子雑誌」市場と見なすべきだ。欧米の出版業界とは書籍をコアとして成立し、電子書籍化とは文字通り書籍を主とするものであった。しかし日本の出版業界は書籍だけでなく、雑誌とコミックも含んでというよりも、雑誌やコミックが生産、流通、販売の要であり、とりわけ書店は雑誌とコミックの売上をベースとして書籍を販売してきた。それゆえに雑誌とコミックが書店の生命線だったのだ。その雑誌とコミックが電子書籍化され、シェアが高まり、さらに成長していくことになれば、ただでさえ苦境にある書店市場はさらなる困難な状況に追いやられることは確実であろう。『出版状況クロニクルⅣ』で、電子書籍売上高が２０００億円に達した場合、この金額は15年のコミックス売上に相当するものであり、しかもそれが紙よりも低価格であることからすれば、コミック誌１１００億円をも含んでしまう売上になると指摘しておいた。そしてもしそれが現実となれば、書店にとって壊滅的な状況をもたらすのではないかとも書いてきた。それは取次にとっても同様で、コミックを刊行する出版社の場合は、既刊分在庫の断裁処分を迫られることになるはずだ。欧米の新刊書籍の電子書籍を見ると、定価は高く、書籍とほとんど変わっていない。しかし日本の電子雑誌化は安い価格が売りのひとつとなっている。それらは書籍をめぐる状況を、これもさらに悪化させていくであろう】

〔３〕　インプレスの２０１５年電子書籍市場調査も出されている。

それによれば、15年電子書籍市場は１５８４億円で、前年比２５・１％増。そのうちのコミックは１２７７億円、２４・７％増で、シェアの８割を占める。

電子雑誌は２４２億円、前年比６６・９％増で、これはＮＴＴドコモの「ｄマガジン」などの定額制読み放題サービスの急成長によっている。

【２で電子書籍売上が２０００億円を超えたら、書店は壊滅的状況に追いやられるのではないかと既述したが、インプレスの予測によれば、20年度は15年度比の１・９倍の３０００億円に拡大するとされる】

〔4〕　アマゾンの電子書籍定額読み放題サービス「キンドルアンリミテッド」がスタート。月額980円で、スタート時は和書12万冊、洋書120万冊が読み放題となる。和書の対象は書籍が小説・文学1万6000冊、ビジネス8000冊、実用・ノンフィクション2万冊などの8万冊、コミック3万冊、雑誌は240誌2000冊となる。これらのすべてが電子書籍として単品販売もされる。

参加出版社は講談社、小学館、文藝春秋、幻冬舎、光文社、東京創元社、ダイヤモンド社、東洋経済新報社、PHP、インプレス、主婦の友、学研、白泉社、秋田書店、祥伝社、双葉社、一迅社、手塚プロダクションなどの「数百社」に及ぶ。

なお、現在のアマゾン取扱い電子書籍は46万5000点、コミックは16万点に拡大しているという。またアマゾンは取引先に対し、価格拘束をしたとして、公取委が独禁法違反容疑で立ち入り検査したと報じられている。

〔5〕　楽天も電子雑誌の定額読み放題サービス「楽天マガジン」を開始。月額380円、年間では3600円で、ファッション、ビジネス、グルメ、トラベル、スポーツなどの11ジャンルの200誌をスマホやタブレット端末で読める。

【4と5がどのような推移をたどるのか、半年後に出されるであろう出版科学研究所の15年下半期電子書籍販売金額を待って、言及すべきであろう。しかしいずれにしても、「数百社」の出版社が参加し、雑誌とコミックを「電子雑誌」化するわけだから、書店市場への影響は避け

られない。もし2社の定額読み放題サービスが成功すれば、書店に対する影響は必至で、それこそ大量閉店へと向かっていくかもしれない。楽天の現在については、『FACTA』（9月号）の「楽天『国内eコマース』大失速」が詳しい】

〔6〕『文化通信』（8／8）に、小学館のマンガアプリ「マンガワン」の石橋和彦編集長へのインタビューが掲載されている。「マンガワン」も電子雑誌の一種と見なせるので、要約紹介してみる。

＊2012年に少年サンデー編集部で、ウェブのコミックサイト「裏サンデー」を開設し、14年12月に「マンガワン」としてリリース。

＊利用者は1日8話までは無料で読め、それ以上読みたい人はポイントを購入するというかたちで課金。またサイトで他社アプリをダウンロードすれば、ポイントがつき、出版社には広告収入が入る仕組みで、利用者が無料で読める感覚を残しつつ、収入を得るシステムにした。その収入を広告費に回し、広告を出すと人が集まる好循環によって大きく成長した。

＊現在の編集スタッフは11人で、外部のデジタル技術とサプリ化に優れた開発会社と併せて20数人。

＊連載作品は60本ぐらいで、「裏サンデー」連載のネットオリジナル作品がベースで、8割ほどを占めている。連載作品の95％は単行本となり、『少年サンデー』の点数を抜く月も出ているし、大ヒットには至っていないが、1巻累計部数10万部を超えるものが3、4割になっ

てきている。
＊最新ダウンロード数は600万に近く、年内には1000万DLに持っていきたい。そうなれば、BooksアプリではLINEマンガに次ぐ規模になる。
＊売上規模は開発当初月200万円だったが、今年1月にはコンテンツ課金とコミック販売で5000万円、広告収入が5000万円で、月商1億円以上と成長している。コミック雑誌はほとんど赤字だったけれど、「マンガワン」は最初からコンテンツ課金によって黒字で運営できている。
＊読者層としてはスマホでマンガを読む層は10代が中心であるように、「マンガワン」のユーザーも10代が半分。それに見合って、ネットでデビューする作家年齢も20代前半である。また紙と異なり、「原稿取り」という概念はなく、地方に住んでいる作家も多いので、スカイプで打ち合わせ、3、4ヵ月ごとにこちらから出張する。
＊マンガ編集者は作家や原作者を見つけてきて、企画を立ち上げるプロデューサーだと思っているので、紙と電子にそれほど違いはない。編集のスキルがあれば、優れたウェブやアプリを作れると思うが、ただ雑誌は年単位の進化だが、ネットはもっと早いスピードでの進化を必要とする。
＊最終的に出版社の意義は紙の本を出すことなので、紙は紙で生き残る道を探らなければならないが、僕は紙がなくても生き残れる位置を探るというミッションで動いている。
【出版社発の「マンガアプリ」の内情がここまで具体的に語られてことはなかったと思われる

■書籍・CD・ビデオ卸売業調査

順位	社名	売上高（百万円）	増減率（%）	営業利益（百万円）	増減率（%）	経常利益（百万円）	増減率（%）	税引後利益（百万円）	粗利益率（%）	主商品
1	日本出版販売	639,893	▲3.2	2,738	5.8	3,291	▲9.2	856	11.8	書籍
2	トーハン	488,362	▲1.4	5,911	▲5.5	3,570	▲8.7	1,615	12.6	書籍
3	大阪屋栗田	68,681	0.8	32	－	218	－	113	8.3	書籍
4	星光堂	62,520	▲2.2	－	－	－	－	－	－	CD
5	図書館流通センター	39,898	▲3.9	1,818	6.3	1,931	2.7	1,112	19.2	書籍
6	日教販	27,604	18.8	311	▲29.0	101	▲69.2	▲9	10.4	書籍
7	ユサコ	6,085	15.5	178	6.6	177	6.6	100	15.6	書籍
11	春うららかな書房	3,463	5.2	150	▲1.3	102	0.0	21	22.1	書籍
	MPD	189,458	▲1.6	705	▲27.6	729	▲28.2	－	4.5	CD

ので、今回の一連の電子書籍関連に合わせて紹介してみた。ネット環境の進化につれて、編集者や著者だけでなく、若年層を中心にして読者も変容しつつあることがよくわかる。大げさにいってしまえば、来るべき編集者、出版者、作者、読者などのひとつの雛型がここに示されているのかもしれない。それこそインプレスの予測する20年の３０００億円規模の電子書籍市場において、「マンガアプリ」はどのように進化し、どのようなかたちを見せることになるのであろうか】

〔7〕『日経ＭＪ』（８／３）の15年版「日本の卸売業調査」が出されたので、「書籍・ＣＤ・ビデオ」部門を示す。

【例年に比して、取次にとって激動の１年であったことが一目でわかるだろう。

昨年までは単独で挙げられていた大阪屋、栗田出版販売、太洋社が消えてしまっている。かろうじて大阪屋栗田として残ってはいるものの、単独ではサバイバルできなかったことを告げているし、太洋社に至ってはまさに消滅してしまったのである。前回の本クロニクルでも書いたように、日販やトーハンにしても構造は同じであり、中小取次の破綻によって問題が解決されたわけではないことも、本クロニクルの読者であれば、当然承知しているであろう】

〔8〕 中央社は売上高231億円で、前年比1・7％減、当期純利益は1億5323億円で、同7・7％増の減収増益決算。

【『出版状況クロニクルⅣ』において、能勢仁の取次に関するセミナーレポートを引き、中央社だけが増収増益を重ねてきたこと、それがアニメイトとのコラボによるコミック販売、病院書店の開発の寄与、返品率29％に基づくことを既述しておいた。また前回の本クロニクルでも、中央社とのコラボによるアニメイトの成長について記したばかりだ。中央社、アニメイトの成長はコミックやアニメとともにあったといっていい。だが今期の内容を見ると、返品率は29・3％が保たれているけれど、コミックを除く雑誌が2・7％減、主力の雑誌扱いコミックスも0・6％減と前年を下回り始めている。雑誌の衰退と電子コミックの成長は、中央社の売上高マイナスとリンクしていると見なすしかない。そうした意味において、日販やトーハンと同様に、中央社も来期決算に注目すべきだろう】

〔9〕　これもアニメイトと関連するので、続けて取り上げておく。
出版協は「芳林堂書店選択常備切替え問題」に関して、トーハンからの提案である「5社協議」の対応を検討。

【この問題は緑風出版の高須次郎が6月から発信していた太洋社や芳林堂自己破産にまつわるものである。緑風出版などの出版協加盟社は、太洋社経由で芳林堂に選択常備セットを出していた。ところが芳林堂の自己破産と書泉への事業譲渡によって、トーハンが太洋社から在庫を買い取った際に、伝票切替などが行なわれておらず、それをトーハンに求めたところ、所有権はトーハンにあるとの回答で、応じていなかった。その後トーハンは芳林堂、太洋社破産管財人、トーハン、書泉、出版協会員社の5社協議を提案し、それが今回の出版協緊急集会となったのである。これ以外にも、太洋社破産は多くの未解決問題を残しているはずだが、その後の太洋社の消息は帳合書店も含めて、まったく聞こえてこない。どうなっているのだろうか】

〔10〕　東京リサーチによる2015年書店調査が出された。
それによれば、全国1128社の15年度売上高合計は1兆47億円で、前年比0・6%減。2年連続減少、連続赤字。減収は467社で、全体の41・4%を占め、横ばいは406社で35・9%、増収は252社で22・6%。
最終損益が3年連続で判明した411社で見ると、最終損益は合計24億円の赤字となり、14年度のマイナス8億円よりも赤字幅が拡大している。また小書店の事業断念が頻発しているとレポートされてもいる。

【前回の本クロニクルで伝えた日書連の2015年「全国小売書店経営実態調査報告書」において、「経営悪化」が85・2％に及んでいた。その事実から考え、日書連に加盟していない書店も含めれば、まだ少しはましという状況が浮かんでくるだけで、こちらもまた苦境の中にある書店のリアルな現在というしかないであろう】

〔11〕「東洋経済オンライン」（8／27）によれば、ヴィレッジヴァンガードコーポレーションは赤字子会社のエスニック雑貨販売のチチカカを、金融情報配信会社フィスコの親会社ネクスグループに売却したことで、最終赤字43億円を計上するに至った。

ヴィレヴァンは391店、売上高は467億円と伸びてはいたが、利益は12年以降、新規出店も含め、前年割れが続き、14年から赤字に陥っていたとされる。

【ヴィレヴァンの創業は1986年で、2003年に上場し、右肩上がりの成長を続けてきたが、ちょうど創業30年目にして、ビジネスモデルも劣化してきたのではないだろうか。本や雑誌と雑貨の陳列販売は、それこそ現在ではどの書店も取り入れるようになってきたし、おまけにカフェも導入されている。そうした書店状況などもヴィレヴァンならではの集客率の低下に影響しているのだろう。ビジネスモデルといえば、複合店にしても、新古本産業にしても、ヴィレヴァン同様の年月を重ね、「会社の寿命」が問われる時期へと向かいつつあると思われる】

〔12〕『日経MJ』(7/27)に15年度コンビニ調査も出されているので、コンビニ状況にもふれておこう。

それによれば、国内の全店売上高は10兆8908億円で、前年比5・1%増。総店舗数は5万6427店で、同2・8%増。そのシェアはセブン‐イレブン、ローソン、ファミリーマートの3社で9割を占める。

しかし16年にはファミリーマートとサークルKサンクスを傘下に持つユニーグループ・ホールディングスが経営統合するので、そのシェアは29・1%まで拡大し、セブン‐イレブンの39・4%に次いで、第2位に浮上する。

【統合後のファミリーマートは1000店のリストラを発表しているし、コンビニの総店舗数はピークアウトを迎え、6万店を超えることはないように思われる。ここに現在のコンビニ状況を記したのは、『出版状況クロニクルⅣ』でも近年のコンビニにおける出版物販売金額をたどり、その月商30万円台では取次も赤字になっているのではないかと指摘してきた。また一方で、その売上の回復を見こめないのはコンビニも同様であるから、取次自体も流通をどこまで維持できるかが問題になってくるだろう】

〔13〕講談社のコミック誌『マガジンSPECIAL』が休刊。

1983年に『週刊少年マガジン』の増刊号として始まり、84年には最大の45万部という部数に達したが、今年は5万部となっていた。

〔14〕 小学館の月刊誌『Anecan（アネキャン）』が休刊。

『CanCan』を卒業した30歳前後の女性を読者対象として、２００６年に創刊し、10年には32万部を発送していた。だが16年には8万部台に落ちこんでいた。

【大手出版社の雑誌休刊はこれからも続くだろうし、それは「ｄマガジン」やアマゾン、楽天の「読み放題サービス」によって、さらに加速されていくだろう。大手出版社がマス雑誌によって築いた近代出版流通システムを、自らが破壊していくということになるのだ】

〔15〕 大阪の第一印刷出版が自己破産。

１９２７年創業で、雑誌や単行本などの企画・編集、デザイン、印刷、製本までの出版社を中心とする営業基盤を有していた。

しかし１９９５年には売上高15億円を計上していたが、２０１５年には4億円まで減少し、10年連続の経常赤字だったとされる。負債額は3億５０００万円。

〔16〕 埼玉県戸田市の早良印刷が倒産。

１９６５年創業で、実用書などの単行本、地図関連出版社の仕事を手がけ、99年には売上高6億４０００万円だった。

だがカーナビの普及で業況が悪化し、２００９年には民事再生法を申請、認可されたが、取引先への支払い遅延から信用不安を招き、倒産の措置に至った。負債は1億８０００万円。

【出版業界の危機が西と東の印刷会社を直撃し、自己破産や破産となったと見なすしかない。出版社、取次、書店ばかりでなく、印刷を始めとする企業もまた出版危機のあおりを受け、やはり深刻な状況下にあることを、この2社の破産は伝えている】

〔17〕『出版ニュース』(8/上)掲載の「図書館ウォッチング」9が、茨城県守谷市の指定管理者制度の採用とTRCの受託をめぐって、守谷中央図書館館長や職員の複数辞任問題、CCCの新徳山ツタヤ図書館、延岡ツタヤ図書館などに言及している。

【太洋社のその後の消息ではないけれど、ツタヤ図書館問題などもマスコミや業界紙などでもまったく言及されていないが、これを読むと、まだ問題は何も解決されておらず、続いていることを教示してくれる。とりわけその始まりであった武雄図書館は来館者数も減少し、書店やスタバの収支を含めても赤字で、5年契約が切れる2年後の検証には様々な視点が必要だとの『佐賀新聞』の言も引かれている。長期にわたる多様な視点からの検証は、出版業界のすべての分野に必要であることはいうまでもないが、それがなされてこなかったことも、現在の出版危機を招来した原因でもある】

クロニクル❾ 2016年9月

16年8月の書籍雑誌の推定販売金額は1042億円で、前年比4・7％減。書籍は482億円で、同2・9％減、雑誌は559億円で、同6・2％減。

雑誌の内訳は月刊誌が450億円で、同7・7％減、週刊誌は109億円で、同0・1％増。週刊誌がプラスとなるのは12年3月期以来のことで、4年半ぶりである。

これは返品率改善と送品稼働日の関係で、多くが一週分のプラスとなっているからだ。トータルのマイナス幅は7月の5・7％減よりも回復しているけれど、返品率は書籍が44・5％、雑誌は42・7％と高止まりしたままで、書籍のほうはさらに上がっている。

書店売上は書籍が10％減、雑誌は7％減で、オリンピックの影響を受け、ある週は20％近い落ちこみを示したようで、取次も蒼ざめたと伝えられている。

その余波と書店の9月決算もあり、9月の数字はどうなるのだろうか。

〔1〕戸田書店は丸善ジュンク堂と業務提携し、仕入れ、物流、売上データ管理を一体化。それ

に伴い、取次は大阪屋栗田のままだが、丸善ジュンク堂を経由するかたちとなる。

この業務提携は直営店17店、FC店15店の32店すべてに及ぶもので、人事交流や資本提携も視野に入れるとしている。

〔2〕DNPは文教堂グループホールディングスの株式の一部を日販へ譲渡することを決議。
またDNP子会社の丸善ジュンク堂書店も、保有するすべての文教堂株式を日販に譲渡。

DNPグループは文教堂株式の51・86％を保有していたが、そのうちの28・12％を日販に譲渡することにより、日販が筆頭株主となる。DNPは23・73％の保有となり、第2株主。

日販が取得した株式は合わせて393万株で、DNPグループからの譲渡価格は1株当たり422円、約17億円。

〔3〕名古屋の鎌倉文庫がトーハングループのらくだ書店に事業譲渡。
鎌倉文庫は日販を取次とし、名古屋に5店、岡崎に1店を展開している創業60年の老舗書店だが、後継者問題と今後の営業方針に関する日販との協議が折り合わず、トーハンとの今回の合意に至る。取次もトーハン帖合となり、トーハンより代表取締役が派遣される予定。

鎌倉文庫の宮川社長は最近まで東海日販会の代表世話人を務めていた。


【9月に入って立て続けに起きたこのような書店をめぐる状況は、いくつもの要因が重なり、

露出してきたと見なせよう。ひとつはいうまでもなく、雑誌の凋落による書店売上の大幅なマイナスである。鎌倉文庫は今世紀当初は15億円近い年商だったが、現在は半減してしまっているはずだ。それから文教堂と戸田書店は本クロニクル⑦を見てもらえばわかるが、「売上高ランキング」において、文教堂は売上高304億円、3億6900万円の赤字、戸田書店は売上高58億円、400万円の黒字だが、実質的に赤字と見ていい。文教堂や戸田書店は1980年代の郊外店出店ブームに併走することで、多店舗展開やFC展開を図り、成長してきた。だがこれも今世紀に入り、そうしたビジネスモデルがもはや時代状況に合わなくなってきたことは明白であり、多店舗、FC戦略によってチェーン網を維持できなくなってしまった。しかしそれは大型店展開を積極的に進めてきた丸善ジュンク堂にしても同様で、このビジネスモデルにしても実際に利益が上がるシステムとは思われない。こちらも売上高759億円であるけれど、赤字は4億4200万円で、今回の戸田書店との業務提携は双方のビジネスモデルが劣化した赤字会社の連携のようにも見えてしまうことは否めない。それに介在している取次の問題だが、やはり太洋社自主廃業スキームに絡んで芳林堂が自己破産し、その結果太洋社も自己破産へと追いこまれたことがトラウマになったにちがいない。本クロニクル②、③で、「太洋社の自主廃業スキームは、これまでなかった取次からの書店への売掛金の精算というパンドラの箱を開けてしまったこと」、そこから太洋社が自己破産に至るプロセスをトレースしているので、ぜひ参照されたい。今回もこの問題がそのコアにあるだろうし、戸田書店の場合、大阪屋栗田が丸善ジュンク堂というサブリースをかませたとも考えられる。文教堂にしても、現在200店舗のうちの44店は日販だが、トーハン帳合の残りの全店が11月に日販へと変更されるという。文教堂の場合、200億円の売上を失うトーハンとの精算はどうなるのか。だがこれらの問題の背後に見え隠れしているのは、日販にとってのCCC＝TSUTAYA問題であろう。CCCが展開した複合店FCシステムにしても、儲かるビジネスモデルとしてはもはや成立していない。雑誌の凋落はこの複合店FCシステムを直撃しているはずだし、直営店ばかりでなく、その誰が見てもわかる在庫削減はそれをあからさまに伝えている。それにまた『出版状況クロニクルⅣ』によって、あまりにも低い1店当たりの雑誌と書籍売上高が公表されたことも作用してか、店舗数を公表しなくなっている。またCCC＝TSUTAYAのチェーン網はFCのタブーとされる、FCによるFCの出店によって成立している側面もあり、雑誌の凋落による売上のマイナスはもはやそうしたチェーン網の維持を困難にしていると思われる。今年もあますところ3ヵ月となったが、何が起きてもおかしくない出版状況を迎えつつある。それを9月のこれらの書店状況は象徴している】

〔4〕 3月15日に破産手続き開始決定を受けた太洋社の第1回債権者集会が9月20日に開かれた。管財人の説明によれば、債権届けがあった債権者は1280人、届出債権総額は約28億円。これに対し、土地などの財産換価、売掛債権回収などは約21億円で、弁済率が60％になるとの可能性を示唆。

売掛債権は27億5820万円に対し、最終的な回収は7億4500万円。その理由は「多くは相手が破産していたり、事実上廃業していたり、なかには連絡すらできないところもあり、回収できる額はこの程度」とされる。

現在の売掛債権回収は7億3830万円、そのうちの6億7965万円は取引先書店、5089万円は取引先出版社からの買掛金赤残。

【端的にいってしまえば、売掛債権のほとんどは書店売掛金だったが、その7割以上が管財人のいう理由で回収できないと判断していいだろう。つまりすでに不良債権化していたのだ。それは出店の開店口座が必然的にもたらすもので、これも『出版状況クロニクルⅣ』で詳述している。太洋社の15年の売上高は171億円だったことを考えると、回収不能売掛金は結果的にその1割以上の20億円に達していたことにもなる。当初の太洋社の自主廃業との発表はこの書店売掛金が回収できるという想定下で進められたものであり、それは取次としての取引先書店の現在分析と状況判断が間違っていたことを浮かび上がらせている。それは太洋社だけの事実認識の間違いではあるまい。同じ構造の大手取次に共通するものだと考えられる。この事実は売上高の多寡を問わず、取次が追いやられている状況に他ならない。今月の1、2、3の書店をめぐる取次事情は、それがトーハンや日販や大阪屋栗田にも露呈していることを告げていよう】

〔5〕 JPOの「書店共有マスタ」によれば、2016年8月期の登録書店数は1万4215店で、前年比3・3%減となり、この1年で455店が減少。

1年間の新規出店は254店、閉店は740店で、このままいけば年内に1万4000店台を割ると予想される。

【15年の新規出店は227店、閉店は631店だから、閉店が加速しているとわかる。2001年から14年にかけての推移は『出版状況クロニクルⅣ』に収録。アルメディアの調査はまだ正式に発表されていないが、書店数はすでに1万3000店を下回ったと思われる。「出版人に聞く」シリーズ18の野上暁『小学館の学年誌と児童書』の中で語られているように、1960年代の書店数は2万6000店と見なされ、そのような書店状況において「学年誌」も100万部を達成することが可能だったのである。それは『暮しの手帖』のような雑誌でも同様で、90万部を発行していた。それがまさに半分になってしまったわけだから、雑誌が売れなくなるのは当然ということにもなろう】

〔6〕 平安堂長野店が一時休業し、11月にながの東急シェルシェ館へ移転して新装開店。これに伴い、古書売場は営業を終了。

【「出版人に聞く」シリーズ1の今泉正光『「今泉棚」とリブロの時代』のインタビューをしたのは、平安堂長野店の喫茶室においてだった。それは今泉がすでに退職していた2010年春のことで、あれからもう6年が過ぎている。その間に平安堂は他産業に買収され、社長の平野稔も亡くなってしまった。そのような時代と寄り添うかたちで、「出版人に聞く」シリーズを刊行してきた。そうして時は去りながらも、あらためて何の改革もなされることなく、6年が

経ってしまい、深刻な出版危機に至ったことを実感してしまう】

【7】「人文会ニュースNO.124」に、「書店現場から」として、宍戸立夫が「三月書房の『現在はどこにあるか』についての二、三のこと」を寄せ、最初のところで次のように書いている。

「出版業界はここ二十年来売上の減少が続いていて、うちの店のような個人経営の小書店は、この間にその八割以上が閉店されたのではないでしょうか。うちの店が何とかつぶれずに続いているのは、土地建物が自前で、家族以外の従業員がゼロであること、そして、どこにも借金がないことが主な理由ですが、インターネットとの相性がよかったことと、うちの店のある商店街が、今世紀に入ってから上向きであることも大きいようです。」

それは80年代に大型店の「スキマ狙いに転向し」、雑誌バックナンバー、マイナーな版元の本、在庫僅少本の仕入れを増やし、自主流通本も扱うことで、「大型書店よりも密度の濃い品揃えが可能となり、固定客の確保と、以前にはまったくなかった通信販売につながった。」

それに、会社整理となったペヨトル工房本、八木書店からの小沢書店やリブロポートの特価本が加わり、90年代末からはインターネット通販も売上に貢献した。しかしその「スキマ」をアマゾンなどが埋めるようになり、2000年代の半ば過ぎからは売上が落ち始め、現在は90年半ばの4割減という状況である。

それは常連客の大きな部分を占める団塊の世代が退職期を迎えたこともこたえている。そして次のように結ばれている。

「これからの見通しですが、いまだ下げ止まらない出版業界の売上はどこまで落ちたら底につくのか、あるいはいつまで持ちこたえられるのかはまったく不明です」し、「はてさてどうなることでしょう」と。

【この吉本隆明の書名とゴダールの映画をもじったタイトルの一文は、80年代から2000年代にかけて、「個人経営の小書店」が追いやられた状況、そうした中でのサバイバル事情が忌憚なく語られている。しかしこのような営業努力と自主的選書と仕入れと販売、三月書房の位置する商店街が上向きであること、常連客が多いことを考えても、90年代半ばの売上の4割減というのはリアル過ぎる。雑誌とコミックで売り上げの半分が占められる書店の場合は、ほぼ壊滅状態になってしまったことが了解されるであろう。】

〔8〕『ニューズウィーク日本版』(9／13)に「デジタル化に立ち向かう異色の古本屋の挑戦」として「ザ・ラスト・ブックストア」が紹介されている。

「最後の本屋」という名のこの店はダウンタウンのスラム街近くに店を構える古本屋。今や全米屈指の独立系書店として、シアトルやマンハッタンの定評ある書店と肩を並べる。いつかはロサンゼルスの文芸復興の象徴になるかもしれない。」

銀行が入っていた古いビルの広大な1階フロアと2階の一部に25万冊の本が並び、倉庫には20万冊の在庫があり、80％が古本である。

品揃えに加え、風変りな雰囲気は最高で、広々とした空間には荘厳さも漂う。

創業者のジョッシュ・スペンサーが創業したのは、全米でデジタル化の波が従来型の書店を閉店に追いこんでいた頃で、「最後の本屋」というのは滅びゆく運命と再生への意味がこめられている。

【7で三月書房が商店街との共存を語っていたように、「最後の本屋」もロサンゼルスという街を抜きにして語れないようだ。現在のロサンゼルスは本をめぐるコミュニティが多くの著者や読者を含めて成立しているようで、それがこの「ザ・ラスト・ブックストア」の背景にあるのだろう。実際に行かなくてもその雰囲気だけは掲載写真からもうかがわれるので、ぜひ見られたい】

〔9〕ブックオフの2017年第1四半期（16年4～6月）は売上高198億円で、前年比12%増だが、営業利益は4・6億円の赤字。

その主たる要因は中古本の不振で、売上は前年比4・8%減、買い取りも同5・0%減となっている。

【ブックオフの前年度の赤字に関しては、本クロニクル③や⑤で既述しているけれど、まさにブックオフにおいても「ブックオフ」化が進んでいるということになろう。この赤字状態が続くことになれば、ブックオフもまたFCシステムによって成立しているわけだから、フランチャイズチェーンを維持することが困難になってくるだろうし、その兆候は本クロニクル5でふれたように、すべてに顕著になってきたといえるだろう。前回のクロニクルで、ヴィレッジヴァンガードの赤字も伝え、ヴィレヴァンだけでなく、新古本産業にしても、レンタル複合店にしても、ビジネスモデルとしての寿命の限界を露出し始めているのではないかと書いておいた。それが同時進行的に現実化していると見なすしかない状況を迎えつつある】

〔10〕集英社の決算が出された。売上高は1229億円、前年比0・7％増。
売上高内訳は書籍129億円、同14・9％減、雑誌683億円、同4・5％減、そのうちの一般雑誌が315億円、同6・3％減、コミックが367億円、同2・8％減。
「その他」部門が318億円、同27・8％増。そのうちのweb部門が121億円、同48％増。

〔11〕光文社の決算も出された。売上高は237億円で、前年比0・2％増。
売上高内訳は雑誌88億円、同3・7％減、書籍36億円、同9・2％増、「その他」21億円、同40・8％増。

【集英社は増収増益、光文社は減収増益決算ではあるが、両者ともそれは「その他」部門、つまりdマガジンなどの雑誌配信収入、電子書籍などの売上増によって、かろうじて増収を果たしたにすぎない。光文社の書籍増収はレシピ本や文庫本のヒットによっているが、それが今年も続く保証はない。とすれば唯一の伸びが期待できる電子雑誌、電子書籍に力を入れるしかない。かくして雑誌と書籍はさらに落ちこんでいく】

〔12〕講談社の『群像』10月号が創刊70周年記念号として、過去に掲載された名作短編53作品を掲載する一方で、電子版の配信を始めた。

【『群像』だけでなく、『新潮』や『文学界』などの所謂文芸誌の行方が問われている。『群像』同号は7千部を発行しているようだが、通常号はそれよりも少ないし、『新潮』や『文学界』も同様であろう。文芸誌は永遠の赤字雑誌でありながら、出版社のアイデンティティとして発行され、それは文壇形成と新人輩出、そこから発生するベストセラーによって、その存在を許容されてきた。しかしもはや限界にきていることは誰もが承知しているし、電子版がその延命の手立てだとは思われない】

〔13〕アマゾンの電子書籍定額読み放題サービス「キンドルアンリミテッド」が、人気のあるコミックや写真集などをラインナップから外し始めている。
その理由として、アマゾン側から「想定以上のダウンロードがあり、出版社に支払う予算が不足した」「このままではビジネスの継続が困難」という説明があったとされている。

【前回の本クロニクルでも、「アマゾンアンリミテッド」にふれ、「数百社」に及ぶ参加出版社の一端を示しておいた。こうした事態を受け、大手出版社はすべての引き揚げを検討しているとアマゾンに通告したという。これが「キンドルアンリミテッド」の頓挫となるのかは、もう少し追跡してみなければわからない。なおマクロミルのアンケート調査によれば、「キンドルアンリミテッド」などの読み放題サービス利用経験者は9％、その1位と2位はコミック69％、

雑誌が36％、また読み放題サービスを知っている人は49％である】

〔14〕月刊『サーフィンライフ』などのマリンスポーツやファッション関連の出版物を刊行してきたマリン企画が破産手続きに入る。

マリン企画は1971年に設立され、96年には売上高30億円を計上していたが、その後、編集、製作部門を別法人化したこともあり、2015年には2億円にまで落ちていた。

関連会社と合わせて、負債は6億円。

【本クロニクルでも、趣味の共同体を表象する雑誌の休刊に何度もふれてきた。だが近年この分野に顕著になっているのは、その雑誌の休刊だけにとどまらず、それらを発行してきた出版社そのものが破産し、消滅してしまうという事態である。近代の趣味の終焉ということになるのだろうか】

〔15〕『日本古書通信』（9月号）で、近代文学研究者の大屋幸世の死を知った。彼は『蒐書日誌』（皓星社）、『大屋幸世叢刊』（日本古書通信社）の著者であった。

【大屋の死にふれたのは、彼が研究のかたわらで、「古本フェチ」を自称する収集家だったからだ。私見からすれば、研究者は論文を書く以上に古本を求め、購入するべきだと考えているのだが、彼はその一人であった。そのような近代文学研究者の系譜があり、彼らは必ず『日本古書通信』の寄稿者だった。古本を常に買っている研究者はそうでない研究者に比べ、文彩が異なっている。具体的に名前を挙げれば、紅野敏郎、谷澤永一、曽根博義、大屋幸世であり、彼らは近年相次いで鬼籍に入ってしまったことになる。そうして古本を買い、論文を書く研究者の系譜も、趣味の世界がそうであるように、次第に途絶えていくのかもしれない。なおこの『日本古書通信』で、元トランスビューの中島廣の「一身にして二世を経る」の連載が始まった。脳内出血から軌跡的に回復に至る日記でもある】

〔16〕『風船舎 古書目録』第12号、特集は「マッカーサーがやってきた1945－1952（1972）」である。

【もう忘れてしまったかもしれないが、団塊の世代を中心とする、この時代に生まれた子どもたちはオキュパイド・ジャパン・ベイビーズなのだ。そしてこの目録を繰っていると、このような敗戦後のGHQ占領下の社会状況の中で生まれてきたのだとあらためて思う。A5判300ページ、3000点近くに及ぶ様々な出版物はその時代へと戻るタイムマシンのような思いをもたらしてくれる。目録は風船舎HPから入手可能】

〔17〕遅ればせながら、ヴォルフガング・シュトレークの『時間かせぎの資本主義』（鈴木直訳、みすず書房）を読了した。

同書のサブタイトルは「いつまで危機を先送りできるか」とあり、その「危機」の由来と先送りの構造に言及している。先進国は1970年代に高度成長期は終わり、成長に基づく完全雇用と賃上げは危機を迎えていたが、実質的成長ではなく、インフレによる名目成長に肩代わりさせて、それを先送りした。

80年代には新自由主義が稼働し、規制緩和と民営化によって、国の負担は減り、資本の収益は上がる。

しかしそれは今世紀に入り、巨額の債務となって顕在化し、その危機は2008年のリーマンショックでひとつの頂点を迎えた。

そして今や世界は銀行危機、国家債務の危機、実体経済危機という三重の危機の渦中にあるというものだ。

【この『時間かせぎの資本主義』のチャートは日本の出版業界の危機の進行をなぞっているようでもある。70年代を迎え、出版業界も書籍と雑誌の売上が逆転し、雑誌とコミックの成長が支えとなるとともに、郊外店出店が始まり、書籍の再販委託制の改革が先送りされた。80年代は出店規制緩和とともに、郊外店と複合店の出店ラッシュとなり、90年代半ばまでの出版物売上高を成長させたかのように見えたが、それは見せかけに他ならず、書店のバブル出店であり、出版社のバブル新刊発行とともに出版危機を露《あらわ》にしていった。そして今世紀に入り、出版社、取次、書店の危機という三重の危機を迎えたことになる。かくして日本の出版業界もまた「いつまで危機を先送りできるか」という問題と向き合ってきたことになる】

クロニクル⑩　2016年10月

16年9月の書籍雑誌の推定販売金額は1374億円で、前年比2・9%減。書籍は717億円で、同3・2%減、雑誌は657億円で、同2・6%減。

雑誌内訳は月刊誌が545億円で、同2・0%減、週刊誌が112億円で、同5・8%減。雑誌は返品率の改善によりマイナス幅が抑えられているが、販売部数から見ると、月刊誌は7・0%減、週刊誌は8・4%減で、こちらのマイナスは相変わらずだといっていい。

店頭売上は書籍が3%減。これは『小説君の名は。』（角川文庫）のミリオンセラー化、『どんなに体がかたい人でもベターッと開脚できるようになるすごい方法』（サンマーク出版）の80万部が寄与している。

しかし雑誌のほうは定期雑誌がほぼ前年並みだが、コミック7%減、ムック6%減で、コミックは既刊分の落ちこみが深刻だとされる。

〔1〕　1月から9月までの出版物推定販売金額を示す。

■2016年 推定販売金額

月	推定総販売金額		書籍		雑誌	
	（百万円）	前年比(%)	（百万円）	前年比(%)	（百万円）	前年比(%)
2016年 1～9月計	1,118,690	▲3.2	576,225	0.2	542,464	▲6.5
1月	103,907	▲4.5	54,048	0.1	49,859	▲9.1
2月	147,551	▲0.1	84,425	9.8	63,126	▲10.9
3月	181,691	▲3.4	106,318	▲2.5	75,373	▲4.7
4月	125,936	▲1.1	61,201	6.5	64,735	▲7.4
5月	96,289	▲4.1	46,104	▲3.2	50,185	▲4.9
6月	114,721	▲3.4	54,312	▲1.2	60,409	▲5.4
7月	106,864	▲5.7	49,829	▲3.1	57,035	▲7.9
8月	104,259	▲4.7	48,277	▲2.9	55,982	▲6.2
9月	137,472	▲2.9	71,712	▲3.2	65,760	▲2.6

【9月までの販売金額は1兆1186億円で、前年比3・2％減である。2015年の年間販売金額は1兆5220億円だったので、この3・2％マイナスを当てはめると、16年度は487億円の減で、1兆4733億円前後と推測される。ついに1兆5000億円を割ってしまうことになろう。しかし9月段階での3・2％マイナスは少し改善されているように見えるが、通年で13年が3・3％、14年が4・5％、15年が5・3％であるから、下げ止まったわけではない】

〔2〕ニッテンによる「出版社売上金額2015／書店販売金額2009－2015」が出され、『出版ニュース』（10／中）に掲載されている。

『出版状況クロニクルⅣ』でも、それらをトレースしてきているが、今回は状況が切迫していることもあり、「2015年出版社3489社の年間売上総額」「出版社売上額推移」「2015年書店販売金額（389社）」の3つを示してみる。

【「出版社売上総額」は1兆7922億円で、前年比4・1%減。前年が1兆8691億円で、同1・4%減だったことからすれば、大幅なマイナスだったことになる。しかもそのマイナスは「1位から5位」までを除いて、全社に及んでいると見るべきで、雑誌のみならず、書籍にまで凋落が押し寄せていることがうかがわれる。ちなみに昨年は「151位から400位」まではプラスだったのである。とりわけ深刻なのは「6位から50位」までの出版社だろう。昨年

■2015年出版社3,489社の年間売上総額

売上順位	総売上額（100万円）	売上占有比（%）	前年比（%）
1位～5位	484,459	27.0	17.5
6位～50位	445,389	24.9	▲18.6
51位～100位	238,192	13.3	▲5.6
101位～150位	148,962	8.3	▲1.9
151位～200位	88,676	5.0	▲6.8
201位～250位	62,971	3.5	▲5.4
251位～300位	47,996	2.7	▲5.1
301位～350位	38,383	2.1	▲6.7
351位～400位	32,006	1.8	▲7.9
401位～450位	27,635	1.5	▲5.2
451位～500位	23,540	1.3	▲7.5
500社小計	1,638,209	91.4	▲4.0
501位～1000位	112,377	6.3	▲3.4
1001位～2000位	38,127	2.1	▲9.6
2001位～3000位	3,332	0.2	▲18.1
3001位～3489位	220	0.0	▲8.3
501～3489社小計	154,056	8.6	▲5.4
3489社合計	1,792,265	100.0	▲4.1

■出版社売上額推移

年	出版社数	総売上額（100 万円）	売上高前年比（%）
2015	3,489	1,792,265	▲ 4.1
2014	3,534	1,869,176	▲ 1.4
2013	3,588	1,894,864	▲ 6.7
2012	3,676	2,031,212	▲ 3.5
2011	3,734	2,105,542	▲ 1.1
2010	3,815	2,128,185	▲ 8.4
2009	3,902	2,323,247	▲ 5.7
2008	3,979	2,462,594	▲ 7.2
2007	4,055	2,653,177	▲ 1.0
2006	4,107	2,680,242	▲ 0.1

■ 2015 年書店販売金額（389 社）：単位 100 万円

売上規模	企業数	店舗数	売上高	前年比（%）	1 店舗当平均売上高
200 億以上	12	1,501	500,584	▲ 9.6	333.5
100 億～ 200 億未満	10	425	147,261	▲ 0.8	346.5
50 億～ 100 億未満	24	660	184,700	▲ 9.2	279.8
30 億～ 50 億未満	17	249	62,122	5.4	249.5
20 億～ 30 億未満	13	153	33,002	12.4	215.7
10 億～ 20 億未満	50	273	68,829	▲ 15.7	252.1
5 億～ 10 億未満	79	249	54,371	▲ 3.2	218.4
5 億未満	184	302	52,366	0.1	173.4
合計	389	3,812	1,103,235	▲ 6.5	289.4

の５４７１億円、シェア29・27％、前年比２・１％減が、４４５３億円、２４・９％、１８・６％減となり、売上は１０００億円、シェアは５％近く落ちこみ、マイナス幅はほぼ９倍に達しているからだ。「出版社売上額推移」にしても、この10年で出版社は６００社以上減り、総売上額にしても、９０００億円近いマイナスとなっている。２０１５年でも出版社総売上の９１・４％は上位５００社で占められているので、出版社減と総売上額減の相関を詳らかに指摘できないけれど、出版の多様性が失われていった10年間だと見なせよう。なぜならば、出版の多様性とは小出版社が担ってきたものであり、消えていった出版社にしても、多くが小出版社であったことはいうまでもないからだ。「書店販売金額」のほうも３８９社ではあるけれど、１兆１１０３億円、前年比６・５％減で、「出版社売上総額」のマイナスとパラレルである。15年で特徴的なのは「２００億以上１００億未満」、店舗数というと、２５８６店の大型店が軒並みマイナスとなっていることに尽きるだろう。「２００億以上」は９・６％減、「50億～１００億未満」は９・２％減で、「１００億～３００億未満」はかろうじて０・８％減であるけれど、これは出店による影響も考えられるので、実際には同様のマイナスも推測される。これらが２０１５年の出版社と書店の売上、販売金額をめぐる状況だが、さらに売上が落ちこみ、返品率も高止まりしたままの16年状況はどのようなものになるのか、本当に予断を許さない時期を迎えていることだけは確かだと思われる】

〔３〕 文教堂ＧＨＤは11月１日から３１５店舗をトーハン、共栄図書から日販へと変更。

【これは前回のクロニクルでも既述したように、DNPが日販に株式譲渡し、日販が筆頭株主となったことに伴う処置である。だがこの場合、文教堂とトーハンの清算はどのようなかたちで処理されるのだろうか。その一方で、平安堂が2014年に日販からトーハンに帳合変更した際に、日販が「一方的な解約」だとして、平安堂などに3億8000万円の損害賠償を求め、民事訴訟を起こしていた。それがこのほど平安堂は日販に対し、解決金500万円を支払うことで和解が成立した。今回の文教堂の場合、日販とトーハンの立場は逆になったわけであるが、わずか数ヵ月でのトーハンから日販への帳合変更は何の問題もなかったのだろうか。平安堂と日販の間にあった「債務確認並びに取引継続の覚え書き」に準ずるものが、文教堂とトーハンの間にも交わされていたと考えるほうが妥当だろう。文教堂の帳合変更にはまだ明かされていないいくつかのアポリアが潜んでいるように思われる。なお文教堂GHDの決算は321億5500万円、前年比3・5%減、営業損失8500万円、経常損失7200万円。親会社株主に帰属する当期純損失は3億3100万円】

〔4〕　トーハンがあおい書店の全株式取得。

これはトーハンの100%子会社ブックス・トキワを通じてである。譲渡金額は非公表。

トーハンはあおい書店に代表取締役を派遣する。

あおい書店（東京）は名古屋市のあおい書店から会社分割によって9月に設立され、東京を始めとして19店舗、合計売上高は50億円とされる。

ブックス・トキワの社長はトーハンの近藤敏貴副社長で、らくだ書店を運営するらくだの株式を所有している。

【本クロニクル③でもあおい書店のゲオへの移行を伝えてきたが、あおい書店とトーハンの関係、及びその業態や運営方針がよくわからない会社であった。それも含めて、ここで明らかになったのは、ブックス・トキワもらくだ書店もトーハン傘下となっていた事実である。このことから考えると、3にも象徴されるように、現在の書店はトーハンと日販の帳合というよりも、これまで明らかになっているよりもさらに多くが、水面下で子会社化されていることになろう】

〔5〕 取次の東邦書籍が自己破産。

【東邦書籍は1950年創立で、神田村取次の一社であり、静岡の吉見書店の取次として知られていた。3で文教堂と共栄図書の取引を記したが、共栄図書も神田村取次として学参を専門とし、文教堂の他に三省堂、戸田書店をメインにしていたはずだ。戸田書店も丸善ジュンク堂と提携したことで、共栄図書も外れることになるだろう。共栄図書は協和出版販売と同じくトーハン傘下となっているにしても、大きなダメージであることは間違いない。栗田や太洋社だけでなく、専門小取次にも危機は否応なく訪れている】

〔6〕 中堅取次5社の共同集品を担っていた出版物共同流通センターが11月で業務を終了し、解

散。

出版物共同流通センターは1970年に大阪屋、栗田、中央社、日教販、協和出版販売の5社の共同集品のための出版物共同受品センターとして発足し、78年に株式会社として法人化していた。

【5社のうち協和出版販売は5に示したようにトーハン傘下となり、栗田は大阪屋と統合したことによって、もはや共同集品する意味と機能を失い、コストも合わなくなっていたのだろう。共同集品対象の出版社は古い版元が多いのだが、各取次ごとに対応せざるをえないことになった。一例を挙げておけば、栗田の場合、埼玉県戸田市の注文輸送課に直接納品ということになる】

〔7〕 講談社はアマゾンの電子書籍読み放題サービス「キンドルアンリミテッド」で、1000タイトルを一方的に削除されたとして、「同サービスにおける講談社作品の配信停止につきまして」という抗議声明を発表。

【これは光文社も同様で、こちらは全550タイトルとされる。この問題は前回も取り上げているが、この削除はダウンロード数が想定以上に及び、規定料に上乗せして料金を支払う契約だったために、支払額がかさみ、アマゾンの予算が不足したからだと伝えられている。またアマゾンは契約の見直しも求めていたようだ。その後の講談社の抗議とアマゾンの対応などは何も報道されていないので、例によってアマゾンの秘密主義の内側で処理されたことになるのだ

ろうか。電子書籍の販売と流通の問題を象徴的に浮かび上がらせたことになろう】

〔8〕　講談社が一迅社の全株式を取得し、グループ傘下に収める。

一迅社は2005年にスタジオディー・エヌ・エーと一賽舎が合併して設立され、オタク系コミックやライトノベルの分野でシェアを高め、10年間で年商44億円を計上するに至っている。

【一迅社のコミックはブックオフで棚が作られているのを見て、その分野の一角を占めていることは知っていたが、読んだことはないので、コメントする立場にない。それに年商額も驚きであった。一迅社から持ちかけたとされる資本提携の目的は、電子書籍や海外展開をめざしての大きなビジネスインフラの必要性から、講談社側はマンガ家とコンテンツがかぶっておらず、競合しないことを挙げている。確かにそれらを肯うにしても、一迅社にしてみれば、現在の出版流通システムの解体の中で、これ以上の成長は難しいことから、講談社という大きなビジネスインフラへと身を寄せたと判断できる】

〔9〕　エンターブレインの『月刊コミックビーム』編集総長の奥村勝彦が「ビーム緊急事態宣言」を発している。

それは「ビームがとにかく売れていない」「ビームだけではないマンガ雑誌自体がこのままではなくなってしまうのではないか」というもので、そのために月額1980円のプレミアムサービス「読もう！　コミックビーム」を10月1日からスタートさせている。

その奥村に「ねとらば」が「スマホが漫画市場を一変させた」に始まる、かなり長いインタビューをしている。

【私は『出版状況クロニクルⅣ』で何度も取り上げているように、「ビームコミックス」のファンで、その大半を読み、エンターブレインの奥付にある奥村の名前も覚えてしまったほどだ。おまけに本ブログでカネコアツシの「ＳＯＩＬ論」（『郊外の果てへの旅／混住社会論』所収）まで書いてもいる。近年は『テルマエ・ロマエ』がヒットしたので、奥村の漫画エディターシップは健在であり、まだ行けるのではないかとの希望的観測を抱いていたが、そこまで追いつめられているとは思ってもみなかった。いがらしみきおが『誰でもないところからの眺め』（太田出版）の「あとがき」で、「漫画家も追い詰められています。そして出版社も」と述べていたが、それがミリオンセラーも出したエンターブレインにも及んでいたことになる。また**8**の一迅社の講談社傘下入りも、このような状況に密接にリンクしているのだろう。その意味において、一迅社に先駆け、エンターブレインがKADOKAWA傘下となっていたのは賢明な選択だったということになる。ただその先がどうなるかはわからないにしても。それらはともかく、奥村へのインタビューはずっと漫画の最前線にいた彼の実感のにじむもので、電子コミックへの言及も含め、教示されることが多いので、ぜひ読んでほしいと思う。本クロニクルに引きつけて、ひとつだけ述べておけば、雑誌の時代が終わろうとしていることが示唆される。そして奥村は漫画雑誌がなくなってしまった場合、それでも漫画は成立するのかと問うているのである。まさしく日本の漫画とは雑誌の嫡子ともいうべき存在で、彼ら／彼女らは働き者で、全員がよく稼ぎ、本家ともいうべき出版社に財をもたらしてきたのである。その両親ともいうべき雑誌がなくなれば、出版社自体はどうなるのか。奥村へのインタビューの向こうには、そのような問いもまた生じていることになろう】

〔10〕 音楽専科社が自己破産。負債は同社が3億6954万円、関連会社の連合通信社が1699万円で、合わせて3億8653億円。

音楽専科社は1966年設立で、『音楽専科』を発行し、90年にはヴィジュアル系ロックバンド専門音楽誌『SHOXX』、2007年にはアニメ声優専門誌『Pick-up Voice』を創刊し、その他にも写真集やムックなども刊行してきた。

98年には年商21億円を計上していたが、近年は2億5000万円となっていた。

【雑誌出版社の場合、メインとする雑誌部数が減少していくと、それをV字回復するのは困難で、新雑誌を出してマイナスを埋めようとするのだが、これも難しいことに変わりはない。音楽専科社もそのような軌跡をたどったはずで、売上がほぼ10分の1になってしまったことは、それを如実に物語っている】

〔11〕 小学館の『小学二年生』が12月発売の2017年2・3月合併号で休刊。

1925年創刊で、73年には111万部を記録していたが、現在は6万部だった。

2010年の『小学五年生』『小学六年生』、12年の『小学三年生』『小学四年生』の休刊に続くもので、残された学年誌は『小学一年生』だけとなる。

【それこそ小学館はこれらの学年誌を創刊することで始まっていたわけだから、ほぼ1世紀近くを経て、自らその休刊を見届けたことになる。これらの雑誌の全盛時代は野上暁『小学館の学年誌と児童書』(「出版人に聞く」シリーズ18)に詳しい証言がなされているので、関心のある読者はぜひ参照してほしい】

〔12〕 2と関連する出版社の売上だが、岩田書院の「新刊ニュースの裏だより」No.969が「売上げが20年前の水準に落ちた」という次のような一文を発している。

「今年7月の地方小出版流通センターからの入金が153万円だった。これは1995年以来の低水準(同年11月:147万円、12月:155万円)。この年は創立2年半で、刊行点数も40点である。その売上高と、創立23年・刊行点数970点を超えている今の売上高とが同じってどういうことよ。地方小は、岩田書院の書店経由の90%以上を占める。今年の7月分は、大阪のジュンク堂難波店の閉店にともなう返品もあったりして、ただでさえ少ない売上げが、削られた。

以前は、週2回の納品で毎回50万円、それに新刊の売上げが入って、月500万円くらいあったが、最近は1回の納品が30万円以下、月300万~400万円で推移している。この売上で大丈夫か、って? もちろん大丈夫じゃない。この他に、出版助成金やら編著者の買上げや、個人への直販の売上げなどがあって、なんとか回っている。

と言っているうちに、8月も終わったが、8月の総売上が280万円しかない。これまた1995年と同じ水準である。こうして、だんだん企業規模が元に戻っていくんだろうな。」

【民俗学専門書出版だといっても、岩田書院はここに述べられているように、刊行点数は970点を超えているのに、7月の取次入金が153万円しかなかったという台所事情が実に率直に語られている。それにしても、創立時の刊行点数40点の頃と売上高がほとんど変わらないとは「どういうことよ」と岩田のみならず、読んだ方も驚くであろう。だがこれが出版社のひとつの恐ろしい現実であり、取次が地方小でなければ、逆ザヤになっていたことも考えられる。それればかりが、8月も「総売上」が280万円で、9月、10月は大丈夫だっただろうかと他社のことながら、心配になってくる。順序は逆になってしまうが、「同裏だより」No.973では「DM縮小計画」が語られ、一回分として265万円かかっているが、効果も薄く、早急に見直さなければならないとも書かれている。それで思い出したが、大宮の友人の葬式参列のために京浜東北線に乗った際に、目の前にいた乗客が何とこの「裏だより」を読んでいたのである。この人も岩田書院のDMを送られていた一人だろうが、このところ買っていない私も含め、見直しで外されるかもしれない】

〔13〕 ゲーテ書房が自己破産。

ゲーテ書房といっても知らない人のほうが多いと思うが、ドイツ語、辞書、文芸書、哲学書、絵本などの輸入販売をメインとしていた。

アマゾンなどにより、売上が落ちこみ、負債は2億5000万円。

【前世紀までは欧米の書籍は専門の小書店に頼ることが多く、それらは新刊輸入目録も発行していたからだ。私の場合はフランス図書をずっと利用していた。澁澤龍彦は第三書房だったようだ。なお和書は鎌倉の邦栄堂書店だったという。しかしアマゾンの台頭によって、それらの専門小書店が駆逐されていったのである。私にしても、洋書はマーケットプレイスもあるので、ついアマゾンを使ってしまうし、新刊であれば、届くのも早いからだ。1970年代にはペーパーバック1冊を買うのに数ヵ月待ったことを思い出す。大学の近くにあった小さな洋書店がなくなったのはいつのことだったのだろうか。そのようにして時代も変わってしまったことも】

〔14〕 太洋社の破産に伴い起きていた、出版協の緑風出版など8社の芳林堂高田馬場店の選択常備問題は、トーハンが伝票切替に応じ、常備納品伝票を受領したことによって解決した。

【これは本クロニクル⑧でも既述しておいたが、太洋社破産管財人、トーハン、出版協などの五者協議によって、ようやく解決を見たことになる。緑風出版の高須次郎によれば、根本原因は太洋社が選択常備出版社リストとその明細を出さなかったことにあり、これが解決したのは太洋社の管財人の了承があり、切り替えられたというのがポイントだとされる。このような問題はこれからも続いていくことが予測される】

〔15〕　岩波ブックセンター会長の柴田信が亡くなった。

【現役のままの86歳の死であり、あやかりたいと思うが、それはとても無理だろう。柴田に関しても、『出版状況クロニクルⅣ』でも何回も言及してきたし、最後に会ったのは、2014年の元講談社の鷲尾賢也のお別れの会だった。久しぶりに会ったので、来月の出版状況クロニクルにあなたのことを書きますといったら、とてもうれしそうな顔をしたことを思い出す。ただ業界紙などにも掲載されることなく、亡くなった出版関係者も多いはずで、これからはそういう人たちのことも記しておくことを心がけたい】

〔16〕　日本古書通信社から、若狭邦男の『探偵作家発掘雑誌』第一巻が刊行された。

【戦後のカストリ雑誌に見られる八切止夫を始めとする探偵作家の探求であり、このような発掘はこの著者しかできないと思われる。それは公共図書館や大学図書館ではなく、地道な個人の収集と探索によるしかないからだ。この一冊を通読するだけでも、戦後の出版業界の始まりが混沌といかがわしさの中にあり、そこにもはや想像できない出版物の放つ魅力すらもこめられていたのだろう。それに比べて、現在もまた第二の占領下だと思われるが、出版物のエネルギーはどこかに消えてしまったようだ】

〔17〕　「出版人に聞く」シリーズ20、河津一哉、北村正之『「暮しの手帖」と花森安治の素顔』は10月中旬に発売された。「日本の古本屋メールマガジン」に北村による紹介「天才編集者花森安

治のもとで薫陶を受けた日々をふり返る」が掲載されている。

クロニクル⓫　2016年11月

16年10月の書籍雑誌の推定販売金額は1079億円で、前年比12・1％減。書籍は499億円で、同15・1％減、雑誌は579億円で、同9・3％減。

雑誌内訳は月刊誌が464億円で、同8・5％減、週刊誌が115億円で、同12・3％減。

今年最大のマイナスである。送品稼働日が前年より2日少ないことにもよっているが、出版業界の現在を象徴するようなマイナスだといっていい。

返品率も書籍が41・8％、雑誌が43・2％と、またしても上昇している。

店頭売上は書籍が5％減、雑誌の定期誌はこれも5％減だが、ムックは6％減、コミックは12％減である。
11、12月はどうなるのかという年末状況の中で、16年が暮れていこうとしている。

〔1〕日販の『2016年出版物販売額の実態』が出され、その「販売ルート別出版物推定販売

■販売ルート別推定出版物販売額2015年度

販売ルート	推定販売額（百万円）	構成比（%）	前年比（%）
1. 書店ルート	1,159,593	64.6	94.6
2. CVSルート	190,341	10.6	87.9
3. インターネットルート	172,700	9.6	106.2
4. その他取次経由ルート	81,359	4.6	93.3
5. 出版社直販ルート	191,163	10.6	95.4
合　計	1,795,156	100.0	94.9

金額２０１５年度」が『出版ニュース』（11／中）に掲載されている。それを示す。

【15年の「販売ルート別出版物推定販売金額」はこれまでと「販売ルート」分類が異なっているので、まずこれに言及しなければならない。ここにはそのことに関するコメントが付されていないからだ。これは『出版状況クロニクルⅣ』を見てくれればわかることだが、これまで「販売ルート」は書店、ＣＶＳ、インターネット、生協、駅売店、スタンドで構成されていた。しかし15年度は生協、駅売店、スタンドが「その他取次経由ルート」に一本化され、それに新たに「出版社直販ルート」が加わる新しい構成となっている。念のために付け加えておけば、「インターネットルート」は紙媒体だけの推計。「その他取次経由ルート」は大学生協、駅、スーパー・ドラッグストア等のスタンド店、二次卸を経由した出版販売額。「出版社直販ルート」は出版社が取次を通さず、販売店や読者へ販売した出版販売額である。そのような新しい販売ルート別15年の出版物推定販売額は、１兆７９５１億円で、前年比５・１％減ということになる。14年の１兆６０９９億円、前年比４・４％減は、

出版科学研究所の推定販売金額1兆6064億円とほぼ同じであった。15年の後者は1兆5520億円であるので、前年の35億円に対して、2431億円の較差が生じてしまっている。それはひとえに「その他取次経由ルート」と「出版社直販ルート」の導入によっている。とりわけ新たな「出版社直販ルート」の数字はどこからどのようにして加えられたのだろうか。それはマイナスにしても同様である。前回の本クロニクルで、ニッテンによる2015年の出版社売上額が1兆7922億円だったことを既述しておいたが、15年の「販売ルート別出版物推定販売金額」は出版科学研究所のデータではなく、こちらに合わせていて、所謂ゲタをはかせているという印象を否めない。そこには日販ならではの思惑もこめられているのだろうか】

〔2〕『出版ニュース』同号には**1**に示したCVSルートの「出版物売上高と扱い比率」も掲載されているので、それも引いておく。

【ついにコンビニ上位8社の年間総売上高は10兆円を超えた。しかし出版物売上高は14年の2002億円に対して、15年は1782億円で、前年比11％減となっている。**1**でもCVSルートは1903億円、同12・1％減とマイナス幅はそれを上回っている。15年における雑誌のつるべ落としのような凋落が、コンビニを直撃しているとわかる。16年はそれが加速しているわけだから、もはやコンビニで出版物の流通販売がコストに見合うのかが問われることになろう。ガソリンの値上げともなれば、取次は耐えられないだろう。ちなみに14年はセブンイレブンが420万、ローソンが380万、ファミリーマートが370万円と、かろうじて日商1

■CVSの「出版物売上高と扱い比率」2015年度

順位	企業名	年間総売上高（億円）	店舗数	14年店舗数	1店舗当売上高（百万円）	出版物取扱い比率（%）	出版物売上高（百万円）	1店舗当出版物売上高（百万円）
1	セブンイレブン	42,911	18,572	17,491	231.1	1.6	68,101	3.66
2	ローソン	23,605	12,395	12,276	190.4	1.7	40,626	3.27
3	ファミリーマート	20,056	10,834	10514	185.1	1.7	33,944	3.13
4	サークルK・サンクスジャパン	9,367	5,991	5,990	156.4	1.7	16,098	2.68
5	ミニストップ	3,363	2,221	2,151	151.4	2.4	8,159	3.67
6	デイリーヤマザキ	1,864	1,518	1,533	122.8	3.3	6,137	4.04
7	セイコーマート	1,848	1,180	1,168	156.6	1.2	2,164	1.83
8	NEWDAYS	1,019	502	508	203.0	3.0	3,013	6.00
	8社　計	104,033	53,213	51,631	195.5	1.7	178,242	3.34

万円を保っていたのが、15年はそれを割りこんでしまっている。ちなみに**1**とは逆で、14年までは「1店舗当出版物売上高」も出していたのに、本クロニクルで言及されることもあってか、15年はそれを外してしまっている。したがって今回の表に示されているのは、本クロニクルによるものである】

〔3〕「岩波ブックセンター」を経営する信山社が破産。負債は1億2700万円。

【前回のクロニクルで、会長の柴田信の急逝を伝えたばかりだが、その1ヵ月後に信山社も破産を余儀なくされたことになる。これは柴田の信用と看板で、かろうじて岩波ブックセンターも存続してきたことを意味していよう。その店舗はどうなるのであろうか】

〔4〕『週刊東洋経済』（11／19）に「ドコモの雑誌

読み放題『dマガジン』の成功の秘訣」という記事が掲載されている。

それによれば、雑誌も79誌から168誌に増え、2015年に200万だったユーザーは16年には300万を超え、毎月12億円の売上で、年商は144億円に達するとされる。

その一方で、出されたばかりの日本ABC協会の16年の上半期の「ABC雑誌販売部数表」(『文化通信』11／21掲載)を見ると、「dマガジン」などの読み放題ユニークユーザー(UU)数は83誌合計で、473万部、15年下半期比64・1%増となっている。そのトップは『FLASH』で、紙の9万部に対し、15万部を超え、同71・6%増、続いて『週刊文春』が紙43万部に対し、13万部に及び、同220%増である。

【『FLASH』が「dマガジン」で紙の倍近く読まれていることに驚き、あらためて「ABC雑誌販売部数表」を確認してみると、紙を上回っているのは『FLASH』だけではないのである。それらは『SPA!』『MEN'SNON・NO』『Casa BRUTUS』『UOMO』『おとなの週末』『日経ビジネス アソシエ』など全部で18誌に及んでいる。このような「dマガジン」の成長による紙との部数の逆転は、さらに起きてくると考えられるし、もしユーザーが400万を超えれば、この「ABC雑誌販売部数表」の見取図も様変わりしてしまうかもしれない。またそれが同様に書店に与える影響も含めて。だが今回意外だったのはデジタル版のほうはもはや成長が止まったようで、最大部数の『日経ビジネス』にしても3万7千部で、次が『日経TRENDY』の6千部で、前者はまだ伸びているが、後者は減少している。やはり毎月400円で読み放題という「dマガジン」のコンセプトが「成功の秘訣」ということに

なろうか。だがそれが雑誌の編集、取次や書店の雑誌の流通や販売に与えていく影響を見極める必要も生じてきたことになる】

〔5〕アマゾンの電子書籍読み放題サービス「キンドル・アンリミテッド」の削除問題に関連するレポートが続いている。それらを挙げてみる。

『選択』（11月号）の「日本で『独り勝ち』アマゾンの異変」は日本人の広報部門のトップやキンドル事業本部長の退社、シアトル本社から送りこまれた米国人広報、それとパラレルに起きた公取委による立ち入り検査と「キンドル・アンリミテッド」問題に関しての言及である。

それによれば、アマゾンの削除問題は出版社との信頼関係よりも、シアトル本社の意向を受けたものだとされ、「今回のキンドル・アンリミテッド問題では『出版社優先』というのがお題目に過ぎないことを露呈した」とも述べられている。

『FACTA』（12月号）の「アマゾン『読み放題』破綻の真相」は『選択』よりも出版社寄りで、講談社、小学館、光文社、朝日新聞出版だけでなく、20の出版社の作品が一方的に削除されたこと、それに対し、アマゾンは説明も謝罪もしていない。それは新しい米国人広報者が日本語を一言もしゃべれず、まったく対応できないことにあるとされている。また『選択』での二人の他にも日本人法務スペシャリストの退社、さらに書籍事業本部担当のバイスプレジデントの退社も噂されているという。これらの一連の出来事を「シアトルの再植民地化」と結論づけている。

『週刊東洋経済』（11／19）にも「アマゾン読み放題なおも続く全削除」が掲載されているが、

これは先の2つの記事と重なるので言及しない。

また『週刊エコノミスト』（12／6）の「出版の未来」特集も、ほとんどが電子書籍の側からの一方的言説なので、これも同様である。

【アマゾンの売上は1兆円に迫り、出版物に関しても2千億円を超えたとも伝えられている。また昨年からアマゾンと直取引を開始したKADOKAWAの販売冊数が3割に達したという話も聞こえてくる。しかし出版物売上に限っていえば、近年の雑誌の凋落に見られるように、アマゾンですらもピークアウトし始めているのではないかという推測も成り立つであろう。コンビニにおける雑誌売上の凋落とも関連するけれど、ピークアウト後のアマゾンにおける出版物対応はどうなるのか、「キンドル・アンリミテッド」の一方的な削除問題と同様のことが起きてくるかもしれない。それは出版社のみならず、取次との関係にしても同じことが考えられる。しかし最も問題なのはそうしたアマゾン絡みの取引に関して、リスクヘッジをかける戦略も余裕も、現在の出版業界からは失われてしまっていることだろう】

〔6〕　日本電子図書館サービス（JDLS）はDNPと同グループのTRCと資本提携し、JDLSの第三者割当増資の1000万円をDNP、1億1000万円をTRCが引き受けた。

JDLSは2013年に紀伊國屋書店、講談社、KADOKAWAの3社によって設立され、今回の割当増資でDNPグループと3社は、それぞれ25％の出資比率となった。

JDLSは電子図書館サービス「LibrariE（ライブラリエ）」を展開している。DNP

はＴＲＣと丸善雄松同のグループ会社2社と共同で電子図書館システム、及び日本ユニシスとのクラウド型電子図書館サービスを提供し、現在は50の公共、大学図書館で利用されている。

今回の資本提携で、ＤＮＰグループは取扱いタイトル数が合わせて4万点となり、中高図書館への電子図書館システムの導入を進めていく。そして18年には累計8万タイトルの販売と２００自治体での電子図書館サービスの導入を見込んでいる。

【この資本提携の狙いはコンテンツを増やすことによって、ＴＲＣを通じての公共図書館や中高図書館への電子書籍の拡販にあると考えられる。しかし雑誌のデジタル版の伸び悩みを見たばかりであり、電子書籍が図書館市場において浸透していくかは難しいし、それこそこの提携がそのことを告げているのではないだろうか。電子出版制作・流通協議会の『電子図書館・電子書籍貸出サービス調査報告２０１６』によれば、電子書籍貸出サービスを実施する図書館は53館でしかない。その導入が進んでいない理由として、コンテンツの価格と少なさ、予算の確保、電子書籍貸出サービスの実施に対する知識の欠如、電子書籍サービスの継承に対する不安などが挙げられている。それはもっともで、これは電子書籍とは関係ないけれど、どの図書館も相当量のＶＨＳビデオを抱え、ほとんどがデッドストックになってしまったことを目の当たりにしているからであろう。ＤＶＤやブルーレイに移行することで、ハードその物がなくなってしまい、貸出も途絶えてしまっていると思われる。例えばこのようなＪＤＬＳとＤＮＰグループの提携のかたわらで、トーハンが12年に始めた書店店頭での電子書籍販売システム「c-shelf」の停止を発表してもいる。トーハンは新たな電子書籍店頭販売システムの仕組みを

検討しているとの言だが、これで打ち止めと考えるべきだろう】

〔7〕 書協の文芸小委員会が、全国2600の公共図書館の館長宛に文芸書などの購入や寄贈に対する要望書を送付。

「出版界からの声と住民との要望のバランスに配慮され、文芸書・文庫本の購入や寄贈に、格段のご配慮を」というものである。

【『出版状況クロニクルⅣ』で、15年11月における新潮社の佐藤信隆社長の公共図書館に対する、新刊本の1年間の貸出猶予を求める要望書を出すとの発言を紹介しておいたが、それが今回の要望書となったのであろう。しかし一方で、新潮社は画期的労作と呼んでいい梯久美子の『狂うひと』を刊行したばかりである。これは島尾敏雄の『死の棘』の謎に肉迫した作品で、戦後文学のコアすらもえぐっているように思える。それは同時代の他の文学者たちの問題へともつながっているのではないだろうか。それはともかく、この新刊は定価が3000円であることからすれば、初版部数は少なく、書店への配本も同様だった推測できる。だがこのような1冊こそ全国の2600の公共図書館は購入すべきであり、そのことによって広く読まれ、新潮文庫の『死の棘』も新たなベストセラーとなり、それが島尾文学ルネサンスに繋がっていくことを夢想してみる。もちろんそんなことはありえないにしても、このような要望書を出すより、そうした図書館における一冊の本と読者の出会いを考えたほうが楽しいし、図書館の現場に対しても訴求力があると信じたい。書協の文芸小委員会なるものが、どのようなメンバーによって構成されているか知らないけれど、図書館の現場を考えれば、このような要望書が単なるパフォーマンスでしかないことは自明のように思える】

〔8〕雑協は取協とコラボレーションし、初めての「12月31日特別発売日」を設定し、雑誌129誌、書籍40点、部数にして雑誌700万部、書籍100万部を書店とコンビニで全国一斉発売する。

【『新文化』（11／17）にその「発売予定タイトルの一部（雑誌扱い）」として、70誌の一覧が掲載されている。だが雑協の「雑誌価値再生委員会」がいうところのすべてが「特別版」で、「家族全員で書店に行った時に、誰もが欲しいものに出会えるタイトルが揃った」企画だとは思われない。また「特別発売日」のベースにある「子どもたちもお年玉をもらってお金を使いたくて仕方がない。そんな時に書店で買える新刊がない」という発想自体がアナクロニズムではないのか。現在はドラえもんの時代ではないのだ。それに書店は1万4千店を割り、もはや近くに書店もないこともめずらしくない。ところがコンビニは5万店を超えていることからすれば、書店よりもコンビニのための「特別発売日」となってしまうのではないだろうか。単価500円で800万部、消化率60％でも24億円の市場を創出といっているのだから、「雑誌価値再生委員会」はその結果報告を義務とすべきだ】

〔9〕創文社の『季刊創文』（第23号／秋）が届き、本号で終刊となること、2017年3月まで

新刊書籍を刊行し、その後、20年まで書籍販売を継続し、同年で解散することが述べられ、そこに至る経緯と事情も記されているので、それを引いておく。

「弊社は、一九五一年（昭和二六年）に産声を上げ、爾来七〇年弱、創業者久保井理津男の「良書は一人歩きする」という強い信念のもと、人文社会科学の専門書出版社として「出版の王道」を歩んでまいりました。しかし時代は変わり、日本経済の長引く停滞、および大学予算の縮小化に伴う大学図書館への販売の低迷、さらには学術論文、博士論文の電子化・オンライン化という事態にさらされ、紙媒体専門の学術書専門出版社の経営は、大きな打撃を被ることとなりました。

日本文化の一役を担う出版社の経営は、一般企業の経営とは明らかに異なる「こころざし」をもって当たらねばなりません。しかし、だからと言って社会の成員としての責任を免れるものではございません。

これまで、創文社の出版活動をご支持下さってきた、著者の先生方、および取引業者の方々に、経済的なご迷惑をおかけしないために、この度の決断と相成りました。」

【本クロニクル⑦で、創文社の解散は既述しておいたが、このような知らせを実際に目にすると、近年の人文科学専門書出版社の苦境がリアルに迫ってくる。同号には稲垣良典の「創文社、『神学大全』と久保井さん」が掲載され、１９６０年に始まり、２０１１年に全訳にこぎつけたトマス・アクィナス『神学大全』翻訳の長い歩みが語られている。これはまさに創文社としての「出版の王道」を伝えるもので、ぜひ読んでほしいと思う。先日久しぶりに早稲田の古本屋街を歩いたのだが、営業している店は少なく、その閑散とした光景にショックを受けた。確実にひとつの時代が終わろうとしているのだろうし、創文社の解散や信山社の破産もそれとリンクしていることになろう】

〔10〕 雑誌『旅と鉄道』や『ＳＩＮＲＡ』を発刊する天夢人がインプレスホールディングスに株式を売却し、グループ傘下に入る。

同社は正社員12人で、年商3億4千万円の黒字経営。

【前回の本クロニクルでも、コミックやライトノベルの一迅社の講談社傘下入りを伝えたばかりだが、天夢人もまたこのような出版状況下において、雑誌の販路拡大のためのデジタル事業のノウハウと財源もないこと、後継者も決まっていないことからの判断だとされる。それから『旅と鉄道』は朝日新聞出版、『ＳＩＮＲＡ』は新潮社を発売所としていたので、統合する必要にも迫られていたのだろう。インプレスＨＤのほうも、06年の山と溪谷社のＭ＆Ａ以後、グループ拡大をしてこなかったが、山と溪谷社とコラボするかたちで、外部成長をめざすとされる。確かに『山と溪谷』と『旅と鉄道』『ＳＩＮＲＡ』の組み合わせは悪くないように映る。書店が取次によってＭ＆Ａされているように、中小出版社もサバイバルの方策として、大手グループとの連携に迫られる状況を浮かび上がらせている。だが書店と比べて、出版社のほうはＭ＆Ａが水面下で推進されているケースも多いと思われるので、実際には毎月のように起きているのかもしれない】

〔11〕 静山社の「ハリ・ポタシリーズ」第8巻『ハリー・ポッターと呪いの子 第一部第二部特別リハーサル版』1800円が初版部数80万部で11月11日に発売され、14日に20万部の重版が決まり、100万部に達する。

【これにはよくわからない印象がつきまとう。4巻から8巻までは買切だったのに、どうして返品リスクのある委託に戻したのか。8年4ヵ月ぶりの新刊だったこと、またこれまでと異なり、四六軽装版で、内容もそれに通じるものがあったにしても、買切から委託へと移行したことそのままつながっているようにも思えない。考えられるとすれば、版権取得にまつわる契約条件にあると見なすしかない。事前注文が60万部あったとされるが、このようなベストセラー化には返品がつきもので、20%でも20万部の返品となり、それはそのまま重版分である。ブックオフには現在でも「ハリ・ポタシリーズ」をよく見かけるし、それは明らかに売れ残りの新刊だとわかる。7巻は200万部売れたとされるが、実売はどうだったのだろうか。再販委託制下に加えて、現在の書店市場から考えれば、ベストセラーの背後にある返品はかつてよりも高くなっているはずで、文春の『火花』にしても返品はどうなったのか。静山社がそのような轍を踏まないことを祈る】

〔12〕 10月27日にオープンしたジュンク堂書店柏モディ店の売上高が『文化通信』(11／7)で報告されているので、それを示す。

初日187万円、28日143万円、29日214万円、30日198万円、31日124万円である。

ジュンク堂側はまずまずの出足とし、売上目標は月商4000万円とされる。

【柏モディ店は千葉県柏市の同エリア最大級の売場面積500坪だという。坪当たり在庫10 0万円とすれば、5億円の在庫と見なせるが、月商目標からすると、年商4億8000万円で、商品回転率はかろうじて1回転にすぎない。少なくとも在庫の3回転が必要なのは書店や取次関係者であれば、よくわかっているはずだ。もちろん旧マルイ館のリニューアル物件なので家賃も安く、在庫も圧縮しているにしても、単店で利益が出せる売上だとはとても思われない。それはジュンク堂だけでなく、どの大型店のオープンにもつきまとっている疑問でもある】

〔13〕 出版協から頼まれたこともあり、これまで断ってきた講演を11月4日に試みてきた。『図書新聞』からのオファーも出されたが、要約する必要もあったので、ここにその前半の部分だけを提出しておくことにする。

講演の前半の基本チャートを左上に示します。

【「出版物をめぐる世界は、このような三層構造と関係によって形成されているとみなせます。これをさらに補足しますと、(Ⅰ)は作品と商品、(Ⅱ)は商品、(Ⅲ)は作品という概念をコアにして成り立ち、日本だけでなく、欧米でも共通する構造と関係だと考えられます。

ここから日本だけの特質を抽出してみます。(Ⅰ)からは現在が明治以来の3度目の大転換期にあることがわかります。その兆候は出版物の価値の暴落として表われているからです。

1度目は明治初期で、近代を迎えることによって、近世の和書に代表される出版物は二束三

■出版物をめぐる世界

（Ⅰ）	出版 ―出版物に関する様々な読者、作者、研究者、ジャーナリズムなどが、織り成すイメージ	作品
（Ⅱ）	出版業（界） ―社会経済大系としての出版社・取次・書店	商品
（Ⅲ）	出版史 ―自然過程としての歴史	作品と商品

文となり、古典類も見向きもされず、たきつけや襖の芯に使われたといいます。

2度目は敗戦時で、これもまた戦前、戦争下の出版物は捨て値同然となり、古書業界でも所謂つぶしの対象になったとされます。

3度目はいうまでもなく現在に他ならず、最近の古書目録で見た例を挙げてみます。それは筑摩書房の『明治文学全集』全百巻が3万円、講談社の『日本近代文学大事典』全六巻が2千円というもので、これには本当に唖然とする思いでした。これらは私が最もよく参照しているもので、特に前者は日本の全集の金字塔といえるでしょうし、これが出版されていなければ、私たちの世代にとって、明治文化そのものを全体としてイメージすることが困難だったと考えられます。

このことを親しい古本屋に話しましたら、そうした古書価であっても買い求める読者は少ないし、これらの全集の所有者の高齢化を考えれば、まだ次々と古書市場に出てくるであろうし、下げ止まることはないという返事が戻ってきました。この事実は出版社の在庫がもはやデッドストック化していることを意味しています。これらがⅠからたどられた三度目の危機の実態です。

次に(Ⅱ)から見てみます。日本の出版社・取次・書店という近代出版流通システムは雑誌をベースとして、書籍が相乗りするかたちで形成され、成長してきました。戦後の再販委託制下にあって、その流通販売を支えるためには2万店以上の書店が不可欠でしたが、現在は1万4千店を割っているはずで、完全に生産、流通、販売のバランスが崩壊してしまったといっても過言ではない状況に追いやられています。その原因のひとつは１９８０年以後の書店のバブル出店、複合店、大型店化に求められるでしょう。90年代後半の出版危機の始まりはその帰結であり、中小書店を退場させることになったわけです。

(I)と関連づけて考えれば、1度目は近世出版システム、2度目は国策取次の日配解体に伴う戦中出版システム、3度目は再販委託制による戦後出版システムの危機で、いずれも共通するのはそれらが出版業界全体の危機として表出していることです。その中でも最大の危機は現在にあることを否定できないと思います。

これは(II)のポジションのどこにいるのかによって把握するのが難しいのですが、基本的に再販委託制は出版物販売が常に上昇していくことを前提とするものです。そのメカニズムは出版物が商品であると同時に、金融を兼ねるものとして流通しているからです。そのために(II)においては、出版物が商品と換金機能の双方を有することになるのです。１９８０年以前の出店、閉店がほとんどなく、売上が伸びていた時代には出版物の送品に伴う先払い、後払いの再販委託制のバランスシートが保たれていましたが、今世紀に入ってからはもはやそれが機能不全に陥ってしまったことは明白です。

そうした例として、取次の大手出版社への支払い条件、同じく大手書店の出店に対しての開店口座条件を挙げることができるでしょう。しかし出版業界のすべてに危機が露出し、販売額がドラスチックに減少していく中にあって、もはやそれに象徴される再販委託制は破綻していると見なすしかないのです。

このように(I)と(II)からたどることができるのは、紛れもない出版危機に他ならず、それが日本特有の出版史と出版業界システムから生じるものであることがわかるでしょう。それゆえに欧米と比べて日本だけが出版危機に追いやられてしまったのです。

またここで留意して頂きたいのは、「出版状況クロニクル」が(I)の歴史に基づき、(II)の社会経済大系の現在状況に対する正確な分析を目的としていることです。それに関して(III)からは日本の特質として、書籍、雑誌、コミックからの形成を指摘できます。ただ「出版状況クロニクル」において、(III)の共同幻想としての出版は完全に切り離すことはできないにしても、棚上げしているといっていいでしょう。

それゆえに(III)については「出版状況クロニクル」とは別に、やはり(I)と(II)をふまえて、トータルな出版の歴史をたどるつもりで、ブログ「古本夜話」として書き継がれています。これは伊藤整の『日本文壇史』と、山口昌男の晩年の『「敗者」の精神史』などの近代歴史人類学三部作を、出版を通じてリンクさせる試みとして、すでに連載700回を超えています。

しかしほとんどの出版、編集、書店に関する本や雑誌の特集などは、(I)に関してまったく理解する努力を傾けず、捨象し、手前勝手に(II)と(III)を混同して論じているために、現在の出版危機の根幹にある問題とずれてしまう考現学もどきのものだと見なすしかありません。「出版不況」という言葉もこのようなところから発せられています。またそうした視点から企画される様々なイベントやプロジェクトなどにしても、出版状況をミスリードするもの、もしくは疑似イベントと考えるべきでしょう。

このような機会ですので、もう少し「出版状況クロニクル」についての自己解説もどきを付け加えておきます。毎月、本クロニクルを記すにあたって、いつも念頭に置いているのは、イタリアの歴史家カルロ・ギンズブルグの『裁判官と歴史家』（上村忠男、堤康徳訳、平凡社、1992年／ちくま学芸文庫、2012年）という一冊であります。

ギンズブルグは同書において、長年の友人を主犯とする明らかな冤罪事件に対し、歴史家として裁判記録を丹念に読み、事件の経緯を詳細にトレースしていきます。そしてその事件にまつわる証言、証拠、記録を検討しながら、裁判官と歴史家の関係の位相を浮かび上がらせることになります。それは裁判と裁判官を批判する歴史家をも意味しています。

私も1990年代後半から現在にかけてのほぼ20年間にわたって、同時代の出版状況をトレースして記録し、それらの『出版と書店はいかにして消えていくか』から始まる「出版状況クロニクル」は7冊、その一方でオーラルヒストリーである「出版人に聞く」シリーズは20冊に及んでいます。そうした事実をふまえれば、私はギンズブルグのような優れた研究者の足元にも及ばないけれど、市井の「歴史家」と称することは許されるであろうと思われます。そして出版状況、様々な言説、発言への批判も、そこから発せられていることを、ここで伝えておきます」】

クロニクル⓬　2016年12月

16年11月の書籍雑誌の推定販売金額は1159億円で、前年比1・2％増。書籍は531億円で、同4・9％増、雑誌は628億円で、同1・7％減。

雑誌内訳は月刊誌が522億円で、同0・3％増、週刊誌が105億円で、同10・5％減。

11月の書籍が大きなプラス、雑誌が小さなマイナスとなったのは、10月の送品の激減の反動であり、売上が回復していることを表わしているのではない。単月ではなく、8月から11月までを通算すると、書籍は前年比4・4％減、雑誌は4・9％減である。

返品率は書籍が39・1％、雑誌が39・5％で、こちらも10月よりは多少下がっているが、12月にはその反動が生じることも予測される。

店頭売上は書籍が4％減、雑誌の定期誌は1・5％減、ムックは1％増、コミックスは12％減。週刊誌とコミックスの大幅なマイナスはまだ続いていくだろう。

16年は太洋社の自主廃業と破産から始まり、信山社＝岩波BCの破産で終わったといえる。

そのような出版状況の中で、17年がスタートしていくわけだが、否応なく大手取次と大手書店

■2016年 推定販売金額　（億円）

年	推定総販売金額		書籍		雑誌	
	（百万円）	前年比(%)	（百万円）	前年比(%)	（百万円）	前年比(%)
2016年 1～11月計	1,342,601	▲3.6	679,330	▲0.8	663,271	▲6.4
1月	103,907	▲4.5	54,048	0.1	49,859	▲9.1
2月	147,551	▲0.1	84,425	9.8	63,126	▲10.9
3月	181,691	▲3.4	106,318	▲2.5	75,373	▲4.7
4月	125,936	▲1.1	61,201	6.5	64,735	▲7.4
5月	96,289	▲4.1	46,104	▲3.2	50,185	▲4.9
6月	114,721	▲3.4	54,312	▲1.2	60,409	▲5.4
7月	106,864	▲5.7	49,829	▲3.1	57,035	▲7.9
8月	104,259	▲4.7	48,277	▲2.9	55,982	▲6.2
9月	137,472	▲2.9	71,712	▲3.2	65,760	▲2.6
10月	107,935	▲12.1	49,952	▲15.1	57,983	▲9.3
11月	115,976	1.2	53,152	4.9	62,824	▲1.7

の危機を露出していくことになろう。

〔1〕　16年11月までの推定販売金額を示す。

【11月までの推定販売金額は、1兆3426億円で、前年比3・6％減。書籍は6793億円で、同0・8％減、雑誌は6632億円で、同6・4％減である。15年12月の推定販売金額は1290億円だったので、これに16年11月までの通年マイナス3・6％を当てはめれば、12月は1244億円ほどとなる。したがって16年度は1兆4670億円前後と予測され、ついに1兆5000億円を割りこんでしまうだろう。そしてさらに17年度は1兆3000億円台まで落ちこみ、1996年のピーク時の2兆6538億円の半分の売上高という事態を迎えることになろう。またとりわけ16年にあって特徴

的なのは、雑誌販売額が書籍を下回ってしまったことで、それは11月時点で160億円に及び、12月での逆転は不可能である。書籍が雑誌を上回っていたのは1960年代半ばから70年代初頭にかけてで、その後はずっと所謂「雑高書低」の時代に入っていたことからすれば、近年の雑誌の凋落の深刻さがわかるだろう】

〔2〕 16年の年間ベストセラー表も示しておく。

【この数年、年間ベストセラーリストを掲載してこなかったが、今年は例年以上に1の売上推移をダイレクトに反映していると推測できるし、それは現在の書店市場の鏡像でもあろう。ファストフード、ファストファッションではないけれど、出版業界もファストブックの時代に入って久しいことをあらためて認識させられる。児童書、自己啓発書、宗教書、賞絡みで大半が占められ、不遜なことをいってしまえば、そこに大学進学率が52％に達した、かつてない高学歴社会の照り返しはまったく見られない。もはや大学が読者を生み出し、育てるトポスではなくなってしまったことを告げている。それはこれからさらに加速し、また年間ベストセラーリストへと反映されていくにちがいない】

〔3〕『出版月報』（11月号）が特集「学参マーケットの最新動向」を組んでいる。それを要約してみる。

＊学参販売は書店ルート、学校ルート、塾ルートの3つに大別される。そのシェアは書店ルー

■日販・トーハン　2012年 年間ベストセラー
（集計期間：2011年12月～2012年11月）

日販順位	トーハン順位	書名	著者名	出版社
1	1	天才	石原慎太郎	幻冬舎
2	2	おやすみ、ロジャー	カール＝ヨハン・エリーン／三橋美穂監訳	飛鳥新社
3	4	ハリー・ポッターと呪いの子 第一部・第二部特別リハーサル版	JK ローリング、ジョン・ティファニーほか	静山社
4	5	君の膵臓をたべたい	住野よる	双葉社
5	－	嫌われる勇気	岸見一郎、古賀史健	ダイヤモンド社
6	6	どんなに体がかたい人でもベターッと開脚できるようになるすごい方法	Eiko	サンマーク出版
7	8	羊と鋼の森	宮下奈都	文藝春秋
8	10	コンビニ人間	村田沙耶香	文藝春秋
9	3	正義の法	大川隆法	幸福の科学出版
10	9	新・人間革命（28）	池田大作	聖教新聞社
11	－	つくおき	nozomi	光文社
12	12	火花	又吉直樹	文藝春秋
13	－	超一流の雑談力	安田正	文響社
14	13	言ってはいけない	橘玲	新潮社
15	－	結局、「すぐやる人」がすべてを手に入れる	藤由達蔵	青春出版社
16	－	幸せになる勇気	岸見一郎、古賀史健	ダイヤモンド社
17	14	置かれた場所で咲きなさい	渡辺和子	幻冬舎
18	15	幸福の花束	創価学会	聖教新聞社
19	18	また、同じ夢を見ていた	住野よる	双葉社
20	20	コーヒーが冷めないうちに	川口俊和	サンマーク出版
－	7	嫌われる勇気／幸せになる勇気	岸見一郎、古賀史健	ダイヤモンド社
－	11	つくおき／もっとつくおき	nozomi	光文社
－	16	九十歳。何がめでたい	佐藤愛子	小学館
－	17	だるまさんが／だるまさんの／だるまさんと	かがくいひろしさく	ブロンズ新社
－	19	京都ぎらい	井上章一	朝日新聞出版

トが全体の6割、学校、塾ルートが4割と見られる。

＊2015年の辞典を除いた学参市場規模は450億円。書店店頭における販売シェアは5％ほどだが、5年連続で伸びていて、11年6％、12年3％、13年2％、14年6％、15年7％のプラスとなっていて、非常に好調である。

＊しかし小・中・高校合計の児童・生徒数は1985年の2266万人をピークにして、16年は1300万人と42％も減少し、11年と比較しても5年間で60万人以上のマイナスで、少子化の影響は歴然としている。

＊それでも学参が伸びている理由として、次の5つが挙げられる。2011年以降の指導要領改訂によるカリキュラム難化に伴う家庭学習のニーズの高まり、親の教育熱は高いが、学習塾に通わせる金銭的余裕のない家庭も多く、学参購入につながっていること、新しい学参が続々登場し、市場が活性化していること、ベネッセの個人情報漏洩事件で「進研ゼミ」などの会員が激減し、それが書店の学参販売に影響を及ぼしていることなどである。

＊新刊発行状況は学参指導要領の改訂された年は2500から2700点だが、近年は2100点で、平均定価も1100円から1200円に推移し、極端な価格上昇は見られない。

＊学参の特徴として、季節商品であり、4月の新学期シーズン、夏休み、入試シーズンと販売の山が年に3度あるが、近年は年間販売曲線がフラットになり、既刊比率75％のロングセラーという商品特性も加わり、安定した市場を形成しつつある。

これらの他に、学参出版社の特徴と構造変化、書店への営業と啓発活動、この2年間のジャンル別売上動向などへの言及もなされているが、それらに関して必要な読者は直接『出版月報』を参照してほしい。

【これはあまり組まれてこなかった特集であり、少子化が進行する中でも学参は伸び続けているという思いがけない事実を教えてくれたことになる。学参をメインとする学研プラス、学参専門取次の近年の好調がこのような販売市場を背景としていることがわかる。さらに2020年にはこれまでにない規模の抜本的な教育改革が控えているので、大きなビジネスチャンスが待っているのではないかとの指摘もなされていた。学参についてはほとんど門外漢で、「出版人に聞く」シリーズ4の中村文孝『リブロが本屋であったころ』の中での学参販売レクチャーを拝聴し、とても啓発されたことを想起した。そしてまた学参の世界とは無用の用ではなく、有用の用であることも】

〔4〕日販の子会社27社を含む中間決算は連結売上高2970億円、前年比2・7%減。親会社株主に帰属する中間純利益は7500万円、同73・2%減。

日販単体売上高は2384億円、同1・9%減。MPDの売上高は893億円、同100%。

〔5〕トーハンの子会社15社を含む連結中間決算は売上高2227億円、前年比1・4%減。親会社に帰属する中間純利益は13億円、同77・6%増。

八重洲BCなどの直営書店法人は13で、売上高は600億円。
トーハン単体売上高は2153億円、同1・3%減。

〔6〕日教販の決算は売上高273億円、前年比0・9%減だが、当期利益は1億1200万円で、6年ぶりの黒字決算。
その内訳は取次販売事業が264億円、前年比1・1%減、学参・辞書・事典部門は193億円、同2・6%増、教科書部門は71億円、同9・7%減。

〔7〕有隣堂の決算は売上高495億円、前年比5・5%減、営業利益は1億8300万円、経常利益は9200万円。
店舗リニューアルに伴う固定資産除却損などにより、当期純損失は1億6000万円の赤字。

その内訳は書籍類が189億円、同2・5%減、雑誌が43億円、同6%減。

〔8〕紀伊國屋書店の決算は売上高1059億円、前年比2・5%減。営業利益は6億円、同10・5%減、当期純利益は7億円、同2・6%増。
出店はそごう川口店とセブンパークアリオ柏店の2店で、国内店舗は68店、店売総本部売上は前年比2・0%減、営業総本部は3・8%減。

〔9〕ゲオHD中間決算は売上高1229億円、前年比1・3%減、リオ五輪などの影響で、レンタル部門は35億円減少。

【1の今年度売上推移、2のベストセラー、3の学参動向などを背景として、大手取次、書店、複合店の中間決算や決算が出されたことになる。日販にしてもトーハンにしても、雑誌のマイナスは5%を超えているが、それがダイレクトに決算に反映されていないのは、開発商品などの導入、子会社やM&A書店の連結化に基づいている。しかし日販の連結売上高における中間純利益7500万円というのは、過去10年間で明らかにビジネスモデルがピークアウトしてしまった事実を否応なく浮かび上がらせている。それは最終決算に表出するであろう。日教販は6年ぶりの黒字決算だが、これは3の学参の好調も一因となっているはずだ。有隣堂は1の売上推移とパラレルなかたちでの赤字決算で、日教販と同様に不動産プロジェクトに着手し、安定収入を図ろうとしている。紀伊国屋は6期連続決算とされるが、閉店がなかったことと、2店出店の寄与によるだろうし、数年内には海外店舗も連結対象決算とならざるをえないだろう。ゲオのレンタル部門の35億円の減少は、そのままTSUTAYA=CCCのマイナスともリンクしていると推測される。ゲオの動画配信のゲオチャンネルはエイベックス・デジタルと提携し、800万のヒットゲーム『龍が如く』を実写ドラマとして、11月30日から独占配信し、1月からはこれも独占貸出を行なう。動画配信市場は15年に1500億円だったが、22年には2000億円に達するとされる。だがその一方で、ネットフリックスもそれほど伸びていないようだし、NTTドコモ系のスマートフォン向け有料放送「NOTTV」の終了が伝えられてい

る】

〔10〕　ティーエス流通協同組合の決算は売上高５８８２億円、前年比２３・３％減と大幅なマイナスとなり、客注品受注事業の採算ラインである1億円の6割を下回る売上規模で、赤字となる。

【やはりアマゾンの会員制即日配達などの浸透により、客注品流通を旗印とする協同組合事業も成立が難しくなっていることを伝えている。図書館などの一括採用、共同販売事業の拡大などが今後の方針とされているようだが、それもまた困難であることはいうまでもないだろう。またこのような事業のためには取次の支援が不可欠であるけれど、そうした余裕と体力が取次にもはや残されていないことも確かだからだ】

〔11〕　名古屋の栄進堂書店が自己破産。

１９６２年創業で、２０００年初頭には売上高20億円を計上していたが、16年には4億６００0万円にまで落ちこみ、4年連続の赤字決算となっていた。負債は7億円。

【１９８０年代まで栄進堂は日進堂、鎌倉文庫と並んで、名古屋地元御三家と呼ばれていたこともあった。それが日進堂は90年代に退場し、本クロニクル⑧でも既述しておいたように、鎌倉文庫がトーハングループに吸収され、最後にのこった栄進堂も自己破産という結末を迎えたことになる。そういえば、かつて全国各地に御三家と呼ばれた地元書店が存在していた時代があったけれど、それらの書店の多くがもはやなくなってしまったと思われる。しかし今回の栄

進堂に関して驚かされるのは、年商に対して負債額が大きいことである。結局のところ、粉飾決算を重ねて延命してきたと見なすしかないだろう。折しも『週刊エコノミスト』（12／20）が「粉飾ダマし方見抜き方」特集を組んでいるが、粉飾決算事件のパターンとして、売掛金と在庫の過大計上が挙げられている。おそらく栄進堂も同様だったと考えられる。以前にやはり取次に吸収された地方チェーン店の水増し決算の手法を聞いたことがある。それはCDやDVDを外国から廉価で大量に仕入れ、それを日本の時価として棚卸し、在庫を膨らませるというものだった。取次が書店をM&Aするに際し、あらためて在庫棚卸しを経た上で、「囲い込み」をしているとはとても思えない。所謂「ババ」を引いてしまい、結局のところ不良債権の先送りでしかないM&Aも起きているはずだ。また現在のような出版状況下にあって、売上を回復することは至難の業だといっていい。信山社の自己破産負債額が1億3000万円近かったことにも驚かされたが、こちらは栄進堂などのような出店による負債ではなく、岩波ブックセンターという最高の立地の単独店のものだったのである。それはさらに深刻な書店状況を浮かび上がらせてしまったことになろう】

〔12〕『新文化』（12／1）に「『仲卸《ママ》』『直営&FC事業』で躍進する新進」として、これもまた名古屋の取次兼書店が一面特集されているので、こちらも紹介しておこう。

＊新進は1969年に週刊誌などを販売するスタンド販売業のために設立された会社で、折込チラシを手がける中日興業の姉妹会社である。

＊新進の売上高は20年前をピークに右肩下がりとされるが、中卸しと書店経営と開発を事業として100億円を超え、雑誌扱い高は全国書店の中でもトップクラスで、黒字決算で、経営は順調だという。

＊中卸事業の柱であるスタンド販売は街の菓子店、煙草屋の店頭売りから発想され、日本で最初に「スタンドルート」と呼ばれる流通システムをつくった。現在は喫茶店、美容院、病院、介護施設、官公庁などを取引先とし、全国110ヵ所にあるディーラーを通じて雑誌を送り、高さ1メートルのスタンド什器で、60タイトルを販売、このスタンド設置は数万に及び、書籍も増えている。

＊ディーラーへの卸正味条件は通常の書店正味が基本で、買掛金は新進が一括して取次へ保証すること、それに加え、中小書店の廃業により、スタンド販売の需要が増えている。

＊それとは別に、スーパーやコンビニなどの2400店については、1983年に「直送システム」を構築し、取次から直接送品し、新進が決済する流通となっている。それらのスーパーとはヤオコー（埼玉）、丸久（山口）、タイヨー（鹿児島）、杏林堂（静岡）、フィール（愛知）、バロー（岐阜）、ツルハドラッグ（北海道）などである。

＊また直営書店としては「本の王国」13店舗を運営し、個人を対象とするFC60店舗を有する。FCモデルとしては10坪から30坪で、月商150万円以上、開業資金は新進への保証金100万円と在庫を含め、600万から800万円で、ロイヤリティはなく、取次に対しても新進が保証するシステムとなっている。

【ＦＣ書店のことはともかく、この特集によって、日頃の疑問が解けたこともあり、詳しく紹介してみた。ここに挙げられているスーパーやドラッグストアに買い物に出かけているが、これらには必ず雑誌スタンドが置かれ、週刊誌中心だとしても、コンビニとは異なる組み合わせのタイトルが並んでいる。かつては地場の書店の外商の場合も考えられたけれど、現在はＭ＆Ａもあり、チェーン店となっていたりしても、それはないし、そのような外商もなくなっている。そこでどこがそれを担っているのかと考えていたのである。その一社が新進だったことになり、それが２４００店の取次からの「直送システム」によっていることを教えられたことになる。しかしである。前回の本クロニクルでも指摘したが、コンビニの雑誌売上は雑誌の凋落に伴い、日商1万円を割りこんできている。それは新進のスタンド業態にも及んでいるであろうし、取次による「直送システム」もまたどのような行方をたどることになるかが問われる出版状況を迎えようとしているのではないだろうか。おそらくこの新進の取次による「直送システム」は、コンビニの先行するそのシステムが80年代になって、スタンドルートへと導入されることによって確立を見たのであろう。とすれば、その起源は同様であり、コンビニ雑誌売上がここまで減少してしまった現在、そのような「直送システム」が取次にとってコストが見合うものかを問われつつあるようにも思われる】

〔13〕『FACTA』（1月号）が雑誌のＡＢＣ調査レポートに際し、「『岩波書店』が没落『週刊文春』が快進撃！」とのタイトルを掲げている。

【これは信山社＝岩波ブックセンターの破産に絡む岩波書店事情にふれたものである。それによれば、岩波書店は13年に1億8千万円の赤字に転落し、14年にはメーンバンクのみずほが企画部門に行員を送りこみ、社員の年収一率25％カット、20人の社員の早期退職のリストラを行ない、ようやく単年度黒字になったというもので、それが「『岩波書店』が没落」というタイトルにつながっている。しかし直販誌である『ＦＡＣＴＡ』にしても『選択』にしても、出版業界に関する記事は風聞に基づくものが多く、それなりに通じたふりをよそおっているが、専門家によるものではない。今回もそれが目立つし、間違っていないにしても、信山社＝岩波ブックセンター破産は別会社、書店問題であるのに、岩波書店がついでにスケープゴート化されている印象は否めない。またこれを書いたのが誰なのかの指摘もできるが、ここでは留保しておこう】

〔14〕　市営による書店、八戸ブックセンターが12月4日にオープン。中心部のビル1階に入店し、売場面積は１００坪、海外文学、社会科学、芸術書などの８０００冊をそろえる。
読書会用の部屋、執筆活動のための個室カンヅメハウスを備え、三浦哲郎の文机部屋を再現し、コーヒーや地ビールも飲める。

地元書店3店が有限責任事業組合八戸書籍販売を設立し、仕入れ納品を担う。

【この八戸ブックセンターに関しては、『出版状況クロニクルⅣ』で、武雄市のＴＳＵＴＡＹＡ図書館誘致につながる、政治家による文化的パフォーマンス、本にまつわる売名的プロジェクトと見なし、すでに批判しているので、ここでは繰り返さない。ただそれにまつわるコストなどは明記しておこう。内装工事などの経費は1億1千万円、人件費などの年間運営費は6千万円、それに対し年間売上目標は2千万円で、4千万円の赤字となる。これらはすべて税金で支えられるのである。八戸市長がいうところの「文化の薫り高いまちにするため」のプロジェクトとして、八戸ブックセンターが本当に機能していくと考えているのであれば、とんでもない錯誤だと断言していい。文化に名を借りた赤字の垂れ流しだし、書店、図書関係者はどうして批判しないのだろうか】

〔15〕『ブルータス』（1／1・15）が「危険な読書」特集を組んでいる。

【雑誌の読書特集は裏切られることが多く、ずっと取り上げないことにしていたが、これは友人から恵贈され、思いがけずに本当に「危険な読書」にふさわしい2冊が掲載されていた。それは次の2冊である。

＊画メビウス、作ホドロフスキー『天使の爪』（原正人訳、飛鳥新社）

＊マック・Z・ダニエレブスキー『紙葉の家』（嶋田洋一訳、ソニー出版）

しかも両者は現在品切となっているけれど、ネット上や図書館などで探せば、入手可能である。何が起きているのかわからない出版業界の年始にお勧めする読書として、この2冊ほどふさわしいものはないようにも思われるので、ここに挙げてみた】

〔16〕　論創社から高野慎一『貸本マンガと戦後の風景』が出された。

【『日本読書新聞』や『ガロ』の編集者を経て、北冬書房を創業した高野による体験的貸本マンガ史であり、知らなかった多くのことがつめこまれている。高野には「出版人に聞く」シリーズへの登場を乞うてきたが、番外編のようなかたちで、この一冊が論創社から刊行され、とてもうれしい。

2017年度

クロニクル⑬　2017年1月

16年12月の書籍雑誌の推定販売金額は1283億円で、前年比0・5％減。書籍は576億円で、同0・8％増、雑誌は706億円で、同1・6％減。

雑誌内訳は月刊誌が605億円で、同0・8％増、週刊誌は101億円で、同13・8％減。12月のマイナス幅が小さかったのは、31日の特別発売日に書籍40点、雑誌（増刊、別冊、ムック、コミックス）170点、総発行部数840万部、50億円が送品されたことによっている。

業界誌ではそのことで、大手書店が前年よりプラスになったと報道されている。私もそれらを見るために5店ほど見てみたけれど、コーナーを設けて販売しているところはなく、それぞれの雑誌コーナーに分散され置かれていただけだった。そのことから考えても、実売に関してはどの程度の歩留まりであったのか、疑問が生じるところでもあるし、返品の反動も恐ろしい気がする。

返品率は書籍が37・2％、雑誌が38・3％。

店頭売上は書籍が1％減、雑誌の定期誌が2％減、ムックが1・5％減、コミックス10％減で、コミックスと週刊誌は二ケタのマイナスが定着したかのように続いている。

〔1〕出版科学研究所による１９９６年から２０１５年にかけての出版物推定販売金額を示す。

■出版物推定販売金額（億円）

年	書籍		雑誌		合計	
	金額	（前年比）	金額	（前年比）	金額	（前年比）
1996	10,931	4.4%	15,633	1.3%	26,564	2.6%
1997	10,730	▲1.8%	15,644	0.1%	26,374	▲0.7%
1998	10,100	▲5.9%	15,315	▲2.1%	25,415	▲3.6%
1999	9,936	▲1.6%	14,672	▲4.2%	24,607	▲3.2%
2000	9,706	▲2.3%	14,261	▲2.8%	23,966	▲2.6%
2001	9,456	▲2.6%	13,794	▲3.3%	23,250	▲3.0%
2002	9,490	0.4%	13,616	▲1.3%	23,105	▲0.6%
2003	9,056	▲4.6%	13,222	▲2.9%	22,278	▲3.6%
2004	9,429	4.1%	12,998	▲1.7%	22,428	0.7%
2005	9,197	▲2.5%	12,767	▲1.8%	21,964	▲2.1%
2006	9,326	1.4%	12,200	▲4.4%	21,525	▲2.0%
2007	9,026	▲3.2%	11,827	▲3.1%	20,853	▲3.1%
2008	8,878	▲1.6%	11,299	▲4.5%	20,177	▲3.2%
2009	8,492	▲4.4%	10,864	▲3.9%	19,356	▲4.1%
2010	8,213	▲3.3%	10,536	▲3.0%	18,748	▲3.1%
2011	8,199	▲0.2%	9,844	▲6.6%	18,042	▲3.8%
2012	8,013	▲2.3%	9,385	▲4.7%	17,398	▲3.6%
2013	7,851	▲2.0%	8,972	▲4.4%	16,823	▲3.3%
2014	7,544	▲4.0%	8,520	▲5.0%	16,065	▲4.5%
2015	7,419	▲1.7%	7,801	▲8.4%	15,220	▲5.3%
2016	7,370	▲0.7%	7,339	▲5.9%	14,709	▲3.4%

【前回の本クロニクルで、16年度の推定販売金額はついに１兆５０００億円を割りこみ、１兆４６７０億円前後と予測しておいたが、ほぼそのとおりの金額となった。雑誌の凋落はとどまることなく、15年度に続き、ピーク時の１９９７年の1兆５６４４億円の半減という事態に追いやられてしまった。しかも書籍との合計でも、ピーク時の雑誌売上を下回って2年目である。

それとともに書籍を下回る状況をも迎えている。これからも雑誌のマイナスが続くことは確実であるし、それは雑誌をベースとして構築された出版社・取次・書店という近代出版流通システムをさらに危機へと向かわせるであろう。書籍のほうは雑誌のように半減してはいないにしても、これもピーク時の1996年の1兆931億円に比べれば、3561億円というほぼ3分の1のマイナスであり、販売冊数も同様となっている。現在の社会や出版状況から見て、書籍売上が雑誌を上回ったけれど、それが書籍の回復を示しているわけではないし、こちらも下げ止まってはいない。合計販売額のピーク時はやはり1996年で、2兆6564億円だが、17年度が5%のマイナスだとすると、1兆3000億円台になってしまうだろう。そうなれば、トータルとしての出版物売上も半減してしまい、出版業界全体、とりわけ流通と販売を担う取次と書店のサバイバルは可能かという段階へと入っていく。それはもはや至るところに露出しているし、17年度はさらなる表出を見ることになろう】

〔2〕 出版科学研究所による16年度の電子出版市場販売金額も出されているので、それらも示す。

【16年電子出版市場規模は1909億円で、前年比27・1%増。それらの内訳はコミックが27・1%増、書籍が13・2%増、雑誌が53%増となり、コミック専有率が76・5%に及んでいる。リードでコミックの店頭売上の二ケタマイナスが続いていることを既述したが、それは電子コミックの1460億円という成長が影響を及ぼしていることは疑いをえない。これは本クロニクル③にも挙げておいたけれど、15年度のコミックス売上は2102億円であるの

で、16年度は2000億円を下回っている可能性が高い。それに対して、電子コミックの成長は14年より鈍化しているにしても、まだ伸び続けるであろうし、そうなれば、数年内に紙と電子コミックスの売上は逆転してしまうことになろう。それから週刊誌の同様のマイナスも「dマガジン」などの読み放題サービスとのバッティングは明らかで、さらなる書店市場における凋落が続いていくだろう。『出版状況クロニクルⅣ』で、電子出版市場が2000億円規模になった場合、従来の出版社・取次・書店という近代出版流通システムは崩壊してしまうのではないかと指摘してきた。それはまさに17年には2000億円に達するであろうし、すでに時は迫っているのである。紙と電子合計市場は1兆6618億円で、全年比0・6%減。1に示しておいたように、ピーク時の1996年には紙だけで2兆6564億円の市場だったわけだから、成長が鈍化し始めている電子書籍を加えても、従来の売上高を取り戻すことができないのは自明の理だといっていい】

〔3〕『新文化』(1/19)が「深刻さ増す出版輸送問題」というタイトルで、東京都トラック協会の瀧澤賢司出版取次専門部会長にインタビューしている。それを要約してみる。

＊コンビニや書店への出版物配送は重量制運賃であり、とりわけコンビニ配送の採算悪化が経営を圧迫している。最低運賃の約定もないので、物量の減少によって、1車輌当たりの収支悪化が深刻で、収益が上がらないという理由により、出版輸送から撤退する業者も出てきている。

＊出版物が書店やコンビニに並ぶまでには、商品の集荷、店別仕分け、配送コース別積込み、配達、返品の回収と大変な手間がかかっている。それらの経費のすべてをキログラム単価でまかなっていることから厳しい環境下にある。

それに加え、コンビニ配送は物量が減少する一方で、配達店舗数は増加していて、配達の負担と収入のバランスが著しく悪化している。そのために荷主の取次には特別運賃を別途設定してもらってはいるが、それでも現状は厳しさを増すばかりである。

＊コンビニ配送は納品時間がタイトに決められていること、客の多い繁華街の店舗では受領印を受けるために20分待たされたりして、次の店舗到着が遅れてしまうこと、オフィスビル、病院、学校などの出店も多く、セキュリティも厳しいために効率が悪化していることなどが挙げられる。

＊ドライバー不足と高齢化の問題も深刻で、２０２０年にはトラック輸送産業全体で10万人以上不足するとの予測も出ている。

＊東京都トラック協会出版部会は１９６９年発足時に72社だったが、現在は70％減の20社で、10年前と比べても17社減少している。それらもあって、土曜休配日の２０１７年の20日導入が検討されている。

＊現在1台のトラックが稼ぎ出せる金額はかつての6割いければいいほうで、それでいてドライバーの給料は変わっていない。固定費は動かず、収入は落ち込むという図式だ。このままいくと、出版輸送の崩壊がどんどん進み、首都圏は店舗が密集していて、業量もあるので営業

できているが、地方の状況は非常に厳しくなってきている。いつ出版輸送が止まってもおかしくない状況にある。

【出版輸送問題は取次にとっても「出口がまったく見えない状況」にあり、取次＝流通の根幹を直撃していることになる。出版輸送問題にしても、出版物売上が半分になってしまえば、1台のトラックが稼ぎ出すのも「かつての6割いけばいいほう」という状況へと追いこまれていて、「いつ出版輸送が止まってもおかしくない」ところまできている。それは『出版状況クロニクルⅣ』でもずっと言及してきたし、本クロニクル⑪でもふれたばかりだが、コンビニ配送はもはや採算がとれないことに大きく起因している。コンビニの雑誌売上は月商30万円を割りこんでしまい、それでいて5万店を超えている。もはやこの売上では雑誌流通のコストが合わないことはいうまでもあるまい。かつては中小取次の小書店でも、最低月商が100万円、年商にして1000万円以上の売上がないと採算ベースに乗らないと聞いていたが、コンビニの場合はその半分にも届いていないのだから、すでに取次＝流通が成立しなくなっている。ここで語られている出版輸送問題はその事実を突きつけているといっても過言ではない】

〔4〕 出版労連が出版研究室を開設するようで、そのための参考資料として、「1990年から2015年までの出版労連組織と関連データ」を提出している。それが『出版ニュース』（1／下）に掲載されているので、アレンジしてここに挙げておく。

【この表から四半世紀における出版労連の単組と組合員の減少が、出版業界の衰退とパラレル

■1990年から2015年までの出版労連組織と関連データ　（売上単位：億円）

年	労連単組数	労連組合員数	従業員数	出版社数	書籍売上	雑誌売上	書店数
1990	163	10,803	15,186	4,309	8,660	12,683	28,000
1995	155	1,0484	15,998	4,561	10,470	15,427	26,000
2000	140	8,604	15,142	4,391	9,706	14,260	21,493
2005	123	6,023	12,598	4,229	9,197	12,767	17,839
2010	108	5,727	12,363	3,817	8,212	10,536	15,314
2015	89	4,838	8,798	3,489	7,420	7,801	13,488
90年比	55%	45%	58%	81%	86%	62%	48%

であったことが明確になる。講談社、日経ＢＰ、平凡出版、角川書店、主婦之友社、日販などが脱退し、その他にも出版社の倒産や合併などによって組合が消滅したことにより、まさにこちらも半減してしまったのである。だがこの間に書店数の減少とは逆に、多くのナショナルチェーンが台頭したにもかかわらず、組合の結成を見ていない。おそらくそのことは職場環境の問題と密接につながっているだろうし、そうした書店の問題もこれから吹き出してくるにちがいない】

〔5〕　1から4のような日本の出版業界にあって、一人勝ちしているアマゾンに関してこれも『新文化』（1／12）にＨＯＮＺ代表の成毛眞が「成長拡大続けるアマゾンの強さの核心」を寄稿している。

これはとても明快なアマゾンの現在についての啓蒙的レポートであるので、こちらも要約してみる。

＊アマゾンは１９９５年創業以来、爆発的な成長を遂げ、15年12月期売上は10兆７０００億円、日本売上は１兆５０００億円と推定される。それに対し、日本最大の売上高を誇

るイオンは8兆円。

＊株価も97年上場時から16年12月期には760ドルと580倍で、時価総額36兆円。これも日本最大のトヨタの20兆円を上回る。

＊その株価を支えているのは年間1兆円を超えるキャッシュフローで、それを設備投資に向け、超大型物流倉庫を構築してきた。それだけでなく驚異的なのは、顧客から代金を回収し、納入業者たちに支払う期間のキャッシュコンバージョンサイクル（CCC）である。ウォルマートなどのプラスに対し、アマゾンのCCCはマイナス18・86日で、売上が伸びれば伸びるほど、手元に資金が残るシステムとなっている。

＊またアマゾンは個人客向け小売業だけなく、アマゾン・ウェブ・サービス（AWS）、フルフィルメント・バイ・アマゾン（FBA）を両輪とする企業向けサービスを有し、マイクロソフトと並ぶ世界最大の企業向けクラウドサービス提供会社である。

＊クラウドサービスはネットワークを経由し、コンピュータ機能を提供することで、これを使うと企業は自社内にコンピュータを置く必要がなくなる。アマゾンは全世界に少なくとも28ヵ所の自社専門変電所を持つデータセンターがあり、それぞれに5万から8万のサーバーが設置され、そのサーバーもプロセッサーもアマゾンが設計し、製造を外注し、世界最大のコンピュータ会社へと変貌しつつある。

このAWSの売上は9％だが、営業利益の55％を占めるまでに成長し、日本でもキャノン、キリン、ユニクロなどの多数の大企業が導入し始めている。

＊ＦＢＡはマーケットプレイスから派生したもので、中小企業にインフラを提供することを目的とし、倉庫機能、在庫管理、決算、配送、カスタマーサービスまでをフォローしている。しかし現在では規模と対象が拡大し、自社製品を大量にアマゾンの倉庫に送り、在庫管理をしてもらいながら、アマゾンを経由しない注文にも対応できる物流システムとなってきている。

＊出版界に限っていえば、アマゾンは書籍も販売する大型小売店を次々と建設してきたことになり、しかも日本の大型書店の万引被害率１・９１％に対し、万引ゼロである。個人客としてゴールドカードを持てば、すべての商品が２・５％値引き、さらに自動的にプライム会員となり、送料は無料、したがってすべての本も２・５％引きということになる。Ｔポイントによる顧客誘導がかなう相手ではない。

【これらのうちで、ＡＷＳなどに関しては『出版状況クロニクルⅣ』でも伝えてきたことだが、ＣＣＣやＦＢＡの進化についてはここで初めて教えられたことになる。ちなみにアマゾンがメーシーを抜き、全米最大のファッション小売業となるとの予想も記されているし、17年当初のアメリカの小売業全体がアマゾン対策を全面に出していることの背景がうかがわれる。成毛はこの寄稿を次のように閉じているので、それも引いておこう。

「日本の出版界が電子出版の行方などに目を逸らされている間に、アマゾンは着々とリアルな世界で独占的な地位を占めようとしていることを忘れてはならない」】

〔6〕丸善ジュンク堂書店の２０１６年「出版社別売上げベスト３００」が出され、そのうちのベスト10は講談社、KADOKAWA、集英社、小学館、新潮社、学研プラス、文藝春秋、ダイヤモンド社、岩波書店、幻冬舎となっているが、前年を上回っているのはダイヤモンド社だけである。

また同様に紀伊國屋書店も発表されているが、前年を上回ったのは２５７８社のうちの７８２社（30％）、同90％未満の出版社は１３０６社（50％）である。

【両社の16年販売状況は出版社のみならず、書店市場の危機を告げていることになるし、再販委託制に基づく出版社・取次・書店という近代出版流通システムが解体プロセスへと踏みこんでいることを露出させていよう。それに連鎖して、３の「出版物輸送の危機」さえも起きているのだ】

〔7〕『創』（2月号）が恒例の出版社特集を組んでいる。

【近年の『創』の特集は、座談会からして床屋談議と呼んでいいもので、ほとんど言及してこなかった。それをここで引いたのは、清田義昭、松田哲夫、篠田博之の座談会タイトルが「書店・取次の倒産相次ぐ／深刻不況・出版界の危機」と題されていたからである。これまでマスコミやジャーナリズムは「出版危機」ではなく、ひたすら「出版不況」を言い募ってきた。しかし16年の出版業界の現実からして、もはや「出版不況」ではすまされず、「出版界の危機」を直視するしかない状況と向かい始めたことになろう。それは『新文化』や『文化通信』などの業界紙も同様で、3に関して、「出版物輸送の危機」「出版流通の危機」などと喧伝し始めてもいる。おそらく今年は「出版危機」の大合唱となるだろう。それはさておき、この特集でひとつだけ教えられたのは、長岡義幸による新潮社レポートの中の、新潮文庫売上推移である。レポートによれば、新潮文庫の販売部数が1990年の4400万部をピークに、2000年には3000万部を割り込み、13年には2000万部、15年には1600万部を切り、16年は何とか1500万台で底を打たせることができたというものだ。それでもピーク時の3分の1になってしまったことになる。文庫市場ナンバーワンの新潮文庫でさえこのような状況にあるわけだから、他の文庫がどうなっているのか、推して知るべしであろう】

〔8〕 岩波書店に関する東京商工リサーチの14枚に及ぶ「TSR REPORT」が出回っている。

【これはマル秘とある企業要覧で、岩波書店の現在状況についてのレポートである。おそらく信山社＝岩波BCの破産と絡んで、どこからか流出したものにちがいない。あえてその内容についてはふれないいし、どのような意図で出回り始めたのかは不明だが、現在の出版状況と照らし合わせても、象徴的な出来事のように思えるので、ここに記してみた】

〔9〕 『週刊新潮』（1／12）に「『子連れ狼』の大御所「小池一夫」は寸借戦法で斬られた」という記事が掲載されている。

それによれば、小池は小池書院を立ち上げ、出版活動にも携わってきたが、資金繰りが悪化し、昨年2月の雑誌発行を最後に実質的に営業停止状態にある。11月には破産手続きに入るべく、債権者に宛てて債務を調査する文書を送付している。

そのような事態にあって、小池は6年前に社長を辞任し、経営にはタッチしていないとされるが、一方で、「寸借戦法」などの金銭トラブルが相次いでいるという。

【小池一夫の小池書院をめぐる金銭トラブルに関しては、『出版状況クロニクルⅡ』の2009年から伝えているが、ついに破産へと至ったことになる。小池はまさに梶原一騎と並ぶ漫画原作者の大御所で、小池一夫劇画村塾も開校し、高橋留美子、原哲夫、山本直樹たちも育てたことを含め、戦後コミック史のキーパーソンだった。だがそのような小池にしても、やはり出版だけは鬼門だったことになる。ここで私的感慨を付け加えておくと、いずれ『子連れ狼』論を書きたいと思っている】

〔10〕ガム出版が破産。
2000年に設立され、雑誌『KBOOM』や韓流音楽『FtoF』、韓国アイドルグループの書籍やDVDを手がけていた。11年には韓流ブームに乗じ、年商5億2000万円を計上していたが、14年は1億7000万円に落ちこみ、主力雑誌の『FtoF』も休刊した。負債は3億5220万円。

【不勉強で、この版元は知らなかったが、ブームに乗じて設立されたり、成長した出版社も多々あり、これからも同様のことが起きてくるだろうと予測される。それから他業界からの出版社のM&Aはかなりあって、現在でも水面下で交渉中という事例も多いようだ。デザインビジュアル書のピエがパイ インターナショナルにM&Aされたのも、その一例と考えられる】

〔11〕 書原は入居ビルの取り壊しに伴い、阿佐ヶ谷書店を閉店し、本社機能を調布のつつじヶ丘店へ移す。

それとともに、つつじヶ丘店、中央区大川端RC21店、杉並区高井戸店の3店が大阪屋栗田からトーハンへ帳合変更。

【ビルは耐震強度不足とされ、解体後には分譲マンションが建設されるという。そうして長きにわたって書店があった街の風景が変わっていく。今世紀に入って、そのような風景の変化をいくつ見たことになるだろうか】

〔12〕 『フリースタイル』34の特集「THE BEST MANGA 2017このマンガを読め!」が出た。

【今年はBEST10のうち、7位の近藤ようこの『死者の書』しか読んでいなかった。しかも異例なことに、1位のスケラッコ『盆の国』、4位の高浜寛『ニュクスの角灯』、5位のひらのりょう『FANTASTIC WORLD』はリイド社からの刊行で、『盆の国』と『FANTASTIC WORLD』は「トーチweb」に連載だという。ネット上のコミックがBESTを占める時代がやってきたことを告げている。『FANTASTIC WORLD』はB5判、2980円とあるので、どのような造本に仕上がっているのか、入手を楽しみにしている。なお近藤ようこに関しては、論創社のＨＰ連載「本を読む」４の「コミック、民俗学、異神論」で言及しているので、ぜひ参照されたい。それにしてもコミックのブックオフの買い入れはひどい状態になっている。片づけるために６００冊ほどを売りにいったのであるが、引き取りは70冊７５０円ほどで、『フリースタイル』の蔵前仁一の巻頭エッセイのタイトルをもじれば、「持っているコミックが紙くずになってしまった」気にさせられた。ただ古本屋の友人にいわせれば、大量の本はすでに片づけるだけで、逆にお金を取られるという。出版物がゴミとして処理される時代を迎えつつあるのだろう】

〈13〉『日経ＭＪ』（1／11）が第一面で、「絵本 革命起きた‼」と題する特集を組んでいる。それは言葉を代えれば、ブロンズ新社特集といってよく、ヨシタケシンスケの『このあと どうしちゃおう』は昨年4月に3日間で12万部を売り上げるなど、日販のデータでは16年の売れ筋トップ10位のうち5作品がブロンズ新社だったという。

【本クロニクル⑦において、絵本市場のデータなどを掲載しているので、詳細はそちらを見てほしいが、絵本ブームと新しい絵本の時代が到来しているのかもしれない。ちなみに図書館で『このあと どうしちゃおう』をリクエストしたところ、6人待ちで、まだ読むに至っていない】

クロニクル⑭ 2017年2月

17年1月の書籍雑誌の推定販売金額は963億円で、前年比7・3%減。書籍は508億円で、同6・0%減、雑誌は455億円で、同8・7%減。

雑誌内訳は月刊誌が353億円で、同11・2%減、週刊誌は101億円で、同1・4%増。前者の大幅マイナスは、集英社のジャンプコミックスの主要タイトルの12月31日前倒し発売、後者のプラスは発行本数が1本多かったことによっている。

返品率は書籍が36・4%、雑誌は45・3%。

前回の本クロニクルで、12月31日の特別発売日の反動が恐ろしい気がすると述べておいたが、それを実証したかのような雑誌返品率である。これは特別発売日の企てがほとんど功を奏しなかったことを意味しているし、昨年5月の45・5%と並ぶ高返品率でもある。

963億円の販売金額にしても、やはり昨年5月の最低の962億円をかろうじて上回るものでしかない。

1月の販売金額が1000億円を割ったのも、今世紀に入って初めてのことだ。

これらの1月の売上と返品率は、17年の前途を予兆するような数字だといっていい。その一方で、すでにナショナルチェーンの解体と、予想もできなかった帖合変更が起き始めていることも伝わってくる。

〔1〕 日本地図共販が自己破産。負債は14億6300万円。グループのキョーハンブックスも自己破産。

日本地図共販は1946年に設立の地図や旅行ガイドの専門取次で、97年には売上高109億円を計上していたが、16年には32億円まで落ちこんでいた。

【日本地図共販（以下地図共）の自己破産は新聞でも記事とされなかったり、業界紙でも大きなニュースになっていないが、これは現在の出版業界、とりわけ取次と流通問題の危機を象徴するものであるので、それを記してみたい。地図共に関しては、『出版状況クロニクルⅣ』の15年6月段階で、これからの行方が気にかかると既述したが、その後も昭文社への資本参加の要請と不成立、営業所の閉鎖、出版社への支払いの遅延、出版社の出荷停止などが伝えられていた。それゆえに今回の自己破産は予想された事態でもあった。しかしここで重要なのは、地図共が全盛期にはトーハンや日販以上に取引書店数を有していた最大の専門取次だったことだ。北海道から九州まで営業所を設け、全国の書店の地図売場のメインテナンスも担当し、国土地理院の地形図も扱っていた。その書店数は正確にはつかめないが、1万5000店に及んでいたのではないかと推測される。しかもそれらの大半は中小書店で、ロングセラーの地図やガイ

■2016　年間出店・閉店状況　(面積：坪)

月	◆新規店			◆閉店		
	店数	総面積	平均面積	店数	総面積	平均面積
1月	6	1,170	195	63	7,612	127
2月	5	1,372	274	55	4,716	94
3月	15	2,854	190	70	4,909	85
4月	23	3,715	162	68	4,101	65
5月	3	1,340	447	93	7,003	82
6月	10	1,064	106	63	5,790	93
7月	14	4,152	297	35	4,053	116
8月	9	1,753	195	49	3,487	79
9月	16	4,168	261	44	3,772	88
10月	9	2,107	234	29	2,303	82
11月	11	1,222	111	33	2,741	88
12月	12	2,136	178	30	2,477	88
合計	133	27,053	203	632	52,964	90
前年実績	189	35,540	188	668	60,856	97
増減率(%)	▲29.6	▲23.9	8.2	▲5.4	▲13.0	▲6.6
増減率（%）	▲37.1	▲46.8	▲15.3	▲4.8	▲12.7	▲7.8

ドがメインだったことから、低返品率、すでに入金済みの厖大な社外在庫といった専門取次メリットによって稼働していたのである。その事実は取次の経営条件として書店数が多いほど安定していること、さらにそれが中小書店で返品率に加え、歩戻し率も低いことが不可欠であることを示している。だがそのような取次にとっての安定した書店インフラは、今世紀に入って崩壊したといっていいし、本クロニクルでも繰り返し記してきたように、書店数は1990年の2万3000店から2016年には1万4000店を割っている。地図共の破産は大手書

店の大手取次への帖合変更が原因だとも伝えられているが、それよりも地図共を支えていた中小書店の閉店と消滅に求められよう。それは取次の流通構造もまた、薄利多売と出店や閉店の少ない安定した書店市場にベースを置いていることを告げている。地図共は売上高70億円まで減少した段階から6期連続で赤字とされている。書店数1万5000店を割ろうとしていた2010年頃から、それは赤字と危機へと追いやられたことも示唆している。また総合取次としての大阪屋、栗田、太洋社がたどった回路でもある。そうした総合取次の破綻と今回の専門取次地図共の破産を照らし合わせれば、再販委託制に基づく取次システムが、もはやビジネスモデルとして成立が不可能なところまできていることを否応なく認識せざるをえないだろう。再販委託制に関連して、地図共の破産によって、地図やガイドは必然的にトーハン、日販、大阪屋栗田を通じて出版社へと返品されるだろう。出版社にとってはまたしても売掛金を回収できず、さらに返品というダブルパンチになる。ちなみに売掛債権は昭文社が1億3700万円、山と渓谷社が7257万円とされる。もうひとつ最後に付け加えておけば、地図共の東京商工リサーチの配信記事に、「大手取次による得意先書店の囲い込み」によって売上高が減少したとあったが、大手取次による「書店の囲い込み」とは本クロニクルが使用しているタームであり、企業調査会社にしても、本クロニクルを読んでいるのかと苦笑させられた】

〔2〕 アルメディアによる2016年の書店出店・閉店数が出された。

【出店133店に対して、閉店は632店である。14年が出店189店、閉店668店であったことから比べると、双方が減少しているが、書店が減り続けていることに変わりはない。出店による増床面積は2万7053坪、閉店による減少面積は5万2964坪で、こちらもトータルとして2万5911坪の減少。これも『出版状況クロニクルⅣ』で既述しておいたが、書店数のマイナスとは逆に、1990年80万坪、96年125万坪、2014年140万坪とバブル的に増床してきた書店坪数も、減少過程に入ったと考えていいだろう。ただ書店数の場合、昨年の取次の統合や破産が生じたことで、毎月の集計ができず、発表されていない。しかし1でふれておいたように、確実に1万4000店は割っているはずだ】

〔3〕 2と同じく、アルメディアによる取次別新規書店数と新規書店売場面積上位店を示す。

【15年の取次別新規書店数リストには大阪屋、栗田、太洋社が入っていたが、16年は大阪屋栗田として残っているものの、取次は6社から4社となり、何とも寂しい限りである。それに比べて、新規店売場面積上位店はTSUTAYAとジュンク堂の大型店が並び、9の岡書帯広イーストモール店もTSUTAYAのFCであるので、TSUTAYAが上位8店を占め、全盛を見せつけているようでもある。15年にはTSUTAYAは4店だったから、倍増したことになる。日販の新規店は60店、出店面積は1万5242坪となっているが、8店だけで6895坪と半分近くなる。残りの52店にしても、TSUTAYAとそのFCの出店がかなりあると思われるので、実質的に16年の日販は、TSUTAYAの出店にいそしんできたことを示している。しかしこの事実は日販とTSUTAYAの癒着という関係をあからさまに露呈するもの

■2016年　取次別新規書店数（面積：坪、占有率：%）

取次会社	カウント	増減 (%)	出店面積	増減 (%)	平均面積	増減 (%)	**占有率**	**増減**
日販	60	▲34.8	15,242	▲20.4	254	22.1	56.3	2.4
トーハン	61	▲14.1	10,745	9.6	176	27.5	39.7	12.1
大阪屋栗田	9	▲57.1	866	▲86.3	96	▲68.1	3.2	▲14.6
中央社	3	200.0	200	122.2	67	▲25.6	0.7	0.4
その他	0	－	0	－	0	－	0.0	0.0
合計	133	▲29.6	27,053	▲23.9	203	8.0	―	―

■2013年　年間 出店大型店ベスト10（単位：坪）

順位	店名	売場面積	所在地
1	TSUTAYA OUTLET 神栖店	1,300	神栖市
2	明文堂書店 TSUTAYA 戸田	1,070	戸田市
3	ジュンク堂書店立川高島屋店	1,032	立川市
4	枚方蔦屋書店	900	枚方市
5	ジュンク堂書店南船橋店	900	船橋市
6	TSUTAYA BOOK GARAGE 福岡福岡志免	840	志免町
7	蔦屋書店長岡花園店	800	長岡市
8	TSUTAYA 美しが丘	735	札幌市
9	岡書帯広イーストモール店	630	帯広市
10	TSUTAYA 仙台荒井店	620	仙台市

で、両者がMPDを通じて一蓮托生の状況になっていることの表われであろう】

〔4〕TSUTAYAは16年度の書籍・雑誌販売金額が1308億円で、前年比5％増の63億円プラス、1994年から22年連続で前年を上回ったと発表。

【この販売金額は812店の売上とされるので、1店当たりに換算してみると、1億6000万円、月商にして1340万円ということになる。これは『出版状況クロニクルⅣ』でも、紀伊國屋やジュンク堂との売上高推定を提出しておいたが、紀伊國屋の16億7000万円、月商1億4000万円、ジュンク堂の9億6000万円、月商8000万円と比べ、驚くほど書籍・雑誌を売っていないのである。この比較は14年のもので、TSUTAYAは1億5000万円、月商1250万円だったことからすれば、プラスになっているけれども、**3**で見たように、日販とMPDが出店と増床を全面的にフォローしているからに他ならない。それは4月出店の銀座蔦屋書店も同様であろう。要するにTSUTAYAは日販と一体化し、レンタルと雑誌とフランチャイズとTカードをコアとし、書籍のマーチャンダイジングを確立しないままに成長してきたことになる。それが1店当たりの書籍・雑誌販売金額に如実に表われているのである。それから忘れてはならないのが、TSUTAYAの22年連続の書籍・雑誌販売金額の増加とパラレルに、出版物売上高が減少し、半減してしまったことだ。当初レンタルと書籍・雑誌販売の組み合わせはビジネスモデルとして機能していたにしても、現在のレンタル料金設定、それから1店当たりの書籍・雑誌販売金額を見れば、もはや難しくなっているのではないだろうか。近年の雑誌の凋落は、書籍シェアが低いTSUTAYA各店を直撃しているはずだし、それを3に見られるような日販とMPDの全国的フォローによって、プラスの構図が支えられているのである。それは開店在庫のことを考えれば、実質的な金融支援と見なすこともできよう。しかしフランチャイズの一角が崩れれば、それはMPDと日販にただちに跳ね返っていくであろうし、遠い先のことではないように思われる】

〔5〕 講談社の決算が出された。売上高1172億円、前年比0・4％増、当期純利益は27億円、同86・7％増の3期ぶりの増収増益。

【その内訳は「雑誌」627億円、7・4％減、「書籍」173億円、1・1％減だが、事業収入としての「デジタル」が175億円と44・5％増となり、それが増収増益を支えたことになる。今期の「デジタル」収入の増加に基づく決算を機として、講談社はさらなるデジタル事業へと向かっていくだろう。そしてそれは日販のTSUTAYAとの癒着と並んで、これまで何とか存続していた書店をさらに苦境に追いやるだろう。現在の大手出版社である講談社にしても、また小学館や集英社にしても、町の中小書店によって育てられたにもかかわらず、もはやそれを忘れてしまったかのようだ。大手取次と同様に、大手出版社もその報いを受けていることも】

〔6〕 メディアドゥに集英社も出資し、同社の1％株主となり、小学館の2・2％、講談社の

2・0％に続く出版社上位3番目となる。

同社は「著作物のデジタル流通」を事業コンセプトとし、電子書籍コンテンツを電子書店に提供・配信する電子取次事業を行なっている。
〔7〕ジュピターテレコム（J・COM）が電子雑誌読み放題サービス「J・COMブックス」を開始。
月額500円の500種以上のデジタル版雑誌が読める「雑誌読み放題コース」、同400円から700円のNHK出版の語学テキスト、趣味、実用誌が閲覧できる「NHKテキストコース」の2種。

【5に見られる講談社の電子書籍による増収増益は、大手出版社のそれへの傾斜をさらにエスカレートさせていくにちがいない。6と7はそうした動向に併走している。この他にもクリーク・アンド・リバー（C&R）による椎名誠や宮部みゆきなどの英語も含めた電子化配信、ユミコミックスの漫画家いがらしゆみこの『キャンディ・キャンディ』などのアジア市場も想定する電子配信、岩波書店の谷川俊太郎全集やボイジャーの片岡義男の300作品の電子化もされている。また電子雑誌専業で、19の雑誌を無料で読めるブランジスタという会社も登場している。その主力の電子旅行雑誌の『旅色』は、観光地の旅館やホテルの広告費によって成立している。ただその一方で、ソニーの専用端末「リーダー」での電子書籍購入サービスは終了し、閲覧とダウンロードはリーダー以外の端末からの配信サイト「リーダーストア」での利用とな

る。しかしいずれにしても、電子書籍化が推進されれば、しかもその比重は雑誌に向けられているのだから、書店売上に影響を及ぼすことは必至で、さらなる書店の危機をもたらすことになろう】

〔8〕『新文化』（2／16）に「東洋経済オンライン書籍販促の『武器』」という一面特集が組まれている。

ここではその「東洋経済オンライン」の現在を、主として抽出しておく。

＊経済系ニュースサイトとしてはトップの「東洋経済オンライン」は、昨年9月に月間2億PVを突破し、3億PVをめざしている。

＊更新される記事は毎月15～20本で、書籍に関する記事は年間で200本近い。それは文字数3000から4000字まで、記事のトップに書影が掲載され、クリックするとアマゾンの購入サイトにジャンプする。

＊その書影紹介は中立的な独自の報道メディアとしてで、自社書籍の宣伝を優先することはなく、他社の書籍も掲載する。オンラインの強みはリアルタイムのニュースに合わせ、ニュースを配信することである。

＊PVが飛躍的に伸び、メディアとしての力がつくことで、自社の販売力強化と社内組織の活性化にもつながり、書店にコーナーも設定され始めている。

「東洋経済オンライン」は今後の出版社のオンラインビジネスの範となるはずだ。

【これは『週刊東洋経済』を有する東洋経済新報社の電子配信事情ということになるが、書店販促の気配りは理解できても、やはりアマゾンにリンクしてしまう事実は否めないだろう。アメリカでは電子書籍の売上が減少し、ペーパーバックが伸びていると伝えられているけれど、日本のビジネス書の電子書籍化が進めば、「東洋経済オンライン」の試みにしても、そちらへ誘導されてしまうかもしれない危惧を孕んでいる。これは本クロニクルにしても、書籍紹介はアマゾンの書影を借りているので、そちらにリンクしてしまうことに内心忸怩たるものはあるのだが。実際にアマゾンは、KADOKAWAなどすべてが直取引の出版社は54社及び、さらに拡大予定で、紙にしても電子にしても、すべての分野が依然として成長しているとされる。3億PVに達した場合「東洋経済オンライン」のような試みは、どのようなシーンをもたらすであろうか】

〔9〕 富士山マガジンサービスは売上高25億6800万円で、前年比8・0％増、純利益2億7500万円で、同26・7％増の増収増益決算。

同社を定期購読の窓口とする雑誌は752誌で、総登録ユーザー数は247万5018人で、第3四半期累計期間より8万2000人の増となっている。

これはひとえにデジタル雑誌の取次サービス拡大による、ユーザー増の増収増益で、取扱デジタル誌は3343誌に及んでいるという。

【そのかたわらでは次のような出来事も起きていることを記しておこう。『選択』（2月号）の発行人後記といえる「裏通り」コーナーで、富士山マガジンサービスにふれ、この1月で同社との契約を終了したと述べ、その理由と後日譚を報告しているので、それを引用しておく。

「一番の理由は、富士山マガジン経由で講読している読者の多くが、そうとは知らず弊社に直接申し込んだと誤認しているためです。ネットで「選択」と検索すると富士山の「月刊誌《選択》定期購読」という項目が先頭に出てくるため、勘違いする方が後を絶ちませんでした。弊社への直接申し込みなら、様々な読者サービスが受けられるため、誤解の元を断つべく今回の契約解除に踏み切ったしだいです。

富士山側は報復措置として、同社経由の読者二千六百人への雑誌配送を、一月号までで一斉打ち切りとしました。さらに同社は読者に対して「『選択』は一月一日で休刊」との虚偽情報をメールで流す始末。「偽ニュース」流行りの世とはいえ、読者と出版社を混乱に陥れる所業は、まともな書店とは思えません。縁を切って正解でした。」

私もかつて同社から不快な思いをさせられたことを付記しておく】

〔10〕 取協と雑協は2017年度の年間発売日カレンダーの最終案を発表。

それは業界や運送会社の事情を考慮し、暫定的処置として、土曜休配日を前年比8日増の13日とするもので、年間稼働日は280日。

【前回の本クロニクルで、東京都トラック協会の出版取次専門部会長の語る「いつ出版輸送が止まってもおかしくない」問題を伝えてきた。それからただちに取協と雑協が暫定案を発表したということは、まさに切迫した事態を迎えていることの表われだろう。しかし例によって、出版業界の弥縫策は変わることがない。休配日を8日増やしたところで、問題が解決するはずもなく、上意下達的な出版輸送歴史構造に由来していることに注視が向けられていない。これから取協と雑協でプロジェクトを立ち上げ、発売日、輸送問題に取り組んでいくとされるが、抜本的改革とコスト負担は難しいとなれば、運送業界の人出不足問題とも絡んで、出版流通はスポイルされかねない状況にあるのではないだろうか。すでにコンビニも雑誌売場の撤去を考え始めているようだ】

〔11〕これも『新文化』（2／23）が「高まるアダルト誌への規制」と題して、アダルト系出版社22社で構成する出版倫理懇話会の長嶋博文会長（ジーウォーク代表取締役）にインタビューしているので、それを紹介してみる。

＊2020年の東京オリンピックとグローバル社会を意識して、アダルトの表現規制がさらに厳しくなり、コンビニにおいても、表裏表紙のきわどい描写の自粛が求められている。

＊コンビニはこれからもアダルトを売り続けたい意向だが、「成人コーナー」は縮小され、雑誌点数はかつての半分以下で、いつか亡くなるのではないかという危機感がある。実際に首都圏では多くが撤去されている。

＊販売面でも、ネットの影響から、この1、2年で急激に売れなくなった印象があるが、そうした中で、取次はコンビニ向けＰＢ商品の提案をしている。コンビニの雑誌の売上において、

アダルト誌はかつてドル箱商品であり、そのいちじるしい凋落は出版社のみならず、コンビニ、取次にもかなりのダメージを与えている。

＊昔は小規模書店がアダルト誌を多く取り扱ってくれたが、廃業する書店が多く、配本する店が少なすぎるという現状である。それでもまだコミックを中心とするチェーン店、専門店などは伸びしろがあり、市場はなくなっていない。

＊ただアダルト分野の販売金額は感覚的に1990年代をピークにして半分以下になり、発行部数も同様で、雑誌点数も減り、創刊もほとんどなくなっている。

＊それはコミックスも同じだが、アダルト電子コミックは近年伸び続け、ほとんどの会員社が右肩上がりで推移し、当社のシェアは30％だが、50％近いところもあり、売れ筋の作品が出た時には爆発的に売れる。電子市場の20％はアダルトコミックで占められているのではないか。

＊出版倫理懇話会の現在の問題は違法ダウンロードで、許可なく勝手にスキャニングし、アップロードし、閲覧できるサイトが多く存在していることである。その事業者、個人には警告文を送り、中止させたりしているが、山のようにあり、いたちごっこでなくならない。

＊また出版倫理懇話会は都条例に引っかかったコミックに関しては話し合いを持ち、警視庁からの警告に対しても、サポート業務を行ない、情報を共有し、ある意味において、行政や警察への防波堤になっている。

ただ逆風が吹いていることに変わりはないし、会員社はそれぞれに創意工夫し、雑草のごとく生き延びているし、環境の変化に合わせていけるのか、これに尽きる。

【たまたま今月の論創社HPの連載「本を読む」13は「消費社会、SM雑誌、仙田弘『総天然色の夢』」で、「出版人に聞く」シリーズ12の飯田豊一『「奇譚クラブ」から「裏窓」へ』の補遺編として書いている。戦後のカストリ雑誌から始まるアダルト誌の世界は、出版業界においても、エロ本分野としてアウトサイダー的扱いをされてきたが、編集者にしても執筆者にしても、人材の宝庫であり、出版業界を下支えしてきたことは明白である。ここに見られる長嶋の「会員社はそれぞれに創意工夫をし、雑草のごとく生き延びている」との真摯な発言は、私たちが見習わなければならないものでもあるし、そこでもう一度、出版の原点を考えてみるべきことを示唆してくれているように思える】

〔12〕　ニュートンプレスが民事再生法申請。

同社は1974年に設立され、81年に月刊科学誌『Newton』を創刊し、2011年には年商17億年を計上していたが、16年には12億円に減少し、赤字になっていた。負債は20億円とされる。

また前経営者がタブレット中学生向け理科学習教材の開発への出資を定期購読者にもちかけ、違法に現金を集めたことで、出資法違反で逮捕されたことも重なり、今回の処置となった。

【このニュートンプレスと『Newton』は、地球物理学者の竹内均がかねてからの念願のカラー写真とイラストが豊富な科学雑誌をめざし、81年に教育社から創刊した『ニュートン』

を受け継いだものであろう。その後どのような経緯と事情があって、ニュートンプレスに至ったかは詳らかでないが、科学雑誌とその出版が様々に利用された結果を伝えているのだろう。だが科学雑誌とは、戦前の雑誌の一角を占める役割を果たしていて、それが戦後の科学の発展に寄与したという説もある。そのことに関して、『子供の科学』の創刊者で、その分野のキーパーソンだった「原田三夫の『思い出の七十年』」(『古本探究Ⅲ』所収)を書いていることを付記しておく】

〔13〕新潮社の季刊誌『考える人』が2017年春号で休刊。
その理由として、雑誌市場の加速的な縮小の中で、季刊誌の維持が困難になったとされる。同誌はユニクロの単独スポンサー誌として02年7月に創刊され、15年にわたり発行。発行部数は2万部。

【これからは所謂「スポンサー雑誌」にしても、どこまで維持できるかわからない時期に入っていくのだろう。そのように銘打たれていなくても、「スポンサー雑誌」に当たるものは多々あり、その筆頭に文芸誌を挙げることができる。『考える人』だけでなく、『新潮』もまた新潮社をスポンサーとする雑誌に他ならず、創刊以来、『新潮』もそのようにして刊行されてきたのである。それが可能だったのは、文学の時代であったこと、文学全集や文芸誌刊行が出版社のステータスであったこと、ベストセラーを生み出したことなどによっている。しかしそのような時代が終わってしまった。それゆえに他の文芸誌にしても、同様の状況に置かれていること

とはいうまでもあるまい】

〔14〕 北沢書店の一階に出店していた児童書専門店のブックハウス神保町が閉店。

これは一ツ橋グループの物流を担う小学館の関連会社の昭和図書が、２００５年に開設したものである。公取委の要請に応える意味もあり、児童書と自由価格本を中心とし、全商品にＩＣタグを付し、書協の期間限定謝恩価格本フェアなども実施してきた。

【公取委や経産省の意向を受け、書協を代表するかたちで小学館が引き受け、自由価格本販売やＩＣタグ実験を行なってきた書協のアリバイ的書店と見なすことができよう。しかしそれでも八木書店ルートの自由価格本販売は、新刊書店でも広く採用されるようになり、それはひとつの成果でもあったかと思われる。先日私もそうした一冊である生田誠『日本の美術絵はがき１９００－１９３５』（淡交社）を買ったばかりだ。またＤＮＰグループのトゥ・ディファクトのハイブリット型総合書店「ｈｏｎｔｏ」が八木書店から1万点を仕入れ、常設コーナーとして、「アウトレットブックフェア」を設けてもいる。それと思い出されるのは、最初の店長が丸善社員だった人で、彼には『評伝アレクサンドル・コジェーヴ』（パピルス）の刊行の際にお世話になったことだ。名前を失念してしまったけれど、お元気であろうかと気にかかる】

〔15〕 谷口ジローが亡くなった。

【思いがけない69歳の死で、現在の高齢化社会からすれば、若い死であった。谷口については

『出版状況クロニクルⅣ』でもふれ、フランスでの「静かなブーム」と『遥かな町へ』の映画化も伝えてきたし、実際に観ている。また私は本ブログの「ブルーコミックス論」6で、谷口の『青の戦士』を論じているし、『書店の近代』（平凡社新書）でも、『「坊っちゃん」の時代』を引用させてもらっている。それらもさることながら、谷口の作品で最も懐かしいのは、狩撫麻礼と組んだ『LIVE！オデッセイ』（双葉社）全3巻で、それには「複製時代の偽叙事詩」というサブタイトルがついていたことを思い出す。確認するために探してみたら、出てきて、1982年の刊行であった。これを読んで追悼に代えることにしよう】

〔16〕 嵯峨景子の『コバルト文庫で辿る少女小説変遷史』が出された。

【11のアダルト業界ではないけれど、コバルト文庫も多くの作家たちをデビューさせた揺籃の地であり、その歴史がここでようやく俯瞰され、たどられることになった。1965年集英社コバルトブックが生まれ、66年に『小説ジュニア』の前身が創刊され、68年にその新人賞が設けられる。そして70年代後半には氷室冴子、久美沙織、正木ノン、田中雅美などがデビューし、80年代に少女小説ブームが起きていく。87年にコバルト文庫は1000点を突破し、88年には1600万部に達する売れ行きを見せる。この時代のコバルト文庫の売れ行きはすごく、団塊の世代の子どもたち、つまり少女たちにとってのオアシスのようなものだったのではないだろうか。私は田中雅美が後年になって書いた『暴虐の夜』（光文社文庫）などのファンで、かつて「ジュニア小説からヴァイオレンスノベルへ」（『文庫新書の海を泳ぐ』所収）という一編も書い

ている。それはともかく、この嵯峨の労作で、角田光代のコバルト時代のペンネームが彩河杏であったことを知った】

クロニクル⑮　2017年3月

17年2月の書籍雑誌の推定販売金額は1398億円で、前年比5・2％減。前年は閏年で1日多かったこともあり、0・1％減だった。書籍は827億円で、同1・9％減、雑誌は570億円で、同9・6％減。

雑誌の内訳は月刊誌が471億円で、同7・3％減、週刊誌は286億円で、同19・9％減。返品率は書籍が31・0％、雑誌が40・9％。

村上春樹の『騎士団長殺し』の2冊の130万部の搬入もあり、書籍マイナスは小幅なものになったが、これもその反動が起きなければいいが。『職業としての小説家』の場合、文庫よりも安い特価本が出回っている。

複数の書店からの証言によれば、『騎士団長殺し』はかつての売れ行きの半分ほどで、3日で止まってしまったという。確かに現在でも多くの書店で平積みされたままである。それはやはり本クロニクル⑪でもふれておいた、100万部を搬入した『ハリーポッターと呪いの子』と同様のパターンを反復しているのかもしれない。

今回の本クロニクルはこのような日本の状況と異なるイギリスのことから始めてみよう。

【1】『出版ニュース』(2/下)の笹本史子「海外出版レポート・イギリス－ウォーターストーンズの復活」は次のように始まっている。

「2016年は書籍の売上が2年続けて前年比を上回り、明るいムードに包まれる年明けのイギリス出版界にまさに市場が上向いていることを証明するような良いニュースが流れた。」

それは国内の最大の書店チェーンで、207店舗を展開するウォーターストーンズの売上高が4億910万ポンド、前年比4%増となり、経常利益が前年の赤字から990万ポンドの黒字に転じたことをさしている。その経緯と事情を要約してみる。

＊新しい代表取締役として招かれたジェームス・ドーントは数々の経営改革を遂行し、スーパーマーケットの安売り攻勢、オンライン書店の台頭、電子書籍の出現といった市場の変化に苦しむ書店業界にあって、ひとり気を吐いてきた。

＊それは電子書籍市場が伸び悩む中で、よりよい書籍環境を読者に提供する努力を続けてきたことが功を奏したのであり、読者は「知識とサービスを求めて我々の店にやってくるのだ」し、そうした「書店の力」によって、「通常ならそこそこの売上に終わってしまったであろう名作をベストセラーに押し上げること」を可能にした。

それらの例として、独立系の中堅出版社の歴史小説、同じく児童書出版社の児童書などが挙げられ、本や読者のことがよくわかっている書店ならではの出版社とのコラボレーションが語られている。

＊かつてのどん底ともいえる時代からの業績回復の背景にあるのは、それらに加えて、経営戦略における選択と集中、徹底したコスト管理が利益率の改善に結びついている。ここ数年は新規店舗をオープンし、既存店舗の改装に投資する一方で、不採算店は次々に閉店した。また流通ハブ施設も改善し、翌日発送可能タイトルを3千から2万へと増加させ、返品率を15%から2～3%に下げることに成功した。

＊書籍以外の取扱商品が増えたことも売上の向上に貢献し、現在12%を占めているが、それは15%まで引き上げる計画ではあるけれど、ウォーターストーンズはあくまで書店で、本を中心とする方針に変わりはない。書籍以外の商品は書店を魅力的に見せるための付加的要素に過ぎない。

＊電子書籍はもはや未練がないし、自社のオンライン書店における電子書籍販売は昨年5月で終了させた。

＊ドーントの次なる目標はさらに売上を伸ばし、利益率を上げ、従業員に賃金の引き上げというかたちで還元することにある。

かくしてレポートは、これも次のように結ばれている。

「本を愛する人々が訪れ、時間を過ごす場所としての書店の魅力を向上させること、そしてその心に訴える品揃えをしてゆくこと、こういった書店の基本に立ち戻った方針があってこそ、経営改革は効果を上げることができたのだろう。」

【いささか綺麗事が並んでいるとの印象も受けるが、ウォーターストーンズが本来の書店の姿に戻り、売上を伸ばしている現在がレポートされていることになる。もちろんそれはライバル店が次々と退場し、競合相手がなくなり、アマゾンのみをそれとするウォーターストーンズだけが可能であるにしても、ポスト電子書籍の書店市場の在り方を示唆しているはずだ。また『出版ニュース』同号の小山猛「同アメリカ－紙の書籍売り上げは前年比3・3％増」は、大きなベストセラーがあったわけではないが、ハードカバー5・4％増、ペーパーバック4％増などをレポートしている。これらの、日本とまったく異なる海外出版売上状況に関しては本クロニクル⑤でも取り上げているように、後にもう一度言及することになろう】

〔2〕『出版月報』（2月号）が特集「紙&電子コミック市場2016」を組んでいる。

そのうちの「コミック市場全体（紙版&電子）販売金額推移」と「コミックス・コミック紙推定販売金額」を示す。

16年のコミック市場全体の販売金額は4454億円で、前年比0・4％増となった。その内訳は紙が2963億円で同9・3％減、電子コミックが1491億円で、同27・5％増。

【この3年間のコミック市場全体の販売金額はほぼ横ばいといっていいが、その内訳は紙が落ちこむ一方で、電子が成長することによって、それが保たれたことになる。しかし紙のコミッ

■コミック市場全体（紙版＆電子）販売金額推移　（単位：億円）

年	紙			電子			合計
	コミックス	コミック誌	小計	コミックス	コミック誌	小計	
2014	2,256	1,313	3,569	882	5	887	4,456
2015	2,102	1,166	3,268	1,149	20	1,169	4,437
2016	1,947	1,016	2,963	1,460	31	1,491	4,454
前年比(%)	92.6	87.1	90.7	127.1	155.0	127.5	100.4

■コミックス・コミック誌の推定販売金額　（単位：億円）　（億円）

年	コミックス	前年比	コミック誌	前年比	コミックスコミック誌合計	伸率（%）	出版総売上に占めるコミックのシェア(%)
1997	2,421	▲4.5%	3,279	▲1.0%	5,700	▲2.5%	21.6%
1998	2,473	2.1%	3,207	▲2.2%	5,680	▲0.4%	22.3%
1999	2,302	▲7.0%	3,041	▲5.2%	5,343	▲5.9%	21.8%
2000	2,372	3.0%	2,861	▲5.9%	5,233	▲2.1%	21.8%
2001	2,480	4.6%	2,837	▲0.8%	5,317	1.6%	22.9%
2002	2,482	0.1%	2,748	▲3.1%	5,230	▲1.6%	22.6%
2003	2,549	2.7%	2,611	▲5.0%	5,160	▲1.3%	23.2%
2004	2,498	▲2.0%	2,549	▲2.4%	5,047	▲2.2%	22.5%
2005	2,602	4.2%	2,421	▲5.0%	5,023	▲0.5%	22.8%
2006	2,533	▲2.7%	2,277	▲5.9%	4,810	▲4.2%	22.4%
2007	2,495	▲1.5%	2,204	▲3.2%	4,699	▲2.3%	22.5%
2008	2,372	▲4.9%	2,111	▲4.2%	4,483	▲4.6%	22.2%
2009	2,274	▲4.1%	1,913	▲9.4%	4,187	▲6.6%	21.6%
2010	2,315	1.8%	1,776	▲7.2%	4,091	▲2.3%	21.8%
2011	2,253	▲2.7%	1,650	▲7.1%	3,903	▲4.6%	21.6%
2012	2,202	▲2.3%	1,564	▲5.2%	3,766	▲3.5%	21.6%
2013	2,231	1.3%	1,438	▲8.0%	3,669	▲2.6%	21.8%
2014	2,256	1.1%	1,313	▲8.7%	3,569	▲2.7%	22.2%
2015	2,102	▲6.8%	1,166	▲11.2%	3,268	▲8.4%	21.5%
2016	1,947	▲7.4%	1,016	▲12.9%	2,963	▲9.3%	20.1%

ク全体の販売金額の落ちこみはとどまることなく、3000億円を割り、32年前の1984年の売上に戻ってしまった。しかもコミックスも2000億円を割り、最大の落ちこみで7・4％減、コミック誌もかろうじて1000億円を下回らなかったものの、1016億円、12・9％減と2年続きの二ケタ減である。結局のところ、コミック誌は1990年代の3分の1の販売金額になってしまい、コミックスを合わせても、その時期の売上に及ばないという事態に陥ってしまった。しかもそれが深刻なのは、電子コミックの成長に比べ、電子コミック誌は3％ほどのシェアを占めているだけなので、このコミック誌市場から読者が急速に減少していることを意味している。すなわちかつてであれば、電車の中でコミック誌を読む光景がよく見られたが、現在ではスマホを見る姿が圧倒的になっていることに示されていよう。それを反映して、コミックス新刊点数は1万2000点台で変わらずに推移しているが、コミック誌発行部数は2007年の10億冊に対し、16年は5億冊となり、半減している。さらに返品率は40％に達している。これは雑誌全体についてもいえることだが、書店数が半減してしまったこととパラレルであろう。それから17年には紙コミックスと電子コミックスが逆転すると予測されているけれど、フリーで見られる中国のサイトなどのものも加えれば、すでに逆転していると見なしていいかもしれない。日本の雑誌、コミック、書籍という出版市場からすれば、**1**におけるイギリスやアメリカの売上の回復が、日本では望めないことが否応なく認識されるのである】

〔3〕 本クロニクル⑫で既述した名古屋の栄進堂書店の破産管財人弁護士から3月1日付で出版社に向けて、次のような照会状が出されている。その5つの要点を示す。

＊本件図書（破産会社の在庫図書）は「いわゆる委託販売によるものではなく、通常の売買契約によって破産会社に売り渡されたものと思料され」る。

＊本件図書の所有権は売買契約によって売り渡された買主に移転するという大正2年の判例に基づき、「代金支払いの有無を問わず、売り渡された本件図書の所有権は破産会社に存します」。

＊上記の次第により、本件図書所有権は破産会社にあり、その処分権は破産管財人に存する。

＊そこで破産管財人としては本件図書を売却して債権者への配当の原資としたいので、出版社に定価から減額した金額で売却したい。

＊3月10日までに応諾のファックス、入金が到着しない場合には定価20％で一般買主を募るか、ブックオフや古書店に一括して売却することにする。

【これは業界紙でも報道されていないので、その後の経緯などは詳らかではない。ただこの照会状に応諾した出版社はないと思われる。しかしこの「本件図書」問題は、書店在庫が書店に属するか、取次に属するかに関してスポットを当てたことで、これからの書店の破産に適用されれば、「本件図書」の所有権は破産会社にあるということになろう。この問題は中村文孝の『リブロが本屋であったころ』を参照してほしいが、取次・書店間の取引契約書には、委託品ゆえに所有権は取次にあると記されているけれど、その後、法的に所有権は書店にあることが明らかになっている。それもあって、以前は取次が、倒産した書店にトラックで乗りつけ、回収していたが、裁判所の許可なく雑誌ですらも引き上げられなくなっていた。栗田が危機に陥った青山ブックセンターの在庫を引き上げたのは、まだ破産に至ってない段階の処置だったので、それが法的に可能だったのであろう。つまり出版物の再販委託制は、書店在庫の所有権が取次にあることを前提として支えられていたのだが、それがもはや法的に成立しない事実を、栄進堂の自己破産は明らかにしてしまったのである。この問題についてはまだ多くのことが論じられなければならないし、どのような決着を見るのかも注視しなければならない。しかし例によって、肝心な問題は報道もされないし、その内実も伝わってこない。もし何百億円もの在庫を持つナショナルチェーンが自己破産したら、その所有権は破産会社にあり、その処分権も破産管財人に存することになり、栄進堂のようなケースが出来するかもしれない。そうなれば、取次が窮地に追いやられることは明白であり、再販委託制に基づく出版社・取次・書店という近代出版流通システムは破綻してしまうであろう】

〔4〕これも本クロニクル⑪で既述しているが、3の栄進堂とほぼ同時期に自己破産した岩波ブックセンター＝信山社の債権届出額が8575万円となる。

【当初は負債が1億2700万円、個人資産への抵当権の問題も伝えられていた。負債の減少は売掛金の回収、及び在庫を取次へと返品したことによっている。営業譲渡も試みられたが、2010年から連続赤字を計上していたために、断念するしかなかったようだ。信山社の場合は従来と同様に、取次への在庫の返品、売掛金の圧縮という処理に従ったことになる。それは信山社が単独店でチェーン店ではなかったこと。そのために負債額が少なかったことによっているのだろう。ただ信山社のような立地と規模においてすらも、赤字営業によって1億円近い負債が生じたことにあらためて驚いてしまうのであるが。しかし今後の書店の破産は信山社のようにシンプルな処理ではなく、太洋社も道連れにした芳林堂の対応、栄進堂のような様々な手法が導入され、より複雑化していくと思われる】

〔5〕 ＣＣＣが子会社のカルチュア・エンタテイメントを通じて、徳間書店を子会社化。議決権ベースで徳間書店の株式97％を取得したとされるが、追加出資額は明らかにされていない。

【『出版状況クロニクルⅣ』でも、ＣＣＣメディアハウスによる『ニューズウィーク日本版』や『Pen』を発行する阪急コミュニケーションズ、及び美術出版社の買収や子会社化を伝えてきた。だがそれらと異なり、今回は資本提携から踏み出した初めての総合出版社の買収であり、そのような例は読売新聞社による中央公論社、投資会社シークエッジグループによる実業之日本社の買収に続くものだ。実業之日本社買収は本クロニクル⑤で既報。しかしＣＣＣが読売新聞社以上に総合出版社経営のノウハウを有しているはずもなく、一時的な「囲い込み」と見なしておくほうが妥当であろう。徳間書店のほうにしても、そこまで経営が苦しくなり、ＣＣＣの資本力にたよる結果に至ったのだから、創業者の徳間康快を見習い、彼が平和相互銀行と寄

り添うことで、徳間書店を成長させてきたように、ＣＣＣを利用して再起することをめざすべきではないだろうか】

〔６〕　５のＣＣＣに関連する動向として、『キネマ旬報』（３／下）が「２０１６年映画業界総決算」特別号として、「データが語る２０１６年映画界」で、森井充「パッケージ概況」、四方田浩一「動画配信概況」が報告されている。

「パッケージ概況」によれば、16年のＤＶＤ、ブルーレイ（ＢＤ）などの映像パッケージソフト市場のメーカー出荷売上は、２０４４億円、前年比６・２％減、金額にして１３６億円のマイナス。12年連続の前年割れで、この間に１７００億円減となり、５４・５％規模へと縮小している。内訳はセル用が１５２９億円、同６％減、レンタル店向け４８９億円、同９・８％減で、こちらも双方のマイナスは３年連続。

レンタルマーケットの落ちこみも止まらず、08年に１０００億円を割って以来、一度も前年を上回ることなく、ピーク時の04年の４割強まで縮小してしまった。16年末でのレンタル店は３０５４店で、こちらも1年で83店が減少している。それゆえに映像パッケージ市場及びレンタルマーケットとも苦境にあり、さらなる市場縮小が待っている。

「動画配信概況」によれば、ネットフリックスとアマゾンプライム・ビデオの二つの見放題サービスは、思いのほか急速に伸びていない。それでも16年には広告モデルの無料インターネットテレビ局アベマティービー、Ｊリーグ全試合の放映権を得たダゾーンがサービスを開始している。

今後の動画配信市場は地上波テレビ放送との競合や融合が進み、巨大な市場が構築されるか否かの時期に入り、17年はそうした将来像が見え始める年になるとされる。

【前回の本クロニクルなどでも繰り返し述べてきたように、CCC＝TSUTAYAはレンタルとフランチャイズシステムをコアとするもので、出版物のマーチャンダイジングを確立しないままに拡大し、それを日販とMPDが支えてきたのである。しかしここまで映像ソフトパッケージ市場とレンタルマーケットが縮小し、動画配信市場も様々に構築されようとしているわけだから、CCC＝TSUTAYAへの影響も大なるはずで、図らずも、こちらもコミック市場ではないけれど、スマホがもたらした社会と生活変化の直撃を受け、それはいうまでもなく、フランチャイズチェーンにも大きな影響を及ぼしていよう。それに加えて、レンタルの次に柱とする雑誌の凋落はもはや深刻な事態を招来しているとも推測される。そうした中での**5**の徳間書店買収が起きているのである】

〔**7**〕日販の吉川英作副社長が代表取締役に就任。

【代表取締役が社長と副社長の二人体制となったのは日販で初めてのことだし、大手取次にあっても前例はないはずだ。日販とCCCによるMPDの立ち上げは『出版業界の危機と社会構造』で既述しているが、その初代社長を務めたのは吉川であることからすれば、今回の彼の代表取締役就任が、MPDとCCC＝TSUTAYA問題にあることは明らかだ。その一方でCCCは千葉県柏市に「柏の葉蔦屋書店」(柏の葉T‐SITE)を開店。2階建の総売り場面積は1700坪、在庫は15万冊で、カフェ用として548席を備えたブックカフェスタイル。またTSUTAYAは名古屋のアピタ新守山店に中古書、新刊の併売、及びテナントを入れた新業態店舗「草叢BOOKS」を1250坪で開店している。これらは従来の雑誌、書籍、レンタルという業態から、パルコ的テナントプロジェクトへの移行の試みであろうが、その先行例の代官山蔦屋、蔦屋家電にしても、利益を上げていないとされている。だがこれらのプロジェクトにしても、日販とMPDの支えを抜きにしては成立せず、前回の本クロニクルでも見たように、17年もまた大型店出店の大半はCCC＝TSUTAYAで占められるであろう。そのことによって、日販、MPD、CCC＝TSUTAYAはどのような行方をたどることになるのであろうか。そのかたわらで、CCC＝TSUTAYA店舗のリストラも始まるはずで、吉川の代表取締役就任はそのことを告げているようにも思われる】

〔8〕 日販グループ会社のプラスメディアコーポレーション、すばる、MeLTSの3社は合併し、プラスへと承継。

プラスメディアコーポレーションはブックオフの子会社としてTSUTAYA 33店舗を運営していたが、14年に日販が子会社化し、31店を引き継いでいた。すばるはTSUTAYA加盟店の運営や図書館業務の請負、MeLTSはTSUTAYA 5店、蔦屋書店1店を運営している。

〔9〕　トーハンのグループ会社あおい書店は4月1日付で19店舗を、やはりグループ書店のブックファースト、スーパーブックス、らくだに事業移管する。

ブックファーストは42店から48店、スーパーブックスは35店から39店、らくだは7店から16店となる。

〔10〕　大垣書店が尼崎市の三和書房、札幌市のなにわ書房と業務提携し、両者の教科書を除く仕入れを大垣書店に一本化。

これに伴い、三和書房となにわ書房は大垣書店のフランチャイズとなり、店舗番線は支店というかたちで運営されることになる。

【8は7でもふれた日販のTSUTAYA店舗のリストラに備えた動きであろうし、9はトーハンの書店の「囲い込み」のその後の動向ということになろう。いずれにしても、日販やトーハンの傘下書店が、リストラと再編成に向かわざるをえない状況を示している。10はいずれも新風会の会員で、大垣書店がその会長であることから、これもまたとりあえず大垣書店が「囲い込み」したことになろう。しかしこれらのリストラ、再編にしても、危機の先送りに他ならず、出版物売上の凋落と相俟って、さらなる問題を露呈していくばかりであろう】

〔11〕　メディアドゥは産業革新機構が保有する出版デジタル機構の全株式を取得し、子会社化。

その理由として、メディアドゥは現在のコミック中心の電子書籍ビジネスにおいて、ビジネス書や文芸書の電子書籍流通推進を課題とし、出版社の共同出資で設立された出版デジタル機構がテキストコンテンツを豊富に持ち、相互に補完関係を築き、シナジーを追求できるとしている。

【出版デジタル機構に関しては『出版状況クロニクルⅣ』の12年2月のところで、講談社、小学館、集英社などにより、100万点の電子書籍化とその卸売りを目的にして設立されたことを既述している。そしてJPOの「緊デジ」の代行出版社を務めたことも。またメディアドゥについても、前回の本クロニクルで、集英社、小学館、講談社が出資する「著作物のデジタル流通」を事業コンセプトとしていることにふれている。これらの始まりと流れからすれば、この動きも電子書籍ビジネスをめぐるリストラと再編と見なすことができよう】

〔12〕講談社はスマホで個人の電子書店を開設できる「じぶん書店」を始める。

「じぶん書店」はスマホを所有するユーザーを対象とし、誰もが電子書籍を販売することができるサービスである。書店開設を希望するユーザーは会員登録を行なうことで、講談社の電子書籍3万2000点から自由に選び、取り扱うことが可能となる。

販売価格は講談社が決めた「定価」で、書店開設費は無料。作品の推薦コメントをアピールし、SNSで拡散することができ、そのSNS情報を見た人はすぐに試し読みと購入もできる。売れた場合、売上の10%に相当する「アフィリエイトコイン」が書店運営ユーザーに提供される。

【この「じぶん書店」を開発、運営するのが11のメディアドゥだと知ると、出版デジタル機構の買収も、そのアウトラインが明確になる。早急にその電子書籍事業に出版デジタル機構の電子書籍も組みこんでいき、大手出版社共同の「じぶん書店」の構築をめざしているのだろう。しかし講談社の3万2000点のうちの2万点がコミックとされるから、それに小学館や集英社も加われば、電子コミック売上はさらに成長するであろうが、2で見たように、書店のコミック売上を減少させることになるだろう。KADOKAWAのアマゾン直取引と同様に、講談社の「じぶん書店」の試みも、取次や書店に対する離反と見られても仕方がないと思われる】

〔13〕『週刊東洋経済』(3/4)が特集「物流が壊れる」を組んでいる。そのリードは次のようなものだ。

「(……)インターネット通販の拡大で荷物が急増する宅配業界では、配達員の不足が深刻だ。再配達の無料対応など築き上げてきた質の高さが足かせとなり、利益を削ってサービスを維持する事態に陥っている。

産業を支える大動脈、幹線輸送ではトラックドライバーの不足と深刻な高齢化で、輸送の維持が困難になっている。

モノが運べない時代がいよいよ現実になろうとしている。本特集では逼迫する現場をリポートし、瀬戸際に立つ物流の最前線に迫る。」

インターネット通販が5年間で1・8倍、15年に13・8兆円となり、ヤマトなどの宅配便市場がドラスチックに変わってしまったこと、再配達と値上げ問題、脱宅配依存に移行する佐川急便、投函型に注力する日本郵便、その中で1兆円規模に達したアマゾン売上高とプライム会員サービスが報告されていく。

【このような渦中に出版輸送問題を置いてみると、本クロニクル⑬、⑭と続けて言及してきたけれど、「いつ出版輸送が止まってもおかしくない」し、出版流通はスポイルされかねない状況にあることが実感となって迫ってくる。これも本クロニクル⑪でもふれているが、コンビニの雑誌売上は月商30万円を割りこんでしまっているのに、5万店に及ぶコンビニ流通を続けること自体が、もはやコスト的に成立しなくなっているのは自明なことだと思われる。しかもそれはまだボトムではなく、さらに減少していくのは確実だからだ。雑協では取協、東京都トラック協会、印刷工業会とで「出版物流協議会」を設けているが、出版物流をめぐる物量減少と売上減、深刻なドライバー不足などを真剣に受け止めているだろうか。土曜休配日問題を焦点にしているうちに、事態はさらに悪化していくにちがいない】

〔14〕リードエグジビジョンジャパンが主催する東京国際ブックフェア（ＴＩＢＦ）は今年の開催を休止と発表。

ＴＩＢＦはリードと出版業界による東京国際ブックフェア実行委員会の共催で、１９９４年から始められていた。

【「休止」と発表されているが、実質的に終わったと考えられる。ＴＩＢＦはリードにとっても赤字だったと伝えられているし、主要出版社も出店が減少したことも、その理由となろう。本クロニクル③などでも、リードの実態、ＴＩＢＦなどに関する疑問と出版社の脱退にふれてきたが、初期はともかく、現在の出版業界にあっては何のメリットもないブックフェアと見なすしかなかった。それに出版業界にしても、このようなブックフェアを共催する余裕も体力も、もはや失われてしまった現在を物語っていよう】

〔15〕『文化通信』（3／13）が子どもの文化普及協会を特集している。同会は児童書専門店、個人で開業する小規模書店、ブックカフェ、雑貨店などの取次で、クレヨンハウスの子会社でもある。それを紹介してみる。

＊取次に取引口座を開くには「信認金（取引保証金）」が必要とされるが、同会は取引条件が買切で、月末締めの全額入金。当初は入金を確認してからの前払い制のために、保証金は不要。

＊取引出版社は252社で、クレヨンハウスの子会社としてスタートしたこともあり、児童書出版社が多かったが、現在では講談社、小学館、集英社、岩波書店を始め、主要出版社の書籍も調達できる。それに買切だが、書店マージンは原則30％で、他の取次よりも利幅が高い。また知育玩具、CD、DVDなど書籍以外の仕入れ先も43社に達する。

＊同会に取引口座がある小売店は1000店で、継続的な取引は700〜800店、そのうちの400店から定期的に注文が入る。

＊その取引先は毎月10店から20店増え続け、1000店のうちの書店は1割ほどである。

＊取引先からは週に2回（月曜・木曜）受注し、月曜受注分は木曜日、木曜受注分は翌月曜日に宅配便で発送。送料は1回の受注が3万円を超えれば、同会が負担、その額に満たない場

合、店側が送料580円を負担する。依頼があれば、選書も引き受ける。
＊出版社からの仕入れも買切で、事故以外に返品はなく、支払いサイトは45日、全額払いである。
＊取引店の拡大に伴い、出荷冊数が1日7000から1万冊に達する日もあり、電子発注も増えている。物流は流通業者のナガオに業務委託している。
＊1976年にクレヨンハウスは創業し、当時の取次は太洋社だったが、正味の低い取次をめざし、86年に同会を設立した。それから低正味、買切制条件での仕入先出版社を拡大していった。その転機となったのは01年の鈴木書店の破綻で、これで出版社の意識が大きく変化し、取引先が広がっていった。

【低正味、買切制の取次としての子どもの文化普及協会が、その経緯と内情も含め、このように大きく紹介されたのは初めてだと思うので、細部にわたって言及してみた。同会の低正味買切制は、児童書専門店及び本以外を主たる商品とする業態であれば、他の取次よりもメリットが認められるし、そのことによって取引先も増えているとわかる。だが町の小規模書店の場合、どうしても雑誌とコミック、文春や新潮社の書籍も不可欠と考えられるので、取次のすべてを同会に託するわけにはいかない。とすれば、複数の取次を使い分けるか、出版社との直接取引を組み合わせて運営するということになろう。せっかくの子どもの文化普及協会の特集だったのだから、『文化通信』としても、今度はその取引先書店の特集も試みるべきだろう】

〔16〕 長きにわたって、『ちくま』に連載されていた鹿島茂の『神田神保町書肆街考』（筑摩書房）がA5判556ページの大冊となって刊行された。

【私見によれば、同書はタイトルからして1979年に刊行された脇村義太郎の『東西書肆街考』（岩波新書）を範とし、サブタイトルにある「世界遺産的〝本の街〟の誕生から現在まで」を鹿島流にアレンジし、満を持して上梓した一冊だと見なせよう。その終章に当たる「昭和四十～五十年代というターニングポイント」においては、「出版人に聞く」シリーズ15の小泉孝一『鈴木書店の成長と衰退』が正当な「オーラル・ヒストリー」として取り上げられ、所謂「神田村」の歴史もたどられている。本クロニクル⑦で、小泉の死も伝えているが、何よりの供養となり、とても有難いし、彼も草葉の陰で喜んでいると思いたい】

〔17〕 クリストファー・クラークの「第一次世界大戦はいかにして始まったか」というサブタイトルを付した『夢遊病者たち』（上下、小原淳訳、みすず書房）を読み終えた。

【第一次世界大戦は「二〇世紀の最初の災厄であり、他のあらゆる災厄はここから湧き出した」とされ、この起源と危機の原因については、これまでも多くの論議、文献と資料、仮説が提出されてきた。同書において、クラークは従来のドイツの戦争責任定説から離れ、ドイツ、オーストリア＝ハンガリー、フランス、ロシア、イギリス、イタリアという「六つの自立的プレイヤー」に加え、オスマン帝国やバルカン諸島国家の多国間相互作用を分析し、19世紀後半から1914年7月に至る第一次世界大戦勃発までのヨーロッパの社会状況を浮かび上がらせている。そして「一九一四年の人々は我々の同時代人である」とし、しかも最後の一文は次のように結ばれている。「一九一四年の登場人物たちは夢遊病者たちであった。彼らは用心深かったが何も見ようとせず、夢に取り憑かれており、自分たちが今まさに世界にもたらそうとしている恐怖の現実に対してなおも盲目だったのである」と。これを読みながら、このタイトルがヘルマン・ブロッホの『夢遊の人々』（菊盛英夫訳、ちくま文庫）に由来することは想像できたが、内容からすれば、ロベルト・ヴィーネの映画『カリガリ博士』をも想起させた。それとともに、現在の世界状況ばかりか、日本の出版状況に関しても、私たちは現在どこにいるのかという自問を発せざるをえないし、クラークの感慨にも似た結びの一文を思わず反復してしまったことを記しておこう】

クロニクル⑯　2017年4月

17年3月の書籍雑誌の推定販売金額は1766億円で、前年比2・8％減。送品稼働日が1日多かったことにより、マイナスが小さくなっている。書籍は1050億円で、同1・2％減、雑誌は716億円で、同5・0％減。

雑誌の内訳は月刊誌が603億円で、同4・2％減、週刊誌は112億円で、同8・9％減。返品率は書籍が26・5％、雑誌は40・0％で、今年に入って雑誌返品率が3ヵ月連続で40％を超え、書籍をずっと上回っている。

雑誌のほうは販売金額716億円に対し、286億円の返品であり、しかもそれらにはムックとコミックも含まれているわけだから、ものすごい量だと考えるしかない。書籍は278億円なので、それ以上ということになり、しかも週刊誌、月刊誌は断裁されるしかないし、紙の浪費と見なされ、いずれは紙資源問題にもリンクしていくかもしれない。

書籍にしても、今月は1年ぶりに返品率が30％を下回ったが、村上春樹の『騎士団長殺し』の売れ残りの山はどの書店でも見られるし、ブックオフや三洋堂でもすでに古本が売られ始めている。

この返品も恐ろしい気がする。

〔1〕 2016年の雑誌創刊は前年より3点少ない73点で、12年から5年連続で100点を下回った。雑誌銘柄数は2977点、前年比3・3％減となり、3000点を割りこんだ。内訳は月刊誌が2896点、週刊誌が81点。創刊、休刊誌一覧は『新文化』（4／13）に掲載。

【日本の出版流通システムが雑誌をベースにして構築されてきたことは本クロニクルで繰り返し既述しているとおりだ。しかしその販売インフラは中小書店をメインとする2万店によって支えられていたことを、あらためて実感してしまう。アルメディアによれば、16年の書店数は

1万3041店だったので、現在は1万3000店を割ったとも考えられるし、先頃発表された東京書店組合員数は370店になってしまったのである。そして雑誌もパラレルに減少していったと見なせよう。それと電子雑誌が相乗し、3000誌を下回る状況を招来させたことになろう】

〔2〕『出版月報』（3月号）の特集「2016年文庫本マーケットレポート」の「文庫マーケットの推移」を示す。

【文庫本販売金額は3年続きの6％を超えるマイナスで、17年には1000億円を割りこんでしまうだろう。16年の書籍推定販売金額の文庫本シェアは14・5％であり、雑誌やコミックと並ぶ書店売上の柱だが、文庫もまたパラレルに落ち続けていることになる。それは販売部数にも顕著で、16年は1億6302万冊、前年比7・2％減である。こちらも3年連続の7％減となり、20年前と比べれば、1億冊近くのマイナスとなっている。新刊点数は横ばいだが、2006年の文庫本総流通点数は6万7000点、16年は8万8000点で、2万1000点の増加である。それに対し、07年から16年までの10年間の新刊点数を合算すると、8万1540点で、これを単純計算すれば、16年の総流通点数は15万点を超えるはずだ。だが実際には8万8000点だから、10年間で6万点、1年に6000点の文庫が絶版になっているとわかる。8000点の新刊のかたわらで、6000点が消えている。それを象徴するように、もはや文庫はロングセラーを中心とするものではなく、新刊、既刊比率が50・3と49・7％とほぼ

■文庫マーケットの推移

年	新刊点数		推定販売部数		推定販売金額		返品率
	点	(増減率)	万冊	(増減率)	億円	(増減率)	
1995	4,739	2.6%	26,847	▲6.9%	1,396	▲4.0%	36.5%
1996	4,718	▲0.4%	25,520	▲4.9%	1,355	▲2.9%	34.7%
1997	5,057	7.2%	25,159	▲1.4%	1,359	0.3%	39.2%
1998	5,337	5.5%	24,711	▲1.8%	1,369	0.7%	41.2%
1999	5,461	2.3%	23,649	▲4.3%	1,355	▲1.0%	43.4%
2000	6,095	11.6%	23,165	▲2.0%	1,327	▲2.1%	43.4%
2001	6,241	2.4%	22,045	▲4.8%	1,270	▲4.3%	41.8%
2002	6,155	▲1.4%	21,991	▲0.2%	1,293	1.8%	40.4%
2003	6,373	3.5%	21,711	▲1.3%	1,281	▲0.9%	40.3%
2004	6,741	5.8%	22,135	2.0%	1,313	2.5%	39.3%
2005	6,776	0.5%	22,200	0.3%	1,339	2.0%	40.3%
2006	7,025	3.7%	23,798	7.2%	1,416	5.8%	39.1%
2007	7,320	4.2%	22,727	▲4.5%	1,371	▲3.2%	40.5%
2008	7,809	6.7%	22,341	▲1.7%	1,359	▲0.9%	41.9%
2009	8,143	4.3%	21,559	▲3.5%	1,322	▲2.7%	42.3%
2010	7,869	▲3.4%	21,210	▲1.6%	1,309	▲1.0%	40.0%
2011	8,010	1.8%	21,229	0.1%	1,319	0.8%	37.5%
2012	8,452	5.5%	21,231	0.0%	1,326	0.5%	38.1%
2013	8,487	0.4%	20,459	▲3.6%	1,293	▲2.5%	38.5%
2014	8,618	1.5%	18,901	▲7.6%	1,213	▲6.2%	39.0%
2015	8,514	▲1.2%	17,572	▲7.0%	1,140	▲6.0%	39.8%
2016	8,318	▲2.3%	16,302	▲7.2%	1,069	▲6.2%	39.9%

半々になっている。それを16年の文庫総流通点数に当てはめれば、新刊８３１８点と既刊８万点の販売金額がほとんど同じということになり、ここに既刊の絶版が加速している状況が浮かび上がってくる。しかもそれが10年にわたって続いているのである。これは文庫もまた雑誌と同じような刊行と販売状況に置かれていると見なしていいだろうし、それは文庫も返品されれば補充されずに絶版に追いやられる比率が高いことを告げている。かつては文庫も２万を超える書店市場に支えられ、既刊の滞留在庫として返品率も低い分野であったが、今世紀に入り、そうした文庫状況も様変わりしてしまったことを実感する。文庫状況も危機にあるというしかない】

〔３〕『FACTA』（5月号）が「朝日新聞『押し紙率32％』に愕然」という記事を発信し、「販売局有志」による内部告発に基づく資料も掲載している。

それによれば、朝日新聞の発行所部数は１９９９年に発行部数８２９万４千部、実売７７１万３千部、残紙58万１千部だったが、２０１６年には発行所部数６５４万部、実売４４４万７千部、残紙２０９万３千部、残紙率32％となり、３部に１部が配られないまま、毎日廃棄されているという。

さらに「販売局有志」は東京オリンピックの20年には発行部数４６３万部、実売部数３２４万部まで落ちこむと予測し、「この会社がすぐにつぶれるのでなければ、私たちはあなた方よりも長くこの会社に勤めることになります。私たちは自分さえよければいいという愚かな取締役たちに将来をつぶされたくないのです」と締めくくっている。

また残紙（押し紙）は朝日新聞だけでなく、読売新聞や日経新聞も同様で、毎日新聞や産経新聞はさらに深刻だとの指摘もされている。

【この記事を取り上げたのは、残紙が出版物の返品と相通じるものがあり、リードにおける雑誌だけでなく、2の文庫にしても、返品率と絶版状況からすれば、断裁率が高くなっていると推測される。書籍にしても、新刊依存度は高まる一方だし、常備寄託、長期委託などによる再出荷の割合は低くなり、かつてのように在庫が出版社の財産と見なせなくなっている。そのような出版状況の中での高返品率は、新聞の「残紙」（押し紙）と同様に、実質的には雑誌のみならず、書籍も「毎日廃棄される！」に等しい時代を表象している。出版業界と新聞業界に共通するのは、紙と活字に加えて再販制で、護送船団的に依存していることである。成長しているうちはよかったが、メディアと社会状況の変化に伴い、もはや制度疲労を起こし、流通と販売システム全体が硬直化し、機能不全に陥ってしまったといっていい。それに宿痾のようなものとして露出してしまったことも共通している。しかし出版業界において、「私たちは自分さえよければいいという愚かな取締役たちに将来をつぶされたくないのです」との声は聞こえてこない。それは出版業界のほうがさらに深刻なことを意味しているのかもしれない】

〔4〕『日本の図書館 統計と名簿２０１６』も出されたので、公共図書館の推移を示す。

【注視すべきは個人貸出数で、２０１４、15年は2年続きのマイナスで、7億冊を割りこんでいたが、16年は7億冊を回復している。本クロニクル⑥で、出版物の凋落の影響は図書館にも及び、貸出点数もピークアウトしたのではないかとの推測を述べておいたけれど、それが17年も同様であるかはさらに数年のウォッチを要すると考えられる。しかしいずれにしても、書籍の推定販売部数は2011年から7億冊を下回り、12年6億8790万冊、13年6億7738万冊、14年6億4461万冊、15年6億2633万冊であるから、図書館の貸出冊数に抜かれてしまい、水をあけられていくばかりだった。16年はそれがさらに広がり、6億1769万冊であるので、図書館貸出冊数のほうが8600万冊も多いという状況を迎えてしまった。おそらく17年は推定販売部数が6億冊を割ることも考えられるので、図書館貸出冊数との差は1億冊に及んでいくだろう。本クロニクルでも繰り返し、書店と棲み分けを考慮しない公共図書館の増加が書店を駆逐していったことを言及しているが、その結果がこのような貸出冊数と販売冊数の大きな逆転と差となって現実化したのである。現在の出版危機の背後には書店の減少と、公共図書館の増加に伴う、貸出数の販売冊数を上回る増加があるといっても過言ではない。その一方で、『出版ニュース』（4／中）の村田忠夫「東京ユニオンの取り組み」は図書館の現在の職場状況を伝え、それはやはり出版業界の現在の鏡像でもあることを示唆しているといえよう】

〔5〕 CCCは新しい商業施設「GINZA SIX」に「銀座蔦屋書店」700坪を開店。絵画や写真関連書、国内外美術展図録など6万点を扱う。

■公共図書館の推移

年	図書館数	専任職員数(人)	蔵書冊数(千冊)	年間受入図書冊数(千冊)	個人貸出登録者数(千人)	個人貸出総数(千点)	資料費当年度予算(万円)
1971	885	5,698	31,365	2,505	2,007	24,190	225,338
1980	1,320	9,214	72,318	8,466	7,633	128,898	1,050,825
1990	1,928	13,381	162,897	14,568	16,858	263,042	2,483,690
1997	2,450	15,474	249,649	19,320	30,608	432,874	3,494,209
1998	2,524	15,535	263,121	19,318	33,091	453,373	3,507,383
1999	2,585	15,454	276,573	19,757	35,755	495,460	3,479,268
2000	2,639	15,276	286,950	19,347	37,002	523,571	3,461,925
2001	2,681	15,347	299,133	20,633	39,670	532,703	3,423,836
2002	2,711	15,284	310,165	19,617	41,445	546,287	3,369,791
2003	2,759	14,928	321,811	19,867	42,705	571,064	3,248,000
2004	2,825	14,664	333,962	20,460	46,763	609,687	3,187,244
2005	2,953	14,302	344,856	20,925	47,022	616,957	3,073,408
2006	3,082	14,070	356,710	18,970	48,549	618,264	3,047,030
2007	3,111	13,573	365,713	18,104	48,089	640,860	2,996,510
2008	3,126	13,103	374,729	18,588	50,428	656,563	3,027,561
2009	3,164	12,699	386,000	18,661	51,377	691,684	2,893,203
2010	3,188	12,114	393,292	18,095	52,706	711,715	2,841,626
2011	3,210	11,759	400,119	17,949	53,444	716,181	2,786,075
2012	3,234	11,652	410,224	18,956	54,126	714,971	2,798,192
2013	3,248	11,172	417,547	17,577	54,792	711,494	2,793,171
2014	3,246	10,933	423,828	17,282	55,290	695,277	2,851,733
2015	3,261	10,539	430,993	16,308	55,726	690,480	2,812,894
2016	3,280	10,443	436,961	16,467	57,509	703,517	2,792,309

〔6〕 エディオンはCCCとジョイントし、広島市に新型の家電量販店「エディオン蔦屋家電」を開業。
家電と関連する本や雑貨を一緒に並べ、カフェも設け、世田谷の蔦屋家電の2店目。

〔7〕 三省堂名古屋本店がタカシマヤゲイトタワーモール8階にワンフロア1000坪でオープン。
雑貨の「神保町いちのいち」30坪とカフェの上島珈琲（UCC）40坪も併設。

〔8〕 未来屋書店はブック&カフェ業態の新店「未来屋書店大津京店」260坪と「ミライヤ・ブックマーク・ラウンジカフェ大津京店」45坪を、イオンスタイル大津京4階にオープン。
未来屋書店のブック&カフェは4店目。

【書店数が1万3000店を割りこんでいく一方で、新業態のブック&カフェなどの出店が続いていることになるが、このような出版状況下において、書店売上を採算にのせることはきわめて難しい。芸術書専門店にしても、家電とのジョイントにしても、打ち上げ花火的なものでしかないし、フランチャイズのビジネスモデルに不適格であることはいうまでもないだろう。そこに折しも『週刊東洋経済』（4／15）が「フランチャイズ 天国と地獄」特集を組んでいる。そこに17年3月時点の「業種別FC店舗数の増減表」が掲載され、CCCのTSUTAYA FC店舗数は1451となっている。本クロニクル⑭で、MPD経由のTSUTAYAは812店と記しておいたが、それ以外にも600店を超える様々な他業種FCがあり、それにも日販が絡んでいるのだろうか。CCCは会社分割による東北TSUTAYA、関西TSUTAYA、日本レジスターサービスの3社の設立も発表している。また大型店出店に関してだが、前回の本クロニクルで、これも名古屋の栄進堂破産問題として、破産会社の在庫図書の所有権は破産会社にあり、その処分権は破産管財人に存するという弁護士から出版社への「照会状」を示しておいた。この問題をめぐって業界紙などではまったく報じられていないが、この破産管財人弁護士の申し立てが法的に認められるならば、取次が書店在庫を回収し、売掛金の相殺に当てることも不可能になってしまう。それに加えて、大型店の初期在庫売掛金、出版社の常備寄託、長期委託、延勘口座もまた回収できないことになろう。もし多大な買掛金と在庫を有するナショナルチェーンが自己破産したら、それらはたちまち取次を直撃し、めぐりめぐって出版社にも及ぶであろう。取協にしても、書協にしても、これは焦眉の重要問題に他ならず、そのような事態が発生した場合、いかなる対応と処置を考えているのだろうか】

〔9〕 ブックオフは松下展千社長が代表権のない取締役に退き、コンサルティング会社出身で2006年入社、40歳の堀内康隆取締役執行役員が後任となる。

ブックオフは17年3月期売上高が50億円減の800億円、営業損益が4億円で2年連続の赤字となる見通しで、業績の早期回復と企業価値の向上のための社長交代とされる。

【ブックオフの社長交代と連続赤字は、出版物の凋落がブックオフにも及んできたこと、またそれにより従来のフランチャイズビジネスの展開ができなくなってきたことを象徴しているのだろう。ブックオフのスタートは1990年で、すでに30年近くが過ぎ、出版物をめぐるメディアと社会環境が激変していることから考えれば、これからの成長は難しいと見なすしかないし、後退戦に追いやられていくと判断していいように思われる。株主の大手出版社も株が暴落する前に売り抜けたほうがいいかもしれない。ブックオフビジネスの実像に関して必要とあれば、拙著『ブックオフと出版業界』(ぱる出版、のち論創社)を参照されたい】

〔10〕 ワンダーコーポレーションの連結決算は売上高741億9600万、前年比5・4%減、当期純損失は11億2400万円の減収減益。2年連続の赤字決算。
事業別内訳はWonder Goo事業が388億4300万円、同7・1%減、リユースのWonder Rex事業が74億3400万円、同12・0%増、TSUTAYA事業が151億4100万円、同3・2%減、新星堂事業124億5100万円、同11・7%減である。

【ワンダーコーポレーションはレンタル、ゲームソフト販売などがメインなので、本クロニクル⑦の「書籍・文具売上高ランキング」には登場していないが、TSUTAYA事業に示されているように、TSUTAYAのフランチヤイズとしての書店も兼ねている。そのような複合のワンダーコーポレーションにしても、2年連続赤字は9のブックオフと同様であり、やはりゲームソフトと販売やレンタルなどの複合型ビジネスモデルが成立しなくなったことを示唆している。次年度は売上高725億円、前年比2・3%減との予想が出されているが、リストラ

も始まるだろうし、3年連続赤字を避けられるであろうか】

〔11〕大阪屋栗田は服部達也副社長が代表取締役となり、企画管理本部とリーディングスタイルも管掌。

【前回の本クロニクルでも、日販の社長と副社長の代表取締役の二人体制を伝えたが、大阪屋栗田も同様となった。ただこれも本クロニクル⑦で既述しておいたように、服部は楽天出身であり、大竹深夫社長は退任するとも伝えられているので、実質的に大阪屋栗田は楽天主導のかたちで進んでいくことになろう。昨年の段階では「本業のこれまで以上の強化」と「ネットとリアル書店の連携」が謳われていたが、その取次としての「本業」を楽天が担っていくとは思われないし、それは困難だと判断するしかない】

〔12〕『選択』（4月号）が「マスコミ業界ばなし」で、アマゾンの電子書籍定額読み放題サービス「キンドル・アンリミテッド」問題のその後に言及している。

それによれば、一方的に削除された大手出版社の小学館や光文社のなどの多くが、「アンリミテッド」への書籍提供を再開したけれど、講談社だけは「勇気ある抵抗」を示し、再開しておらず、「アマゾン側の誠意ある対応を求め、交渉を続けている」という。

【しかしこの記事にしても、巻末ページの補遺のような発信で、『選択』のような直販誌であっても、「アマゾンが事実上、紙の書籍を扱う日本最大の書店である状況」ゆえに、配慮を示していることになろうか。アマゾンの動向は業界紙でも報道されないが、日販非在庫商品取り寄せ＝バックオーダー発注に関しては、6月をもって取引継続を打ち切るとの決定が出版社に通達されている。つまり7月以降のバックオーダー発注は、直接取引を推進していくとの通達であろう】

〔13〕前回の本クロニクルでメディアドゥの出版デジタル機構の子会社化を伝えたが、そのメディアドゥの決算が出された。

売上高155億円、前年比38・2％増、経常利益6億円、同18・8％増、純利益4億円、同23・9％増となり、大幅な増収増益決算。

【そのうちの国内外向け電子書籍事業は142億円、同33・9％増で、それは「楽天マンガ」や「GEOマンガ」へのコンテンツ配信やシステム提供の比重が高いと思われる。ちなみにLINEの「LINEマンガ」は月商10億円を超え、前年比50％増だという。なおメディアドゥは電子コミックの成長を織りこんだが、今期の売上高を200億円と想定している】

〔14〕コンビニ各社は各店舗への出版物配送時間指定の緩和を実施し、従来の前後30分だった幅を前150分、後30分へと変更。

【出版輸送問題については本クロニクル⑬から続けてふれているが、コンビニの時間指定緩和はそうしなければ、コンビニ配送が止まりかねない状況にあったと見なすしかない。しかしそれだけで問題が解決したわけではなく、ヤマト運輸の値上げも控えているし、配送料も問われていくことは必至だ。また大手コンビニ5社は25年までに全商品に電子タグをつけることに合意したとされる。消費者のセルフレジと人手不足の解消、及び現在の1枚10円から20円を1円以下にするために、18年をめどに一部地域で実験を開始するという。まだ先のことだとしても、雑誌売上のさらなる減少と配送問題の深刻化、それに電子タグのことも含めると、コンビニでの雑誌販売の行方が見えてくるように思われる】

〔15〕古本買取りのバリューブックスは、音楽書のアルテスパブリッシング、ビジネス書などの英治出版、哲学書などのトランスビュー、文芸書の夏葉社とミシマ社の5社と提携し、バリューブックスが買い取った提携出版社の古本が再度売れた場合、売上の33％を出版社に還元する。17年から5社を対象に開始し、提携先を広げることも検討する。

【バリューブックスはアマゾンの「マーケットプレイス」に出品し、年間160万冊を扱い、16年売上高は16億円に達するという。その提携の仕組みをアピールする専用ページを開設するということなので、それを見てみると、社外取締役として「本屋B＆B」の内沼晋太郎が出てくる。そしてこのような企画の構図と人脈が浮かび上がってくることになる】

クロニクル⓱　2017年5月

17年4月の書籍雑誌の推定販売金額は1121億円で、前年比10・9％減。送品稼働日が1日少なかったこと、返品の増加が主たる要因だが、2ケタマイナスは16年10月以来である。書籍は550億円で、同10・0％減、雑誌は570億円で、同11・9％減。

雑誌の内訳は月刊誌が466億円で、同12・3％減、週刊誌は104億円で、同10・1％減。

返品率は書籍が35・1％、雑誌は45・4％で、雑誌のほうは今年に入って4ヵ月連続で40％を超えている。

販売金額のマイナスと返品率は、最悪のところまできているといっても過言ではない。

しかも5月連休（4／29〜5／7）の書店売上は、日販調査によれば、前年比7・4％減、トーハン調査は、同5・8％減で、5月の回復は期待できない。

そのようにして、17年上半期が過ぎていこうとしている。

■ムック発行、販売データ

年	新刊点数		平均価格	販売金額		返品率	
	(点)	前年比	(円)	(億円)	前年比	(%)	前年比
1999	6,599	11.5%	915	1,320	1.9%	43.5	▲0.5%
2000	7,175	8.7%	905	1,324	0.3%	41.2	2.3%
2001	7,627	6.3%	931	1,320	▲0.3%	39.8	▲1.4%
2002	7,537	▲1.2%	932	1,260	▲4.5%	39.5	▲0.3%
2003	7,990	6.0%	919	1,232	▲2.2%	41.5	2.0%
2004	7,789	▲2.5%	906	1,212	▲1.6%	42.3	0.8%
2005	7,859	0.9%	931	1,164	▲4.0%	44.0	1.7%
2006	7,884	0.3%	929	1,093	▲6.1%	45.0	1.0%
2007	8,066	2.3%	920	1,046	▲4.3%	46.1	1.1%
2008	8,337	3.4%	923	1,062	1.5%	46.0	▲0.1%
2009	8,511	2.1%	926	1,091	2.7%	45.8	▲0.2%
2010	8,762	2.9%	923	1,098	0.6%	45.4	▲0.4%
2011	8,751	▲0.1%	934	1,051	▲4.3%	46.0	0.6%
2012	9,067	3.6%	913	1,045	▲0.6%	46.8	0.8%
2013	9,472	4.5%	884	1,025	▲1.9%	48.0	1.2%
2014	9,336	▲1.4%	869	972	▲5.2%	49.3	1.3%
2015	9,230	▲1.1%	864	917	▲5.7%	52.6	3.3%
2016	8,832	▲4.3%	884	903	▲1.5%	50.8	▲1.8%

〔1〕『出版月報』(4月号)の「ムック市場2016」のデータを示す。

【週刊誌、月刊誌、コミックが凋落していく中で、雑誌売上を支えるべき分野としてムックがある。しかし16年のムック販売金額は903億円、前年比1・5%減で、こちらも6年連続マイナスとなった。販売冊数も同様で、1億140万冊、同3・9%減で、おそらく17年は1億冊を割りこむだろう。しかも16年は12月31日の特別販売日にムックを中心として210点、840万部、金額にして50億円が投入されたことを考えれば、販売金額や冊数もマイナス幅はさらに大きかったと見なせよう。新刊点数が減少し始めているのは、学研などの出版点数が半減していることも作用しているが、やはり返品率が2年続いて50%を超えていることが問題となっていると思われる。前回の本クロニクルで、「文庫マーケットの推移」を挙げ、16年の新刊8318点に対し、販売金額が1069億円、返品率が39・9%であることを既述しておいたが、ムックも新刊8832点、販売金額903億円、返品率50・8%で、新刊点数、販売金額は近い数字となるが、返品率はムックが突出している。ムックの場合、週刊誌や月刊誌と異なり書籍と同様に再出荷され、長期にわたって販売するメリットがあったけれど、2年続きの50%を超える返品率からすれば、再出荷どころか、大半が週刊誌や月刊誌と同様に、断裁処分に追いやられているのではないだろうか。その一方で、これだけの新刊点数が出ているわけだから、ムック市場もまた新刊しか売れないし、ロングセラーとして雑誌売場に常備される機会も少なくなっていると思われる。書籍から派生した文庫、雑誌から派生したムックの両者が示す近年の新刊点数の多さ、販売金額のマイナス、高返品率は、漂流する出版業界の現在を象徴していることになろう】

〔2〕取協と雑協は「12月31日特別販売、年末年始キャンペーン」の販売実績を発表。
12月31日の雑誌売上は17・3%増、全体10・1%増で、一定の成果があったと総括。

【『新文化』（4／27）にこの「年末年始の売上 前年比 取協POS店調べ」が掲載されている。表は煩わしいので示さない。必要とあれば、そちらを見てほしい。しかしそれは12月29日から1月4日にかけての「7日間計」である。雑誌101・5、書籍99・2、コミック88・5、開発品101・4、総計97・5、客数93・1、単位はいずれも%。何のことはない。総計で見れば、雑誌も当日だけの増で、客数も増えていない。しかもキャンペーン当日の31日から1月6日までの「7日間計」とすれば、おそらく雑誌もマイナスだと推測される。そうすると、一定の成果があったと総括できないので、キャンペーン前の2日間の数字を折りこみ、そのように発表しているのである。こういうレポートこそフェイクニュースに他ならない。取協や雑協は同じことを今年も繰り返すのだろうか】

〔3〕 アマゾンは、日販が常時在庫していない商品取り寄せ＝日販バックオーダー発注を、6月30日で終了。

【これは前回ふれておいたことだが、ようやく業界紙などでも報道され始めている。それはアマゾンが出版社2000社に通知したことに基づいている。またこの問題と関連して、アマゾンから出版社に「Amazon .co.jp 和書ストアの仕組み」という28ページの小冊子が送られ、直接取引である「e 託サービス」が説明されている。このような文書が多くの出版社に発送されることも異例だし、アマゾンの「e 託サービス」への力の入れ方がわかる。なお現在のアマゾンの仕入れ全体の3割は直接取引に及んでいるとされる。これらに関してもここで贅言をはさむよりも、「アマゾンの『バックオーダー発注』廃止は、正味戦争の宣戦布告である」の一読をお勧めする。5月7日付でネット発信されたものだが、取次とアマゾンとバックオーダー発注、正味問題と直接取引と出版社の行方などを真に正面から論じて出色であり、本クロニクルの読者であれば、必読といえるだろう。この背景にはヤマト運輸の配送料問題も絡んでいるはずだ。宅配便市場はヤマト、佐川、日本郵便の3社でシェアの9割が占められ、2016年は37億1800万個で、前年比8%を上回り、2年連続で最高を記録している。そのしわ寄せがアマゾンを担うヤマト運輸に表われていることはいうまでもないだろうし、すでに宅急便の値上げも発表されている。アマゾンに対してはどのような事情と状況にあるかは『週刊東洋経済』(5/20)の「アマゾン値上げ迫る 強気ヤマトが抱える不安」という記事を参照してほしい。アマゾンとしても、ガソリン価格の上昇も伝えられているし、それなりの譲歩をするしかないだろう。その影響をめぐって、出版社に「e託サービス」要請というかたちで押し寄せていると見ていい】

〔4〕『文化通信』(5/1)が「出版輸送はどうなるか」というタイトルで、取協発売日・輸送対策委員会の川上浩明委員長(トーハン)と安西浩和副委員長(日販)にインタビューしている。それを抽出してみる。

＊取次各社合計の配送先は2011年5万9464店が16年には6万7542店に増加し、その間に書店が2000店減り、コンビニが1万店増。
＊2010年から、出版輸送からの撤退の申し出が相次ぎ、とりわけ雑誌の業量が落ちてきた12年から顕著になった。
＊主な原因は雑誌の業量が減っているのに配送件数が増えたこと、配送先の時間指定などの環

境変化、労働条件の問題の3つである。
＊最近は大手輸送会社からの撤退の申し出もあり、それは全国の協力会社の中小輸送業者からもう限界だという声が上がったことによっている。
＊これまで出版業界は出版社、取次、書店を三位一体だといってきたが、輸送網がそれを支えている柱の一つだという視点が欠けていたのではないか。今や取次にとって、輸送網の維持が最大の課題になっている。
＊運賃と体系も以前と異なり、重量運賃制での不足する分の保障、最低運賃との保障に加え、そのプラスアルファの補填も生じつつある。出版社にはいくつかの運賃協力金を負担してもらっているが、それを改定したのは1993年で、それ以後改定されていない。書店に関しては返品運賃を負担してもらっている。ただ取次の払う運賃と協力金のギャップはこの5年くらいで急激に開いている。
＊今の仕組みでは書籍と雑誌を別に配送することはできないし、コスト的にコンビニ向け雑誌をコンビニ配送網にのせることは見合わない。
＊出版配送の宅配便と同じ運賃を出せるなら、問題の一部の解決の可能性はあるけれど、それは現在の出版業界の収益構造では不可能な水準なので、輸配送業者も含めた四者で、様々に取り組んでいくしかない。
【結局のところ、出版物販売金額がマイナスを重ねる中で、書店が減少し、コンビニが増加し、それによって出版物輸配送も危機へと陥ったことになろう。16年を例にとれば、書店が1万3

000店に対し、コンビニは5万4500店で、しかもコンビニは本クロニクル⑪などでも指摘しておいたように、近年の雑誌売上高は月商30万円台でしかない。その5万店を超える雑誌輸送を取次が担うこと自体が無理なのだし、その事実を直視すべきだ。また本来であれば、取次はコンビニ各社に運賃協力金を要請すべきだが、それができないのだろう。歴史にもしもはないのだが、取次が1970年代にコンビニと取引を始めるにあたって、早くから雑誌のコンビニ配送網への移行戦略を実行していたらと思わずにはいられない。それは商店街の書店から郊外型書店への転換に対して、書籍の低正味買切制が実現していたら、現在のような危機は生じなかったのではないかということと共通していよう】

〔5〕 トーハンは楽天、NTTドコモ、ロイヤリティマーケティングの3社と業務提携し、今秋から書店での「ponta」「楽天スーパーポイント」「dポイント」のポイントカードサービスを開始。

【日販の「Tポイント」に対するトーハンのポイント対抗戦略ということになるが、書店バックアップ施策としての効力は疑わしいし、アマゾンなどのネット書店のポイント付与に対抗するには遅きに失すると考えるしかない。その発表のかたわらで、大日本印刷グループ書店とトゥ・ディ・ファクトは共同で、「家族丸ごと読書一年分プレゼント」を実施している。それは「honto」サービス開始記念5周年として、500万ポイントを進呈するもので、「honto」で500万円分に当たり、抽選で1人に当たる。2等は1000円クーポン券で、

これも抽選で5000人に進呈するという。まさに大盤振る舞いで、Tポイントも含め、書店のポイントはとてもかなわない】

〔6〕日本ABC協会の2016年下半期の「ABC雑誌販売部数表」(『文化通信』5/24掲載)が出された。

報告誌は39社152誌、週刊誌34誌、月刊誌118誌である。合計販売部数は1405万部、前年比2・5%減。

デジタル版は94誌で、14万6110部、16年上半期比9・6%減。

読み放題UUは85誌、665万7953U、同40・5%増。

【本クロニクル⑪で、「dマガジン」の成功に言及したし、同⑭でもジュピターテコムの「J:COMブックス」の開始を伝えたが、読み放題サービスはさらなる成長で、その内訳を見ると、週刊誌は52・6%増、月刊誌は35・4%増と突出している。それに比べて、デジタル版の勢いは急速に失墜し、3万部を超える『日経ビジネス』は例外として、その次に5000部の『Mac Fan』が続いているにすぎない。単体の電子雑誌は成立せず、読み放題サービスに駆逐されてしまったことになるのだろうか】

〔7〕『朝日新聞』(5/10)にインターネットの投稿サイト「Free Books」(フリーブックス)の記事が掲載されている。

このサイトで、コミックや小説など少なくとも3万5千点が無断公開され、『騎士団長殺し』や『進撃の巨人』などもアップされ、被害金額は10億円を超すと見られているが、今月初めに閉鎖されたという。

サイトを運営するサーバーはウクライナなどに置かれ、運営会社は不明。

【このようなサイトは中国にもあり、そこでは多くのコミックやアニメを見ることができ、特定の作品を上げるまでなく、ほとんどすべてがアップロードされているという。それにアニメは英語圏のファンによる字幕付き視聴サイトも多くあるようだ。「フリーブックス」のウクライナということで思い出したが、大手出版社の元幹部から聞いたところによると、ロシアには無数のコミックなどのサイトがあり、トータルすればとんでもない被害額に及ぶのではないかという話だった。ただ少し調べていくと、ロシアマフィア絡みなので、アンタッチャブルのままにしておくしかないとのことも。「フリーブックス」に関しては、出版社各社は著作権法違反の疑いで告訴することを検討しているようだが、どうなるのだろうか】

〔8〕『出版ニュース』(5／上)に「世界の出版統計」が掲載されている。

そのうちのアメリカ、イギリス、ドイツ、フランスを示す。

＊アメリカ／15年出版総売上高は277億ドルで、前年比0・6％減。総販売部数は27億部で、同0・5％増。書店総売上高は111億ドルで、同2・6％増。16年は120億ドルで、2・5％増とされる。電子書籍売上高の低下と書店売上の増加が指摘されている。

＊イギリス／15年出版総売上高は33億ポンドで、前年比0・1％増。そのうちのフィジカル書籍（印刷本）売上高は27億6000万ポンド、同0・4％増、デジタル書籍は5億5000万ポンド、1・6％減。

＊ドイツ／15年ドイツ書籍販売業者総売上高は91億8820万ユーロで、前年比1・4％減。書店売上高は44億2700万ユーロで、同3・4％減。

＊フランス／15年出版総売上高は26億6700万ユーロで、前年比0・6％増。書籍市場総売上高は39億7000万ユーロで、同1・8％増。

【本クロニクル⑮で、16年のイギリスとアメリカの書店と書籍売上の増加を伝えておいたが、15年からアメリカ、イギリスは回復基調にあったとわかる。それはフランスも同様で、電子書籍の減少とも関連しているのだろう。電子書籍に関しては、海外生活の長い比較文学研究者から現在状況に関する話を聞く機会があった。それによれば、文学、人文科学分野においては、かなりの学術書が電子書籍で読める環境になっているという。それは7ではないけれど、版権があるものも誰かがどこかでアップロードしていて、フリーで読める。例えば、ミシェル・フーコーにしても、完全ではないが、フランス語も英訳もほとんどが読めるし、そのようなインフラが版権問題は別にして、すでに構築されてしまっているとのことだ。それを聞き、電子書籍の欧米での減少がわかるようにも思われた。洋書の場合、電子書籍もほぼ同時発売されているが、その定価はハードカバーのものとほとんど変わらず、高価である。それに対して、このような電子書籍環境が整っているのであれば、買う必要はなくなるからだ。これらの事情に

関しては、さらなる専門家のご教示を得たいと思う】

〔9〕 日書連加盟書店数が前年比190減の3504店となる。

【その推移は『出版状況クロニクルⅢ』などに記しているが、ピーク時の1986年には2万3000店近くの書店があったわけだから、この30年で1万店近くが消滅してしまったことになる。郊外消費社会の進行とともに、町の中小書店がほとんど壊滅状態になってしまった事実を告げている。そしてそれが何をもたらしたかも。『日経MJ』（5／28）が「薦めたい店ランキング」を特集している。それは20代以下、30代、40代、50代、60代以上の男女別年代別に分かれ、総合ランキングとしては1位のセブンイレブンから15位のサーティワンアイスクリームまでが挙がっている。その中に書店はない。それは20代以下から50代までも共通で、かろうじて60代以上の男性の8位、女性の10位に紀伊國屋書店が見出せるだけである。書店のイメージそのものが変化し、

■薦めたい店舗　総合ランキング

順位	店舗名	割合（%）
1	セブンイレブン	40.6
2	ダイソー	40.0
3	モスバーガー	35.8
4	ユニクロ	35.5
5	無印良品	35.1
6	ゴディバ	34.4
7	スターバックスコーヒー	33.8
8	ローソン	32.8
9	イオン	32.6
10	東急ハンズ	31.4
11	ファミリーマート	31.2
12	ニトリ	30.5
13	コメダ珈琲店	30.4
13	セリア	30.4
15	サーティワンアイスクリーム	30.2

パラダイムチェンジしてしまったことを伝えているし、この50代が60代を迎える時期に至れば、「薦めたい店ランキング」から紀伊國屋も消えてしまうだろう】

〔10〕 同じく『日経MJ』（5／19）が「銀座蔦屋書店」を開店したCCCの増田宗昭社長にインタビューしている。

そのコアは「これから世の中で一番インパクトがある分野はアート、アートを大衆化したい」に尽きるだろう。

【これはインタビューというよりも、独演パフォーマンスであり、肝心の売上に関しては具体的な数字が上げられていない。それは代官山蔦屋書店から変わってない。CCC＝TSUTAYAに関しては、日販、MPDとコラボしたフランチャイズとレンタルをベースとするもので、書籍販売についてはマーチャンダイジングを確立しておらず、驚くほど売っていないことを、本クロニクルでも繰り返し指摘してきた。その一方で、これもまた本クロニクル⑭で示していたように、16年の大型店出店10店のうち8店をTSUTAYAが占め、それに銀座蔦屋書店の出店も続いていることになる。出版物販売金額がスパイラル的に減少していく中でのこれらの出店は、バブルの様相を呈している。それとパラレルに美術出版社や徳間書店の買収、カメラのキタムラの筆頭株主、中国で書店や出版を手掛ける中信出版との合併会社の設立などが続いているし、毎週何らかの動きが報道されている。だがアートのフランチャイズは無理だし、仮に実現したとしても、そうなればアートではなくなるだろう。CCC＝TSUTAYAはど

こに向かおうとしているのだろうか。それは日販とＭＰＤも同様である】

〔11〕ゲオの連結決算が出された。

売上高は２６８０億円で、前年比０・１％増だが、レンタル部門は不振で、前年に比べ、72億円減少。営業利益は86億円、当期純利益は42億円で、いずれも半減。

【ゲオのレンタルもどうなっていくのだろうか。9の『日経ＭＪ』の「薦めたい店ランキング」にＴＳＵＴＡＹＡ、ゲオがはいっていなかったことも気になる。両者こそはナショナルチェーンとして全国各地にあり、それなりに顧客層を有していたし、若い層にはそのイメージが定着していると思われるからだ。そこにはアダルト併設も絡んでいるのだろうか。それに加えて、本クロニクル②で見放題動画配信サービスのゲオチャンネルのスタートを記しておいたが、1年余りで終了となってしまった。こちらも競合が厳しいのだろう。ネットフリックスのほうはどうなっているのだろうか】

〔12〕ブックオフの連結決算も出され、売上高８１３億円、当期純損失11億５９００万円。

【前回ブックオフの2年連続赤字を既述しておいたが、赤字幅は予想より大きかったことになる。その背景にあるのは直営３８８店、ＦＣ４５５店というバランスだと推測される。ブックオフの本質も基本的にはフランチャイズであり、直営店の3から4倍ほどのＦＣ店を抱えるスキームによって成立しているし、現実的にもずっとそうだった。ところが現在はそれがほぼ均衡し、ＦＣ店をブックオフがそのまま直営店として存続させてきたことをうかがわせている。それは利益を上げることが難しくなり、ＦＣ店が脱落していったこと、新たなＦＣ店の加盟がなくなったことを物語っていよう。といって、直営店のリストラはＦＣ本部としてのリアリティ、上場ナショナルチェーンの立場、撤退に伴う多額なコストが生じることもあり、連続３期赤字になってしまうブックオフの後退戦も難しい地点にさしかかっていると判断できる】

〔13〕『新文化』（5／18）の「社長室」欄が、5月9日の日経ＢＰマーケティング特約会での丸善ジュンク堂の工藤恭孝社長の「挨拶」に言及している。

それによれば、専門書を一堂に揃える大型書店という自社モデルが、もはや立ち行かなくなっている現状を告白したものである。アマゾンの台頭により、ネット検索が広く浸透し、値引と無料配送で、大型書店は本を探すのに苦労する「ただ不便な店になった」。

電子書籍と検索機能などの読者の利便性深化とは逆に、大型リアル書店は疲弊する一方で、「化石みたいな商売による、ギリギリの経営」を続けている。「その筆頭」が丸善ジュンク堂書店だと発言している。

それに対し、「会場にいる約２００人の関係者は息を呑んで静まり返った」という。

【これまで本クロニクルで取り上げてきた丸善ジュンク堂の出店もバブルに他ならず、もはやそれも立ち行かなくなっていることの告白と受け止めるしかない。しかし12のブックオフではないけれど、店舗のリストラは多大な撤退コストを必要とするので、それもできない。そうし

ているうちに、さらに赤字が積み重なっていく。大型書店状況も最終段階にまで来ていると見なすしかない】

〈14〉　2007年に出店した渋谷のブックファーストが閉店。跡地にはヴィレッジヴァンガードが入居予定。

〈15〉　新栄堂書店池袋サンシャイン店が閉店し、跡地にはくまざわ書店が出店予定。くまざわ書店は8月に千葉市、9月に調布市にも出店。

〈16〉　精文館書店は初めてのブックカフェ「TSUTAYAハレノテラス東大宮店」を900坪で出店。

〈17〉　昭和図書のブックハウス神保町の跡地に子どもの本専門店ブックハウスカフェが出店。
【主な出店と閉店だが、どのような行方をたどるのだろうか。13の工藤発言を見たばかりなので、現場の苦労がしのばれる。それにしても信山社の跡地はどうなるのだろうか。すでに破産から半年が過ぎている】

〈18〉　週刊住宅新聞社が自己破産。

1955年創業で、不動産専門紙『週刊住宅』を発行し、「もうかるぞ宅建士」「同社労士」シリーズ、不動産関連の資格書、実用書を手がけ、通信教育も行なっていた。2006年には年商10億円だったが、16年には6億円に減少していた。負債は3億6000万円。

【今年の3月に前経営者が亡くなり、M&Aを模索していたが、見つからず、今回の措置になったようで、経営者の死とともに終わりを迎える小出版社の典型的な破産ということになる。このパターンはこれからも増えていくだろう。不動産関連書がよく売れ、それを刊行する出版社が注目されたのは、やはりバブルの時代の1980年後半から90年代にかけてであり、すでに4半世紀が過ぎている。その遺産も使い果されてしまったことを、週刊住宅新聞社の破産は伝えている】

〔19〕ほるぷ出版が、静山社の持株会社フェニックス・ホールディングスの子会社化。出版芸術社に続いて、グループ会社は3社となる。

〔20〕株式会社図書新聞は書籍出版部門と図書新聞発行部門に別れ、後者はスタッフともども武久出版株式会社へ移り、再始動。

〔21〕ぶんか社は日本産業推進機構と資本業務提携。

【出版社のほうも水面下で多くのM&M交渉が進められているようで、今月は3社が報告され

ている。しかし書籍中心の老舗出版社などは難航していることが伝わってくるだけだ】

クロニクル⑱　2017年6月

17年5月の書籍雑誌の推定販売金額は926億円で、前年比3・8％減。書籍は475億円で、同3・0％増、雑誌は451億円で、同10・0％減。書籍は送品稼働日が1日多かったこと、及び前月がやはり10・0％減だった反動でプラスとなっている。しかし雑誌は返品率の上昇で、2ヵ月連続の2ケタマイナスである。

雑誌の内訳は月刊誌が356億円で、同11・3％減、週刊誌は95億円で、同4・6％減。返品率は書籍が41・2％、雑誌は48・9％で、月刊誌のほうは51・0％と、ついに50％を超えてしまった。この返品率は雑誌史上初めてのことで、月刊誌だけでなく、コミック、ムックの17年に入ってからの急速な失墜を伝えている。

書籍のほうの返品率だが、『選択』（6月号）が「社会文化情報カプセル」欄で、村上春樹『騎士団長殺し』は50万部以上の返品があるのではないかと記している。しかし複数の書店筋によれば、それ以上の返品が予測されているようだ。

書籍も雑誌も返品率は最悪というしかない。

〔1〕『出版ニュース』(6/下) に、『出版年鑑』による16年の出版物総売上高が掲載されているので、それを示す。

【本クロニクル⑬で既述しているように、取次ルート出荷金額に基づく出版科学研究所データは、書籍7370億円、雑誌7339億円、合計1兆4709億年、前年比3・4%減である。『出版年鑑』データは実売総金額によっているが、マイナス幅は3年連続でほぼ同様となっている。それに両者ともピーク時の1996年に比べれば、前者が1兆2000億円、後者は1兆1500億円の減少である。取次ルート送品額にしても、実売総金額にしても、1兆円以上が失われ、この20年間において、出版業界がその売上金額を失ったばかりでなく、多くの書店、取次、出版社を失ったことがオーバーラップしてくる。『出版年鑑』データにおいても、16年は書籍が雑誌を上回ってしまったことで、書籍が雑誌を支える構造へと推移しているが、現在の再販委託制と正味体系では不可能なことは自明であろう。しかも数年のうちに、ピーク時の半分となる1兆3000億円に近づいていくのは確実であり、もはや出版業界は行き着くところまで行くしかないといえよう】

〔2〕アルメディアの調査によれば、5月1日時点での書店数は1万2526店で、前年比962店減少。売場面積は134万1977坪で、やはり4万4751坪のマイナス。

■書籍・雑誌発行売上推移

年	新刊点数（万冊）	書籍実売総金額（万円）	書籍返品率（%）	雑誌実売総金額（万円）	雑誌返品率（%）	書籍＋雑誌実売総金額（万円）	前年度比（%）
1996	60,462	109,960,105	35.5%	159,840,697	27.0%	269,800,802	3.6%
1997	62,336	110,624,583	38.6%	157,255,770	29.0%	267,880,353	▲ 0.7%
1998	63,023	106,102,706	40.0%	155,620,363	29.0%	261,723,069	▲ 2.3%
1999	62,621	104,207,760	39.9%	151,274,576	29.9%	255,482,336	▲ 2.4%
2000	65,065	101,521,126	39.2%	149,723,665	29.1%	251,244,791	▲ 1.7%
2001	71,073	100,317,446	39.2%	144,126,867	30.3%	244,444,313	▲ 2.7%
2002	74,259	101,230,388	37.9%	142,461,848	30.0%	243,692,236	▲ 0.3%
2003	75,530	96,648,566	38.9%	135,151,179	32.7%	231,799,715	▲ 4.9%
2004	77,031	102,365,866	37.3%	132,453,337	32.6%	234,819,203	1.3%
2005	80,580	98,792,561	39.5%	130,416,503	33.9%	229,209,064	▲ 2.4%
2006	80,618	100,945,011	38.5%	125,333,526	34.5%	226,278,537	▲ 1.3%
2007	80,595	97,466,435	40.3%	122,368,245	35.3%	219,834,680	▲ 2.8%
2008	79,917	95,415,605	40.9%	117,313,584	36.3%	212,729,189	▲ 3.2%
2009	80,776	91,379,209	41.1%	112,715,603	36.1%	204,094,812	▲ 4.1%
2010	78,354	88,308,170	39.6%	109,193,140	35.4%	197,501,310	▲ 3.2%
2011	78,902	88,011,190	38.1%	102,174,950	36.0%	190,186,140	▲ 3.7%
2012	82,204	86,143,811	38.2%	97,179,893	37.5%	183,323,704	▲ 3.6%
2013	82,589	84,301,459	37.7%	92,808,747	38.7%	177,110,206	▲ 3.4%
2014	80,954	80,886,555	38.1%	88,029,751	39.9%	168,916,306	▲ 4.6%
2015	80,048	79,357,217	37.7%	80,752,714	41.6%	160,100,931	▲ 5.2%
2016	78,113	78,697,430	37.4%	75,870,393	41.2%	154,567,823	▲ 3.5%

1999年からの書店数の推移を示す。

【1999年には2万2296店だったことからすれば、2016年にはほぼ1万店のマイナスで、17年にはこれも半分になってしまうであろう。大手出版社の雑誌を中心とする出版市場が、その販売の主体である中小書店を失い、それが雑誌の凋落にリンクしていることを、書店数の推移は如実に示している。書店数の減少の多い都府県も挙げておけば、東京都136、大阪府76、神奈川県64、愛知県59、埼玉県58で、地方のみならず、大都市圏でも書店の姿が消えていっている。ただこの書店数には売場面積ゼロの本部、営業所1324も含まれているので、実際に店舗を有する書店は1万1202店であり、このペースでさらに減少すれば、2年ほどで1万店を割ってしまうだろう】

■書店数の推移

年	書店数	減少数
1999	22,296	–
2000	21,495	▲801
2001	20,939	▲556
2002	19,946	▲993
2003	19,179	▲767
2004	18,156	▲1,023
2005	17,839	▲317
2006	17,582	▲257
2007	17,098	▲484
2008	16,342	▲756
2009	15,765	▲577
2010	15,314	▲451
2011	15,061	▲253
2012	14,696	▲365
2013	14,241	▲455
2014	13,943	▲298
2015	13,488	▲455
2016	12,526	▲962

〔3〕同じくアルメディアによる「取次別書店数と売場面積」も挙げておこう。

【15年の同データは『出版状況クロニクルⅣ』に掲載しているが、そこにはまだ大阪屋、栗田、太洋社もあり、この2年間の取次の激変も自ずから伝わってくる。日販がトーハンや大阪屋栗田に比べて、書

■取次別書店数と売場面積（2017 年 5 月 1 日現在、面積：坪、占有率：%）

取次会社	書店数	2015 年比増減	売場面積	2015 年比増減	平均面積	売場面積占有率	2015 年比増減
トーハン	4,924	▲ 227	503,208	▲ 26,955	109	37.5	▲ 0.7
日本出版販売	4,735	159	677,524	44,650	151	50.5	4.9
大阪屋栗田	1,218	▲ 197	126,379	▲ 18,127	112	9.4	▲ 1.0
中央社	482	10	21,593	791	52	1.6	0.1
その他	1,153	▲ 177	13,273	▲ 13,842	14	1.0	▲ 1.0
不明・なし	14	0	0	0	0	0	0.0
合計	12,526	▲ 432	1,341,977	▲ 13,483	116	100.0	—

店数と売場面積を増やしているのは、本クロニクル⑭でふれた「２０１６年新規売場面積上位店」のうちの８店を占めていること、及び同⑩の文教堂のトーハンからの帳合変更などに起因している。だがそれらはゼロサムゲームでしかないことは、後にふれる決算が物語っていよう】

〔４〕『出版ニュース』（6／中）に「日本の出版統計」がまとめられ、「出版社数推移」も掲載されている。

【書店ほどではないにしても、１９９８年に比べれば、２０１６年は１０２０社のマイナスであり、この間における創業社も考えれば、年を追うごとに減少している。『新文化』に出される「日販・トーハン新規取引出版社」は５月該当社なしとの告示に見えるように、なくなりつつあるのかもしれない。それに明らかになっている、もしくは水面下での出版社のＭ＆Ａを考えれば、実質的にさらに多くの出版社が消えていったことにもなろう】

〔５〕『週刊東洋経済』（6／24）が特集「アマゾン膨張」を組

んでいる。

ヤマト運輸との問題、地域限定配達業者の「デリバリープロバイダ」、生鮮産品、米国アマゾン最前線などと充実した特集である。

そのコアを抽出すれば、2016年のアマゾン売上は1・2兆円に達し、毎年2割ペースで増収していて、全国8都道府県の18ヵ所の物流センターに、大阪府藤井寺市、東京都八王子市の2ヵ所が加わる予定。

出版物に関しては突出していて、年間売上高は1500億円で、日本最大の書店となっている。【アマゾンの現在を知るための必読の特集といえるだろう。それは出版業界で一強となったアマゾンの現在を浮かび上がらせている。アマゾンの出版物売上高が1500億円に達していることも、ここで初めて知らされた。またそれが日本で800万人に及ぶアマゾン・プライム会員によっていることも。私は書店の味方のような言説をふりまいている人物がプライム会員で、雑誌や書籍のすべてをアマゾンで購入しているのを知っているが、そのような連中が多いことも推測される。しかしこの世界で最も安いプラム会員費の3900円は、ヤマトの最低運賃と

■出版社数の推移

年	出版社数
1998	4,454
1999	4,406
2000	4,391
2001	4,424
2002	4,361
2003	4,311
2004	4,260
2005	4,229
2006	4,107
2007	4,055
2008	3,979
2009	3,902
2010	3,817
2011	3,734
2012	3,676
2013	3,588
2014	3,534
2015	3,489
2016	3,434
2011	3,734
2012	3,676
2013	3,588
2014	3,534
2015	3,489
2016	3,434

アマゾンの消費税を納めていないシステムで支えられているのである。私見によれば、1980年代に形成された郊外消費社会は、安さと便利さをキーワードとして成長していった。その後を受けて、アマゾンは登場し、ヴァーチャルな郊外ともいうべきネット空間における安さと便利さをコアとして、ネット市場を制覇したと判断できよう。それはまたグローバリゼーション化とも言い換えられる。それは高度資本主義消費社会にあっては、安さと便利さがエトスと化しているし、その最先端を走るアマゾンには抗し難い。そうして出版業界において、アマゾン一強が生じてしまったのであり、私たちはその事実を突きつけられている。だがその果てに何がもたらされるのであろうか】

〔6〕 アマゾンの日販へのバックオーダー発注停止は5の『週刊東洋経済』でも言及されているが、『文化通信』(5／29)で、代わりとなる「e託販売」に関してアマゾンが取材に応じている。それを要約してみる。

＊アマゾンと出版社の直接取引「e託販売」は出版社が年間9000円の登録料を払い、契約すると、アマゾンが一定の在庫を持って販売し、売れた金額の60%を翌月支払う。6月までに全点登録した場合、正味は65%。

＊納品コストも安く利用できる特別の宅配サービスを検討中であり、また所沢の納品センターからの出版社の倉庫への集荷便を出すことを準備している。

＊大手出版社は物量も多いので、買い取りで仕入れ、一定のサイトで支払い、返品枠を設けて

もらう直接取引を提案している。
＊直接取引において、「e託」、もしくはそれ以外でも、再販契約の要請にはすべて応じる。
＊日販への発注引当率は60％程度だが、中規模以下の出版社になると、バックオーダー経由が4割を超える。
＊正味は半永久的に続くとは約束できないが、出版業界で簡単に正味が変わることがないことは承知している。
＊今回の停止決定はバックオーダーの比率が増え、顧客に届く日数が長くなってしまうことによっている。日販にはスタンダード発注引当率を上げてほしいし、それでも調達できないものは出版社との直接取引により、二段構えのメカニズムとしたい。

〔7〕　6のアマゾンの発言に対し、『新文化』（6／22）にも、日販の安西浩和専務と大河内充常務へのインタビューが掲載されているので、こちらも抽出してみる。
＊今回の件についてはとても困惑している。出版社へのバックオーダー発注取寄せが他の商材に比べ、入荷状況が不明確とのアマゾンの指摘を受け、大手出版社を中心とし、納期を確約し、スピードを上げていくように改善を進め、アマゾンも一定の評価をしてくれていた。
＊今後、出版社に裾野を広げていこうとした時に、在庫確約、短時間納品できる出版社も含めて、一切のバックオーダー発注終了通告があった。一切を終了することに対する違和感があり、困惑しているとはそういう意味である。

＊アマゾンは売上の４割がバックオーダー発注によるとしているが、アマゾンに限らず、ネット全体のバックオーダー割合は15％程度で、アマゾンの指摘する実態とはかけ離れている。
＊日販としては「業界三社の在庫の見える化」と「出荷確約」を今期の重要施策として位置づけ、すべての出版社にその計画を発表し、個別出版社と話し合っていく予定である。
＊ｗｅｂ－ｂｏｏｋセンターの55万点、２５０万冊、王子流通センターの10万点、５００万冊の統合計画の中で、重複しているものも相当数ある。それをなくし、点数を増やし、適切な在庫を持つことを見極めていきたい。
＊アマゾンと直接取引したところで、アマゾンはツールの提供にすぎないし、出版社の売上が飛躍的に伸びるとは思えない。アマゾンと現在のネット環境からいってもいずれにしても重要なのは、在庫管理と情報である。
＊アマゾンと対立しているわけではなく、これまでの業界で一番儲からないといわれていた「書籍の注文流通」を成功させているのであれば、そこに学ぶことは多くあるし、今回の件をきっかけにして改善を進め、出版社やリアル書店にとっても一冊を丁寧に売ることで、市場をもっと掘り起こしたい。

【幸いにしてというべきか、アマゾンの直接取引に応じている出版社は少ないようで、それを背景として、このようなインタビューがなされたと考えられる。しかし懸念されるのは、日販ばかりでなく、トーハンにしても、現在の倉庫システムを担う3ＰＬ（サード・パーティ・ロジステックス）への転換が可能なのかという問題である。以前に上場している倉庫会社の幹部にそうした転換についての意見を聞いたところ、新たに建てたほうがコストが安いという答えが返ってきたことを既述している。日販の二つの在庫センターの統合と改革もまた、取次の倉庫の汎用性と関連して、当然のことながら、設備投資の問題も焦点となろう。そうした意味においても、取次も岐路に立たされている】

〔8〕 日販の決算が出された。単体で5023億円、前年比2・2％減、連結で6244億円、同2・4％減。

連結売上高は4期連続マイナスで、経常利益は24億円、同26・8％減。当期純利益は6億7900万円、同23・3％減。

〔9〕 MPDの売上高は1880億円、前年比0・7％減。

経常利益は8億4500万円、同15・8％増と5年ぶりの増益。

【日販にしてもMPDにしても、かろうじて黒字を出している印象を否めない。3で日販の突出した書店とその売場面積の増加を上げておいたが、それが決算に反映されておらず、それでもマイナスになっているからだ。連結決算の場合、前年は25社、今年は30社となっていることも同様で、日販図書館サービスの精算、グループ書店の不採算店の整理などがマイナスの原因とされているが、もはや実質的に赤字と見なすしかない。グループ内書店は新規書店10店、廃業店は25店で、売上高は671億円となり、前年比3億円減である。雑誌売上が凋落していく中で、売上を保つためには出店しかないが、それも限界にきていると思われる。これも自社の保養所をリノベーションしたブックホテル「箱根本箱」の子会社と自遊人のコラボレーションによる開業も発表されているけれど、ここに取次のなりふりかまわない苦境が映し出されている。MPDも同様の構造で、これも3で見たばかりだが、この売上高のうち、出版物が占めているのは985億円である。これは921店からなるもので、1店当たり年商1億円を何とか上回る売上高になり、月商にして900万円という数字である。つまりMPDは出版物取次というよりも、AVセル、レンタル、ゲーム、文具や雑貨などの戦略事業のためのTSUTAYA流通取次と化している。だが出版物もAVセル、レンタルもマイナスとなり、文具、雑貨の戦略事業部門がそれをカバーしている。その市場が拡大していくうちは数字を作れるであろうが、これも遠からず飽和状態となるだろう。それは来期の決算に表出していくはずだ】

〔10〕トーハンの単体決算は売上高4613億円、前年比2・6％減。経常利益42億円、同8・3％増、純利益は30億円、同31・3％増。

子会社15社を含む連結売上高は4759億円、同2・6％減、純利益は42億円、同18・2％増、純利益は28億円、同75・9％増。

【文教堂の日販への帳合変更があったにもかかわらず、トーハンも日販も売上高マイナスはほとんど同じで、ダイレクトな影響は数字に反映されていない。来期ということになるのだろうか。同じといえば、2年続けて書籍売上が雑誌を上回ったことで、取次においても書高雑低は続くと思われる。そのためにこそ、梓会が京都のふたば書房、丸善、大垣書店の3店で開催している「読者謝恩ブックフェア」のような企画を推進すべきだろう。これは第1回の出版社30社が1000点を出品する時限再販フェアである。すでに6月25日で終了しているが、詳細は出版梓会のホームページを参照されたい】

〔11〕 地方・小出版流通センターの決算が出されたので、「同通信」No.490 のレポートを引いておく。

「決算の報告をします。昨年は2年連続の赤字から443万円とささやかながら黒字決算でした。取次出荷が予想以上に伸びたことによります。今期（16年度）の決算は、その反動もあり前年比10・03％の売上減少で2014年度より少なくなりました。

太洋社と栗田出版がなくなったこと、扱い高の多かった出版社の倒産やそれに伴う返品、また大型常設店の閉店に伴う返品増も売上を下げました。直接取引き書店であった、紀伊國屋新宿南店の閉店及びそれに伴う返品は書店売上の減少の要因です。

経費削減に努めましたが、一般管理費は前年比－4・08％に止まり、経常損失720万円、最終損失は383万円という苦しい決算となりました。来年も苦しいことが予測されますが、なんとか経費削減に努め、役割りを果たしていきたく存じます。」

【売上高を補足すれば、2015年が12億9462万円、16年が11億6471万円である。ここに小取次ながら、現場の肉声が聞こえてくる。雑誌中心ではなく、書籍を主体とする流通を考えるべき時期に入っているとも述べられている。それは出版社の声でもあり、10の「読者謝恩フェア」もそうした動向の一環として捉えるべきだろう】

〔12〕 図書カードを発行する日本図書普及も決算と事業実績を発表。
図書カード発行高は461億6100万円、前年比4・8％減、当期純損失2億7900万円。

【この純損失は「図書カードNEXT」発行と読取機の入れ替えに伴う諸経費の増加によるとされる。しかしその背景には読取機設置店の減少があり、この10年で3000店に及び、現在は9000店を割ってしまっている。つまり図書カードの赤字も、書店の減少に大きな影響を受けていることになるのだ。なおこの20年間の「図書券、図書カード発行高、回収高」は本クロニクル⑥に掲載している】

〔13〕 小学館の決算は973億円、前年比1・8％増で、12年ぶりの増収決算だが、不動産収入の減少により、当期損失8億円の2期連続赤字。
【売上高の半分近くを占める雑誌とコミック状況が深刻である。雑誌は273億円、前年比7・3％減、コミックは191億円、同6・2％減となっていて、それを好調な書籍、パッケージソフト、デジタル収入が補っている。「やせるおかず」シリーズや佐藤愛子の『九十歳。何がめでたい』のベストセラー化によるもので、今期も続くという保証はない。小学館こそは雑誌中心の出版社だったわけだから、書籍中心へとシフトするのは容易ではないと見なすしか

ない】

〔14〕三洋堂HDの連続決算は売上高221億円、前年比4・6％減。経常利益2億7400万円、同42・9％減。閉店による減損損失で、1億3400万円を計上したために、当期純利益は6800万円、同58・4％減。

レンタル部門は28億円、同11・6％減という大幅な減であり、レンタルに依存しない業態転換が試金石であるとし、来期は本を核とする「ブックバラエティストア」をめざすとしている。

【三洋堂HDの決算はレンタルを兼ねたナショナル複合店チェーンの現在を象徴していると考えられる。複合店もポストレンタル時代に入ってきているのだ】

〔15〕『キネマ旬報』（5／下）が「映画本大賞2016」を発表している。

【この24人の選者には3人の書店員が参加していて、その一人であるちくさ正文館の古田一晴から、第1位に岡田秀則『映画という《物体X》―フィルム・アーカイブの眼で見た映画』（立東舎）が選ばれたのは画期的だと教えられた。残念ながら、私はベスト・テンを一冊も読んでおらず、第12位の木下千花『溝口健二論』（法政大学出版局）に目を通していただけなので、これを手引きにして、読んでいきたいと思う】

〔16〕長きにわたって送られてきた東海地方の共同古書目録『伍魅倶楽部』が50号で終刊となり、最後の号が届き、そこには6月付で「終刊のご挨拶」が記されていた。

「『伍魅倶楽部』は、本号をもちまして終刊とさせていただきます。

平成2年に伊東古本店、懐古堂書店、神無月書店、三松堂書店、鯨書房の5店でスタートいたしました。41号で三松堂書店が退会。その後、古本屋ぽらんと穂ノ国書店が加入し、27年間に本誌50号、増刊2号を発行いたしました。

数年前から紙の古書目録の寿命が尽きているとは感じておりました。たとえば、目録で売れ残った本を『日本の古本屋』に出品いたしますと、すぐに注文が入ることもあります。そのお客様が『伍魅倶楽部』をお届けしているお客様であることが多々ありました。『伍魅倶楽部』をお届けしても、見ていただけないのです。古本屋は店頭や目録ではなく、インターネットで買う時代になりました。永年のご愛顧に感謝いたします。

ありがとうございました。」

【平成2年創刊といえば、四半世紀前で、当時はまだ多くの古書目録が送られてきたことを思い出す。確かに近年は目に見えて少なくなっていたことも実感する。私は『伍魅倶楽部』の上等顧客といえないにしても、トータルにすれば、かなりの冊数を買っているであろう。最後の注文として、懐古堂書店出品の桑原俊郎『精神論』（精神霊道第二編）を頼んだ。これは明治38年の開発社からの刊行で、桑原は人文書院創業者の渡辺久吉の師匠筋に当たる人物である。私以外に注文した者はいなかったようで、送られてきた。いずれこの本のこともどこかで書くつ

もりでいる】

〔17〕　宮田昇『出版の境界に生きる』（太田出版）を読み終えた。

【サブタイトルに「私の歩んだ戦後と出版の七〇年史」とあるように、宮田ならではの戦後出版史で、戦後の出版の実態や著作、翻訳権エージェンシーの内情から小学館の豊田きいちという人物に関してのことなど、ここでしか知ることができない事柄が語られ、あらためて戦後の出版の始まりを彷彿させてくれる。これは太田出版の「出版人・知的所有権叢書」第1弾で、第2弾の宮澤薄明『著作権の誕生』も続けて読まなければならない】

〔18〕　ついに「出版人に聞く」シリーズ番外編の鈴木宏著『風から水へ──小出版社の三十五年』が、水声社総目録付きで刊行となった。ここまで翻訳書出版社の明細が、台所事情を含めて語られたことはなかった。

これはたまたま偶然だが、私は『スペクテイター』39の「パンクマガジン『jam』の神話」に「出版史における自販機雑誌と『jam』」を寄稿していて、その自販機編集者人脈に、他ならぬ鈴木宏を出版業界に誘った人物がいたのである。

私たちの世代に共通していることだが、出版業界の人脈は必ずどこかでつながっていたことを思い起させるのである。

クロニクル⑲　2017年7月

17年6月の書籍雑誌の推定販売金額は1103億円で、前年比3・8%減。書籍は541億円で、同0・2%減、雑誌は562億円で、同7・0%減。

雑誌の内訳は月刊誌が459億円で、同6・3%減、週刊誌は102億円で、同9・6%減。

返品率は書籍が41・6%、雑誌は44・8%で、月刊誌は45・5%、週刊誌は41・4%。

書籍のほうは今年に入って40%を超えたのは5、6月の2回だが、雑誌はずっと40%を超え、その内の半分は45%以上となっている。

雑誌の場合は、書籍以上に毎月の調整がなされているわけだから、一向に返品率が低くならないのは、雑誌離れ、雑誌を読む習慣が社会から急速に失われつつあることを表象しているのだろう。それは雑誌の委託配本システム自体のこれからの困難さを物語っているようだ。

〔1〕　出版科学研究所による17年上半期の出版物推定販売額を示す。

【書籍雑誌推定販売金額は7280億円、前年比5・5%減。前年は7700億円、同2・

■2017年上半期 推定販売金額

年	推定総販売金額		書籍		雑誌	
	（百万円）	前年比（%）	（百万円）	前年比（%）	（百万円）	前年比（%）
2017年1～6月計	10,931	4.4%	15,633	1.3%	26,564	2.6%
1月	96,345	▲7.3	50,804	▲6.0	45,541	▲8.7
2月	139,880	▲5.2	82,789	▲1.9	57,092	▲9.6
3月	176,679	▲2.8	105,044	▲1.2	71,635	▲5.0
4月	112,146	▲10.9	55,090	▲10.0	57,092	▲11.9
5月	92,654	▲3.8	47,478	3.0	45,176	▲10.0
6月	110,394	▲3.8	54,185	▲0.2	56,209	▲7.0

7%減だったから、マイナスが加速してきている。その内訳は書籍が3953億円、2・7%減、雑誌が3327億円、8・5%減。月刊誌は2710億円、8・4%減、週刊誌は616億円、8・9%減。返品率のほうは書籍が34・2%、雑誌が44・0%、月刊誌は45・0%、週刊誌は39・1%で、高止まりし、書籍は横ばいだが、雑誌は低くなる気配が見えない。このまま推移すれば、17年出版物推定販売額は1兆4000億円を割りこみ、1兆3000億円台へと突入してしまうだろう。ピーク時の1996年の2兆6980億円の半分になってしまうのだ。それに伴い、出版業界において、これから何が起きていくのか。何が起きても不思議ではない出版状況を迎えているといっても過言ではないと思われる】

〔2〕 同じく出版科学研究所による「紙と電子の出版物販売金額」も出されているので、それも挙げておく。

【17年上半期電子出版市場規模は1029億円で、前年比21・5%増。金額にして182億円のプラスで、1000億円を超えた。その内訳は電子コミックが777

■2016年上半期 紙と電子の出版物販売金額

2016年 1～6月	紙			電子				紙＋ 電子
	書籍	雑誌	紙合計	電子コミック	電子書籍	電子雑誌	電子合計	紙＋電子合計
（億円）	4,064	3,637	7,701	633	122	92	847	8,548
前年同期比（％）	101.6	92.9	97.3	126.2	116.2	176.9	128.9	99.7
占有率（％）	47.5	42.5	90.1	7.4	1.4	1.1	9.9	100.0

■2017年上半期 紙と電子の出版物販売金額

2016年 1～6月	紙			電子				紙＋ 電子
	書籍	雑誌	紙合計	電子コミック	電子書籍	電子雑誌	電子合計	紙＋電子合計
（億円）	3,954	3,327	7,281	777	140	112	1,029	8,310
前年同期比（％）	97.3	91.5	94.5	122.7	114.8	121.7	121.5	97.2
占有率（％）	47.6	40.0	87.6	9.4	1.7	1.3	12.4	100.0

億円で、同２２・７％増、電子書籍が１４０億円で、１４・８％増、電子雑誌が１１２億円で、同２１・７％増。紙と電子出版市場は合わせて８３１０億円だが、同２・８％減。そのシェアは、紙の出版が書籍４７・６％と雑誌４０・０％を合わせて８７・６％、電子出版は１２・４％を占める。17年の電子出版市場はついに２０００億円に達するだろう。本クロニクルでずっと指摘してきたが、電子出版市場が２０００億円を超えれば、それは取次や書店の流通販売市場に取り返しのつかない打撃となる。『出版状況クロニクルⅣ』でも既述しておいたように、電子出版市場が２０００億円に達した場合、この金額は15年のコミックス売上に相当するものであり、しかもそれは紙よ

りも低価格であることから、コミックス誌1100億円も含んでしまう売上となる。現実的に電子コミックの占めるシェアは75・5％なのだ。それが現実となってしまったし、今年度の書籍雑誌推定販売金額が1兆3000億円台まで落ちこんでしまうこととパラレルに進行している。これがもはや何が起きてもおかしくない出版状況を招来しているのである。それに猛暑が重なり、8月が始まろうとしている。かつて夏休みは書店の稼ぎ時でもあったが、そのような時代はとっくに終わってしまったのだ】

〔3〕『日経MJ』（7／12）の「第45回日本の専門店調査」が出された。そのうちの「書籍・文具売上高ランキング」を示す。

【23店のうちで、前半の売上高を上回っているのは7店である。本クロニクル⑦で既述しておいたように、昨年は10店だったことからすれば、出店やM＆Aによる増収もほぼ限界に達していることになろう。ただこれらのランキングに入らない書店にしても、取次との提携、子会社化といったコラボによって、かろうじてサバイバルしていることは明白だ。それは取次にとっても同様で、日販やトーハンも子会社書店売上がそれぞれ700から800億円に及んでいる。ここに挙げられた書店にしても、もはや取次からの独立系は紀伊國屋、丸善ジュンク堂、未来屋、有隣堂、ヴィレヴァンなど少数でしかない。ちなみに日販系はCCC、トップカルチャー、文教堂、精文館、リブロ、ブックエース、積文館、トーハン系はくまざわ書店、三洋堂、明屋であり、それらは半数近くに及んでいる。この事実はこれらの書店が大取次の支援を受け、ラ

■書籍・文具売上高ランキング

順位	会社名	売上高（百万円）	伸び率（%）	経常利益（百万円）	店舗数
1	カルチュア・コンビニエンス・クラブ（TSUTAYA、蔦谷書店）	255,147	6.7	14,501	－
2	紀伊國屋書店	105,960	▲2.5	1,430	68
3	丸善ジュンク堂書店	76,939	1.4	－	－
4	ブックオフコーポレーション	68,617	4.1	739	843
5	未来屋書店	57,521	4.9	▲2	336
6	有隣堂	49,551	▲5.5	93	43
7	くまざわ書店	42,143	▲0.2	－	235
8	ヴィレッジヴァンガード	36,360	▲0.0	709	389
9	フタバ図書	35,584	2.2	751	66
10	トップカルチャー（蔦屋書店、峰弥書店、TSUTAYA）	30,935	▲4.4	702	70
11	文教堂	29,468	▲3.3	▲137	196
12	三省堂書店	26,100	3.6	－	38
13	三洋堂書店	22,023	▲4.7	33	83
14	精文館書店	20,116	2.4	589	51
15	明屋書店	13,788	▲0.9	173	91
16	リブロ（mio mio、よむよむ、パルコブックセンター）	13,377	▲21.9	74	69
17	キクヤ図書販売	11,942	▲1.9	－	33
18	オー・エンターテイメント（WAY）	11,647	▲2.5	205	60
19	ブックエース	10,401	▲10.5	49	27
20	積文館書店	9,562	▲1.0	5	33
21	ダイレクト・ショップ	7,899	▲9.6	－	－
22	京王書籍販売（啓文堂書店）	7,224	▲11.9	18	31
23	戸田書店	6,680	▲2.2	21	31

	ゲオホールディングス（ゲオ、ジャンブルストア、セカンドストリート）	268,079	0.1	9,040	1,805

ンキング入りしていることを告げている。その支援の第一に挙げられるのは大型店の出店にまつわる初期書籍在庫を利用した資金調達といっていいもので、それは独立系書店にも共通している。そのようなバブル大型店出店が、大都市のみならず、地方の中小書店を壊滅させた原因に他ならない。それは取次から、書店市場も2万店以上が必要だというチェーンオペレーションの視点を欠如させ、現在に及んだことを意味している】

〔4〕 日販とMPDの支援というよりも、三位一体となって2の売上高ベストワンに至ったCCCの6年間の連結決算の推移を挙げてみる。

『出版状況クロニクルⅣ』などから抽出。

【アマゾンを除けば、まさに一強という売上高の伸びと経常利益を見せつけている。それは三位一体たる日販やMPDと比べても明らかである。前回記しておいたように、日販連結売上高は6244億円、前年比2・4％減で、4期連続マイナス、経常利益は24億円、同26・8％減。MPDは売上高1880億円、同0・7％減、経常利益は8億4500万円、同15・8％増で、5年ぶりの増益。日販にしてもMPDにしても、売上高はずっと減収だったにもかかわらず、CCCだけが増収を続け、11年に対して16年は825億円、48％の増である。もちろん連結決算の数字だけれど、書店として他に例を見ない。それは経常利益も同様で、16年も日販連結の6倍、MPDの17倍に及んでいる。そのCCCの売上高を支えてきたのは日販、MPDであり、本クロニクル⑭でリストアップしておいた16年新規大型出店の上位10位のうち

■CCC 連結決算の推移

年	順位	売上高（百万円）	伸び率（%）	経常利益（百万円）
2011	番外	172,607	1.5	9,854
2012	1	174,980	1.4	7,375
2013	1	195,914	12.0	10,675
2014	1	200,416	2.3	17,976
2015	1	239,233	19.4	18,577
2016	1	255,147	6.7	14,501

の8店をＴＳＵＴＡＹＡが占めていることに露骨に表出している。しかしそれは結果として、日販やＭＰＤを疲弊させるように進行しているとも判断できる。16年度のＴＳＵＴＡＹＡの書籍雑誌売上高は１３０８億円、前年比5％増の63億円である。１９９4年から22年間連続増収とされている。その内実も同⑭などで分析しているので繰り返さないが、単純にそれを当てはめれば、16年ＣＣＣの売上高の２５５１億円の半分が出版物ということになる。しかし出版物売上からこのような経常利益率は生じないし、それは**3**の各書店の経常利益からもわかるだろう。これも『出版状況クロニクルⅣ』で言及しておいたが、15年に『週刊東洋経済』（10／31）が特集「ＴＳＵＴＡＹＡ破壊と創造」を組んだ際に、ＣＣＣの収益源の5割がＦＣ料、直営店の2割強、Ｔポイント1割強、インターネット1割強と推定していた。それゆえに本クロニクルにおいてＣＣＣはネット、出版、図書館、カード事業と様々に展開しているけれど、本質的にはＦＣとレンタル事業をコアとする企業と見なしておいた。それから2年近くが経っている。ＣＣＣは日販とＭＰＤが疲弊しているように見える中で、次々と新たな業態や様々なアドバルーンを上げているが、ここまで出版業界が危機に追いやられている現在、まだ成長を続けることができるのだろうか。『週刊東洋経済』にはそのような視座からの再度のＣＣＣ特集を期待したい】

〔5〕　未来屋書店の決算が出された。売上高は575億円、前年比4・8%増だったが、店舗リストラの減損損失分として、2億5700万円を計上したために、当期純損失3億5600万円。

【店舗数は339店で、期中の新規出店は10、閉店も10とされる。しかし15年に吸収合併したアシーネを含め、雑誌やコミックの依存度が高く、それらの凋落が決算に表われている。出版物売上は513億円で、前年比6%減。それを文具やeコマースの伸長でカバーし、増収となっているけれども、マーチャンダイジング変換に伴う店舗リストラは必然的に生じてしまう。それはイオングループの未来屋にとっても、避けられないアポリアであろう。3において、『日経MJ』は売上高が伸びたことで、紀伊國屋や有隣堂のマイナスに対し、「CCC・イオン系好調」と総括しているが、実際には未来屋も赤字だし、それは本クロニクル17でレポートしておいたように、ブックオフも同様なのである】

〔6〕　静岡の谷島屋呉服町本店が閉店し、静岡駅ビルのパルシェへ移転。

【かつては呉服町通りには吉見書店、江崎書店、谷島屋の静岡御三家が並んでいた。しかしその営業が93年に及んだ谷島屋の閉店で、ついに単独書店の時代は終わってしまった。本クロニクル⑫で、名古屋御三家の時代の終わりも伝えたばかりだ。残っているのは10年に開店した葵タワーの戸田書店静岡店、同じく14年の呉服町タワーのTSUTAYAすみや静岡本店となってしまった。また11年には新静岡セノバにはMARUZENジュンク堂が入っている。だがこれらが新御三家とはならず、これも本クロニクル⑧で既述しているように、戸田書店は丸善ジュンク堂と業務提携しているので、静岡における2店も、そのまま存続するとは見なせない。また谷島屋が移転する静岡駅ビルにしても、3月まで江崎書店が営業をしていたことからすれば、撤退物件であり、それが谷島屋に代わったからといって、テナント料などの多少の優遇はあっても、大幅な売上の改善が難しいことはいうまでもあるまい。ただ取次の視点から見れば、江崎書店はトーハンだから、日販が駅ビル書店の帳合変更を目論んだことになるのかもしれない。おそらくそのように見たほうが妥当であろう】

〔7〕 大阪屋栗田の決算も出された。

大阪屋と栗田出版販売の経営統合による変則決算で、第2期と第3期(16年2月～17年3月)の14ヵ月の売上高は829億円。

営業利益1億円、経常利益2億円となるが、関係会社整理などの特別損失5億円を計上し、最終利益は赤字。

【今期に入ってからはアマゾンや楽天などのネット書店の売上が伸び、またネット加盟書店の帖合変更もあり、3ヵ月連続で売上が前年を上回っていると報告されてもいる。アマゾンの日販からのバックオーダー廃止の余波はあるのだろうか。今回の決算発表は従来の大竹深夫社長ではなく、加藤哲郎副社長によって行なわれた。本クロニクル⑰で、楽天出身の服部達也副社長の代表取締役就任を伝えたが、調べてみると、この加藤も代表取締役となっていた。つまり3人が代表取締役を務めるという体制である。ただこれも既述しておいたように、大竹社長の退任も伝えられているので、いずれは服部と加藤の2人の代表取締役によって、大阪屋栗田は仕切られていくことになるだろう。それは楽天主導のかたちの取次ということになるが、その先に何が待ち受けているのか】

〔8〕医学、薬学、農業書などの専門取次の西村書店が、自費出版の文芸社によってM&Aされたようだ。

【これはまだ業界紙などでも報道されていないが、複数の情報筋からもたらされたものである。数年前から資金ショートや出版社による支援が伝えられていたが、専門取次と自費出版の組み合わせにはどのような経緯と事情が絡んでいるのだろうか。ただよくわからないM&A組み合わせといえば、本クロニクル⑰でふれた図書新聞と武久出版、ぶんか社と日本産業推進機構も同様の印象を与えるし、そうした声も届いていた。サイゾーが れんが書房新社を買収しているが、同じ思いに捉われる。このような出版危機状況において、サバイバルのためには何でもありという事態を迎えていると考えるしかない】

〔9〕『文化通信』（7／10）が「電子書籍流通でトップシェア」と題し、メディアドゥの藤田恭嗣社長にインタビューしているので、それを要約してみる。

＊昨年の東証一部上場や出版デジタル機構の買収は、これから急速に業界が変わっていく中で、色々なことを展開していくためには一部上場による資金調達が必要で、また単体では無理だ

し、仲間を増やさなければならないと考えたからだ。

＊その仲間とは出版デジタル機構のような同業者であったり、電子コミックのカラーリングで高い評価を得ているアルトラエンタテイメントだったりする。後者からは2月にその事業買収をした。さらにＡＩやコンテンツの要約を専門とする会社だ。

＊今後はＡＩなどで自動翻訳する方向が考えられ、欧米語はもちろんだが、マーケティングからすれば、アジアやアフリカ語といったマイノリティ言語が重要になってくる。

＊国内において、電子書籍はすでに出版社や流通、電子書店などの努力により、日本語のコンテンツを日本のユーザーに届けることがほぼできているが、さらに市場と活路を見出すべきは国外であろう。

＊それにインターネットを敷設するのが難しい地域ほど、加速的に新しい技術が普及していくので、発展途上国のほうが新しいインフラが早く立ち上がる。このことを考えると、5年後にはマイノリティ言語市場も無視できないだろう。

＊ただそうした市場にはアマゾン、アップル、グーグルも進出してくる可能性があるので、それらの大手プラットフォーム企業と切磋琢磨し、よりよいコンテンツを作っていける環境のデータベースを作り、コンテンツのカラー化、ＡＩによる作品の自動要約、翻訳などに取り組んでいる。

それにメディアドゥは出版社と電子書籍の中間にいて、色がついていないこともあり、こういう会社が世界へのルートを切り開いていく役割を担うべきだ。

＊現在の電子書店に対するリスペクトがあるので、垂直統合プラットフォームはめざしていないし、今後裏方として煩わしい作業、システムビューワなど、協力できることを考えている。また世界中にコンテンツを配信していける時代になれば、言語、法体系、決済手段、販売単価は国によってちがうわけだから、ひとつのコンテンツを多くの国で流通管理するシステムを作っていかなければならない。そうした出版社や電子書店の世界展開のために、メディアドゥは役に立ちたい。

＊メディアドゥが提供している電子取次サービスは、電子書籍を卸すだけの「単純取次」、及び電子書店システム全般を提供する「システム取次（ソリューション取次）」の二つがあり、後者が売り上げの65％を占めている。

＊メディアドゥの電子書店市場シェアは出版デジタル機構を加えれば、総販売額は７００億円くらいである。全体のマーケットが２０００億円とされるので、35％のシェアになる。

＊これまでは紙の本を電子に置き換える売り方だったが、今後の電子書籍市場はテキスト本、ビジネス書の要約サービスが最も有力ではないか。それを呼び水として、本を読まないユーザーを、テクノロジーというアプローチで本に目覚めさせる。

これもメディアドゥの裏方のとしての仕事であり、こういうエンジンを新聞社にも提供するつもりで、ルナスケープというブラウザーの会社も買収している。このブラウザーにビューワ機能を組みこみ、さらにＡＩの要約エンジンを加えれば、読者は要約アプリで様々な新聞を読むことができるし、そこから派生するビジネスもあると考えている。

【メディアドゥが1999年に名古屋で創業されたベンチャー企業で、2009年に電子書籍取次事業を立ち上げ、LINEマンガや楽天マンガの取次を担っていることは承知していたし、その後の動向として、本クロニクル⑮などで出版デジタル機構を子会社化したこと、大手出版社が出資したことも取り上げてきた。しかしその電子書籍取次事業の具体的な全貌に関して、通じていたわけではなかった。だがこのインタビューによって、そのアウトラインをつかむことができる。ただその方面での知識が欠けていることもあり、ここでは舌足らずな言及は差し控えるが、「要約サービス」問題は現在の社会状況と重なっているように思える。それは物語とプロセスが排除され、プラグマティックな問題しか論じられない現況とリンクしているはずだ。そこに本当にビジネスが派生し、隆盛するのであれば、本来の出版の意味と歴史は一端切断されてしまうかもしれない】

〔10〕 緑風出版の高須次郎が「中小出版社の発言」として、『出版ニュース』(7／中)に「アマゾンバックオーダー中止と出版の危機」を寄稿している。

バックオーダー中止問題は本クロニクル⑰、⑱でも続けてふれてきているので、ここでは高須の主張を要約してみる。

＊アマゾンは中小出版社をe託販売サービスに誘導するつもりで、しかも今回はアマゾンがEDI(電子データ交換)取引をしている倉庫会社と連携が特徴である。アマゾンで欠品となっても連携倉庫会社に発注できれば、倉庫会社の定期便ですぐに納品されるので、欠品率も低

くなり、リードタイムも短縮される。これらの連携倉庫会社は大村紙業、河出興産、京葉倉庫、工藤出版サービスで、やはり日販とも取引がある。

＊しかしアマゾンへの直接納品は梱包材料費が余分にかかり、納返品運賃負担は出版社持ちとなり、これらの経費に定価の10％ほどがかかり、さらにベンダーセントラル費用の負担などを加えると、実質正味は50％を切ってしまう。連携倉庫会社を利用できない出版社にしても、宅急便での納品負担では採算がとれない。

＊それゆえにアマゾンのバックオーダー発注中止は、アマゾンと日販と出版社の三つ巴のチキンレースという見方もでき、実際にアマゾンは両刃の剣だと承知しているので、大阪屋栗田などにはその中止を通告していない。

＊だが日販バックオーダー中止の影響は大きく、その数百億円の売上が消え、出版社にとっては大量返品が予想される。

＊アマゾンを最初から支えてきた大阪屋は12年に主取次を外され、翌年に経営危機に見舞われたことを考えると、日販も大きなダメージを受けるのでないだろうか。

アマゾンによって日本の出版業界自体が破壊されていくとして、高須は次のようにいっている。

「日販は日本最大の取次であり、日販がダウンサイジングをうまくやれればいいのだが、それに失敗すると、日販におおくを依存している出版社も書店も当然、死活的事態を迎えることになろう。「取次システムの崩壊」とか「近代出版流通システムの崩壊」との見方もできるが、我々版元にとっては、出版そのものの「死」でもあるからだ。その意味から日販に対する意見や注文は多々あろうが、従来通りの取引関係を維持することが必要ではないか。日販に優遇されてきた大手・老舗版元には特にそれを求めたい。」

【アマゾンとの取引を拒否している緑風出版の高須ゆえの言であると思われるかもしれないが、これもまたアマゾンとCCCの二強に翻弄される日販の現在状況を浮かび上がらせている。だが高須のいうところの「チキンレース」はまだ始まったばかりで、しかもそれは「迷走と混迷」の中で行なわれているし、最終的にどのような結果をもたらすのだろうか】

〔11〕 10の倉庫会社だが、『文化通信』(7/10)の増刊「bBB」が12ページに及ぶ「2017年出版倉庫ガイド」特集号となっている。

その見出しは「役割大きくなる出版倉庫業者の現状」で、リードは次のようなものだ。

「雑誌市場の縮小に伴い、出版物の流通環境は大きく変わっている。出版社は取次に納品すればよいという時代は終わり、いかに的確に、効率よく、しかも迅速に商品を供給できるのかが問われている。特にアマゾン・ジャパンが今年6月末で日本出版販売をはじめとした取次へのバックオーダー発注(取次非在庫品の再発注)を停止したことに伴う騒動は、そのことを強く印象づけた。そんな時代にあって、出版社の在庫を補完し、入出庫、返品処理などを担う出版倉庫業者が果たすべき役割はますます大きくなっている。そうした倉庫会社の現状や、多様化するサービスについて特集する。」

【協賛は出版倉庫流通協議会とあり、「目で見る出版倉庫会社の役割と機能」チャートが掲載され、43社に及ぶ「倉庫会社一覧」も収録されている。そこにはもちろん高須が挙げた4社も含まれている。あらためてこれらの集積を見てみると、倉庫業が出版業界の必須にして、大いなるバックヤードであることを認識させられる。かつての古本屋の存在と同様に、戦後の出版業界の成長も、このような倉庫業とともにあったことを実感してしまう。そしてこの出版危機の中でも運命共同体であることも】

〔12〕「ダイヤモンドオンライン」（7／25）によれば、ヤマト運輸はアマゾンに対し、1・7倍の値上げを要請し、大詰めを迎えているという。

アマゾンの宅配便数は年間3億個で、そのうちの4分の3の2億2000万個をヤマト運輸、残りを日本郵便が運んでいるが、その平均単価は270～280円とされる。それに対し、470円への値上げの要請で、アマゾンはそれを呑まざるを得ないと観測されている。

しかし問題なのはそれでもヤマトが4000万～5000万個は引き受けられないとしていることで、アマゾンの最大の課題はそれらをどうするかということになる。

【2016年の宅配便は初めて40億個を超え、この20年で2・5倍になっている。背景にあるのはネット通販の拡大で、アマゾンが3億個とすれば、アマゾンのシェアは7・5%となる。一方で宅配便企業シェアはヤマト運輸が46・9%、佐川急便30・6%、日本郵便15・9%で、上位3社で93%を超え、寡占化が進んでいる。また佐川急便も値上げを発表した。それとパラレルに日本郵便も「ゆうメール」などが値上げとなり、書籍小包の送料も2割以上

アップになっている。それらを含め、送料の値上げもまた量で対抗できない出版社を直撃しているし、トランスビューのようなミニ取次も例外ではないだろう】

〔13〕『日経MJ』(7/7)の「米国流通現場を追う」や『朝日新聞』(7/22)の「米国小売り閉店加速」が、アメリカの専門店チェーンの閉店や破産を伝え始めている。

前者はアパレルチェーンのアメリカンアパレル、子供服のジンボリーの破綻や大量閉鎖を始めとして、多くの著名なチェーン店を挙げている。それらはトータルすると3000店を越え、年内には8000店に達するのではないかとされ、これほどの破綻の連鎖は過去最悪のペースだと述べている。

このような状況下では今後5年間にショッピングモールの20~25%が消えるとの予測レポートも出され、実際にゴーストタウン化するモールの出現にもふれられている。

後者は「苦境の米小売り産業」リストを挙げ、ネット通販に客を奪われ、苦境に追いやられた小売り業の現在をレポートしている。

その背景にあるのはアメリカの半数近い世帯が、アマゾンのプライム会員と推計され、4年後にその売上は3945億ドル(45兆円)に達すると予測されている。さらにアマゾンは高級スーパーのホールフーズも買収し、実店舗と生鮮食品でも攻勢に出ようとしている。

【戦後の日本の消費社会化がアメリカを範としていたことは、1970年代以後のコンビニやファミレスの出現から、80年代ロードサイドビジネスによる郊外消費社会の成長と隆盛を見ても明らかだ。また郊外ショッピングセンターも同様である。とすれば、アメリカの現在の消費社会の動向は、日本へと及んでくることは必至だ。かつて『出版業界の危機と社会構造』において、「やがて哀しきショッピングセンター」に言及したことがあったが、アメリカはそれがすでに広範に現実化している。そのような風景も、やがて日本でも現実化していくだろう。その時、書店のみならず、出版業界はどのような状況を迎えることになるのだろうか】

〔14〕日新報道が倒産。

1967年創業で、政治、経済、ビジネス書を刊行し、2002年には年間売上高1億5000万円を計上していたが、16年には4500万円まで落ちこみ、恒常的に資金不足となっていた。負債額は現在調査中とされる。

【もう半世紀近く前のことになってしまうが、日新報道で思い出されるのは、1970年の藤原弘達『創価学会を斬る』の出版である。この出版に対し、公明党が著者や版元に対して、様々な抑圧と妨害を加えたとし、公明党と創価学会による「言論・出版の自由」に関する重大な問題として、マスコミに大きく取り上げられた。ベストセラーになったのはいうまでもなく、確認してみると、1970年のベストセラーの第5位に記録され、続編も刊行された。もはや旧聞に属し、出版業界でも覚えている人も少なくなっているであろうが、かつてのベストセラー出版社の倒産なので、あえてふれてみた】

〔15〕沖積舎から『沖積舎の45年』を恵送された。

【これは創立45周年を迎えての総目録で、1900余点が並び、壮観である。私にとって記憶に深いのは、小栗虫太郎『黒死館殺人事件』と夢野久作『ドグラ・マグラ』の復刻である。この総出版目録は少部数刊行とされているので、必要な読者は早めに申しこんだほうがいいだろう】

クロニクル⑳　2017年8月

17年7月の書籍雑誌の推定販売金額は952億円で、前年比10・9％減。書籍は467億円で、同6・2％減、雑誌は484億円で、同15・0％減。

雑誌の内訳は月刊誌が382億円で、同17・1％減、週刊誌は102億円で、同6・1％減。返品率は書籍が42・0％、雑誌は46・2％で、月刊誌は47・8％、週刊誌は39・5％。

7月期は土曜休配日が2日あったことが雑誌マイナスの大きな原因とされているが、15・0％マイナスは尋常ではない。

とりわけ月刊誌は17・1％減とかつてない大幅マイナスで、月刊誌、ムック、コミックが

■書籍・CD・ビデオ卸売業調査

順位	社名	売上高（百万円）	増減率（%）	営業利益（百万円）	増減率（%）	経常利益（百万円）	増減率（%）	税引後利益（百万円）	粗利益率（%）	主商品
1	日本出版販売	624,422	▲2.4	2,208	▲19.4	2,409	▲26.8	412	12.1	書籍
2	トーハン	475,907	▲2.6	6,304	6.6	4,223	18.3	2,836	13.0	書籍
3	大阪屋栗田	80,200	16.8	—	–	—	–	—	—	書籍
4	星光堂	58,999	▲5.6	–	–	–	–	–	–	CD
5	図書館流通センター	42,855	7.4	1,881	3.5	2,059	6.6	1,238	19.0	書籍
6	日教販	27,357	▲0.9	352	13.2	141	39.6	112	10.5	書籍
7	ユサコ	5,860	▲3.7	229	28.7	228	28.8	140	16.8	書籍
10	春うららかな書房	3,849	11.1	150	0.0	104	2.0	21	23.2	書籍
	MPD	188,062	▲0.7	834	18.3	845	15.9	593	4.5	CD

揃って凋落を告げている。

今年に入っての雑誌のマイナスは、4月の11・9%減、5月の10・0%減に続く3度目の2ケタ減で、それに返品率を考えれば、雑誌の流通販売自体が利益を生み出さない状況へと向かっていると判断できよう。

この8月に四国をバス旅行してきた。その際に車窓からロードサイドの風景をずっと眺めていたのだが、書店を見かけることが少なかった。書店数が半減してしまった現実を反映しているとあらためて認識させられた。

〔1〕『日経MJ』（8／2）の16年度「日本の卸売業調査」が出された。「書籍・CD・ビデオ」部門を示す。

【大阪屋、栗田、太洋社が消えて2回目の調査となる。しかしこの部門の見出しに「実店舗振るわず苦境」とあり、本文で

「ネット通販や電子書籍の利用が増える一方、実店舗で買い物する消費者は減っており、市場環境は厳しさを増す」と述べられているように、TRCを除いて、売上高は減少するばかりだ。それに取次は輸送会社からの値上げ要請も相次ぎ、物流コストの増加も指摘されている。また日販の場合、アマゾンのバックオーダー発注の廃止もあり、それらはどのような影響をもたらすだろうか。取次も苦難の一年となろう。4の星光堂はCD卸のトップだが、5・6%の減少で、こちらも定額配信サービスが普及し、音楽DVDとCD販売の落ちこみを伝えている】

〔2〕 1に掲載されていない中央社の決算も出された。

売上高は228億円、前年比1・6%減。営業利益は3億円、同10・0%減。当期純利益は23・7%減の減収減益。

その内訳は「コミックスを除く雑誌」が前年比6・0%減、「雑誌扱いのコミックス」が4・6%減、返品率も2%増の31・2%に上昇し、雑誌の下半期の落ちこみと高返品率がその要因となる。

【『出版状況クロニクルⅣ』で、2010年代に中央社だけが増収増益、低返品を続けてきたことを既述しておいた。しかし前期の売上高は231億円、前年比1・7%減だったので、2年連続のマイナスとなっている。また全体の返品率も7年ぶりに30%を超えてしまった。コミックを含めた雑誌の凋落が、中央社をも直撃していることになるし、それはコラボしてきたアニメイトも同様だと思われる。本クロニクル⑦などでアニメイトの120店舗網、タイバンコク店の出店、書泉や芳林堂のM&Aなどを伝えてきたが、その後のことはリリースされていない。「あなたの街にアニメイトを出店させよう！」とのキャッチコピーによる出店希望を募る企画の行方はどうなったのであろうか】

〔3〕　インプレス総合研究所による16年度電子出版市場は2278億円、前年比24・7％増。その内訳はコミックと文字コンテンツ（写真集なども含む）、電子書籍が1976億円、同24・7％増、このうちのコミックの売上が1617億円、26・6％増、文字コンテンツは359億円24・8％増。電子雑誌は302億円、24・8％増。

【前回の本クロニクルで、出版科学研究所による17年上半期電子出版市場規模が1029億円に達し、17年の電子出版市場は2000億円を超えるであろうと記したばかりだ。ところがインプレスのデータは16年4月から17年3月までのものだが、すでに2000億円に達していたことになる。本クロニクルは電子出版市場が2000億円に達した場合、その金額はコミックとコミック誌の売上に相当するもので、それが取次や書店の流通販売市場に取り返しのつかない打撃になると繰り返し指摘してきた。それが早くも現実化してしまったのであり、ここでの電子コミックシェアは71％に及ぶ。このような電子コミック状況を背景にして、トーハンはLINEマンガとコラボした書店試し読みキャンペーンを600店まで拡大していた。それに加え、9月からは従来の出版社別、レーベル別とは異なる4社の「ウェブアプリ棚」を設け、スマホ読者を書店へと誘導する試みをスタートさせる。それをめぐって、「トーハンは、コミック売場に『ウェブアプリ棚』」と題し、関係者の座談会が『新文化』（8／3）に掲載されているので、詳細はそちらを見てほしい。念のためにLINEの調査データを添えておくと、新たなコミックをどこで知ったかの問いに対し、アプリとの回答は44％、書店は49％で、書店ではネット発コミック売上は1〜2％ほどでしかない】

〔4〕小学館とDeNAはデジタルメディア事業を目的とする共同出資会社MERYを設立。小学館の山岸博副社長が社長に就任。資本金は6億5万円で、出資比率は小学館が66・66％、DeNAが33・34％。

年内までに20代前後の女性を対象とするファッション、美容、コスメなどの情報デジタルサイト「MERY」を開設する。記事作成、編集、校閲などの業務は小学館、システム構築やネット上のマーケティングといったサポートはDeNAが担当する。

【これも前回のクロニクルで、LINEマンガや楽天マンガの取次を担うメディアドゥの現在と今後の方向づけにふれておいた。このメディアドゥに小学館も資本参加している。またマンガwebサービス「サンデーうぇぶり」のACCESSとの共同リニューアルも発表されている。だがMERYはコミック関連ではなく、雑誌全般に及んでいくデジタル化ビジネスの立ち上げと見るべきだろう。だがはたして大手雑誌出版社の大手デジタル雑誌出版社への転換は可能なのであろうか】

〔5〕　マガジンハウスは日之出出版と販売業務提携し、日之出出版の定期刊行物『Fine』『FINEBOYS』『Safari』の3誌と年間50点ほど刊行しているムック、書籍の発売元になる。

【このような発行元と発売元のジョイントは、新潮社や朝日新聞出版でも行なわれてきたし、取引正味が高いほうに発売元を移行させていくことは、これからも起きていくであろう。しかしそれは所謂疑似M&Aとでもいえるし、再びの分離は、取次や書店との関係からも難しいことも折りこみ済みだと思われる】

〔6〕　公取委の発表によれば、アマゾンは電子書籍取引における出版社や電子取次と締結した「同等性条件」を撤廃する。

「同等性条件」とは、電子書籍の小売原価やアマゾンへの卸価格などを競合他社と同等になるように義務づけてきたものだが、公取委はそれが出版社の事業活動を制限し、イノベーション意識や新規参入を阻害するとしていた。

【この電子書籍とアマゾンの問題もさることながら、本クロニクルでも3回続けて取り上げてきたアマゾンのバックオーダー中止と「e託販売サービス」への誘導問題はどのような余波、及び出版社への選択となって表われているのだろうか。版元ドットコムは、「e託販売サービス」利用はバックオーダー終了前が17社だったのに対し、それ以降は25社になったと発表している。出版協、梓会、人文会加盟出版社の状況はどうなっているのか知らせてほしい】

〔7〕丸善ジュンク堂は池袋本店から100メートルの新築ビルに文具専門店の丸善池袋店を開店。

地下1階は雑貨、筆記用具、画材などの一般文具150坪、1階はカフェカウンターと座席、書籍、文具のフェア台50坪、2階は丸善オリジナル文具、万年筆など高級文具とカフェ42席、書籍で100坪。

〔8〕三洋堂HDは名古屋の三洋堂書店志段味店内に「スポーツクラブWill G（ウィルジー）三洋堂志段味」を開設すると発表。同店2階147坪のレンタル部分を閉鎖して転用。「スポーツクラブWill G」を運営するのは、全国に82店舗を展開するアクトスで、三洋堂HDは同社とFC契約を締結し、フィットネス事業に参入する。

三洋堂のブックバラエティストア展開の一環とされ、それに伴い、全83店舗に共通ポイントカード「ponta」を導入する。

〔9〕CCCのFCであるトップカルチャーは「蔦屋書店」全店舗の半分の36店舗を大幅改装。売上高が低迷するレンタルDVD、CD部門を半分に縮小し、化粧品やキッチン用品などの物販エリアを2倍に広げる。それは実質的にレンタルDVD、CD陳列スペースが4分の1になるとされる。

【7、8、9の大手書店チェーンに見られる新たなケーススタディは、これまでそのチェーン

展開を支えてきた大型店出店が実質的に不可能な状況へと入りつつあることを告げていよう。本クロニクルで繰り返し指摘してきたように、大手書店の新規大型店出店は、実質的に取次による初期在庫を利用した金融支援に他ならなかった。しかし書店売上の失墜はもはやそれも成立しなくなっている。本クロニクル⑭で、16年のジュンク堂と蔦屋書店、TSUTAYAの大型店出店リストを挙げておいたが、そのような動きはほとんど見られなくなっている。それは書店にとって大型店出店が採算ベースにのらないことと同時に、金融機関からの融資に関して、新規事業のほうがスムーズだからであろう。また出店を支える取次の体力が限界に達したことも意味している。**7**の事例はその象徴といえよう。その一方で、**8**と**9**が示しているのは、大型複合店の柱であったレンタル部門の凋落で、これも音楽、動画配信市場の成長と見合っている。1980年年代から2010年代にかけて、郊外店、大型店、大型複合店とシフトしていく中で、現象的には大型複合店が勝利を収めたかのように推移してきたが、それがバブルでしかなかったことを浮かび上がらせている。三洋堂とトップカルチャーだけでなく、トーハンと日販、MPDもそのバブルの後始末と後退戦の中に否応なく引きずりこまれていくだろう。そうした意味において、ここに挙げた書店の3つのケーススタディは、偶然の一致として起きたものではないと思われる】

〔**10**〕日本の書店状況とは対照的な、アメリカの独立系書店事情が『文化通信』(7/31)の増刊「bBB」に紹介されている。

それは「独立系書店の将来を楽観している」というニューヨークのグリーンライト・ブックストアのレベッカ・フィティングの言である。要約してみる。

＊ニューヨークのブルックリン地区で、２００９年に地域住民の要望を受け、グリーンライト・ブックストアが55坪でオープン。16年には本店から6キロの場所に新店舗プロスペクト・レファーツガーデン店を同規模で出店。経営者の一人のレベッカはランダムハウスでセールスレップ（書店営業）をしていた。

＊本店は地域の人たちの協力で、25人から一口１０００ドル以上、7万５０００ドルを借りて開店した。その借入金返済が終わり、本店も繁盛しているので、その地域に書店がないこともあり、新店を出すに至った。

＊新店では１００人が20万ドル以上貸してくれて、それらの人々の３０％以上が本店のコミュニティに属している。

＊本店の成功は地域の人々が書店がほしいと思い、顧客になってくれたことに尽きるし、ビジネスとしての書店を営んできたからだろう。

＊作家を呼んだり、子どもたちへの読み聞かせ（ストーリータイム）といったイベントは週に2～4回開催している。イベントの多くは出版社からのオファーにより、基本的には無料で、この書店のことを知らせ、文化をシェアすることを目的としている。

＊従業員は2店舗と劇場の売店、外商などで31人。フルタイム21人、パートタイム10人、バイヤー、外商は1人だったが、２店舗になったので、２人にするために会社の組織作りを進め

ている。

＊新刊発注はマージンを増やすために、できるだけ出版社に直接注文し、客注、売れ行き良好書、小出版社の本は取次を使っているが、取次比率は全体の9％である。

＊返品率は12～13％だが、なるべく返品しないようにしているし、買切条件だとマージンも高い。それに出版社の入荷速度が速くなり、月曜日に注文すれば、金曜日には届く。

＊文具、グリーティングカード、玩具、ギフトなどの本以外の商材（サイドライン）の売上比率は12％で、本の量から考え、ちょうどよいと考えている。

＊アメリカで独立系書店が増えているのは、2011年大手チェーンのボーダーズが倒産し、その店舗があった地域から書店が消えてしまったので、新しい書店ができているからだ。

＊書店を開店させようとする若い人々がABA（米国書店組合）の会員になることで、新たな書店コミュニティが形成され始めている。ABAに加盟すると、そのウェブショッピング（Eコマース）のプラットホームを、独立系書店も利用できることが最大のメリットである。その他にも書店員の教育、出版社とのリンク、クレジットカード会社の手数料が少ないことなどが挙げられる。

＊書籍販売単価はハードカバーが27ドル、ペーパーバックは17ドルぐらいで、書店マージンは小出版社で40％、大手出版社で52％。客単価は28ドル、客数は平日で160～180人、週末で300～325人。

【これがアメリカの独立系書店のモデルケースとすれば、毎月の実売客が7000人で、月商

20万ドル、書店マージン45%とすると、9万ドルとなる。まさに独立系書店とは書籍を売ることによって成立しているのであり、日本の書店が、書籍、雑誌、コミック、しかも雑誌とコミックに依存している事実とまったく相反している。それはまた日本の独立系書店の困難さを伝えていよう】

〔11〕「チェーンストアのための経営専門誌」を謳う『販売革新』(8月号)が、「アマゾン後のリアル店舗」特集を組んでいる。

【そこではニトリ、ヤマダ電機、マツキヨ、ビッグカメラ、カインズ、ドンキホーテなどの物販店舗の、アマゾンに抗しようとする店舗紹介がなされている。しかし書店だけはない。それは大手ナショナルチェーンがアマゾンに対して、「チェーンストア」の機能を失い始めていることを表象しているのかもしれない。日本でも10のような独立系書店があれば、「販売革新」にふさわしい売場として紹介されていただろう。だが残念なことに、7、8、9に見られる他業態への転換しかない。そのような選択肢も困難であることはいうまでもない】

〔12〕『週刊東洋経済』(8/6)が「SCの憂鬱」という記事を掲載している。

【今月はユニー・ファミリーマートHDとドンキホーテの資本提携による、ユニーの「アピタ」「ピアゴ」へのドンキの出店、セブン&アイHD傘下の西武船橋店、西武小田原店の閉店が発表されている。それに伴い、テナントのほうもまた閉店することになるが、かつては集客のために必要とされていた書店も、もはやそのような存在価値が失われつつあるのかもしれない。書店だけでなく、この特集があげているショッピングセンターのテナントの出、退店数はファッション、ファッション雑貨、食品、生活雑貨などであるけれど、あまりにもドラスチックな状況を示している。16年のファッション店の出店は３３５６店に対し、退店は４５８０店に及んでおり、漂流するファッションというイメージを想起してしまう。しかしファッション店は什器もろともの移動は可能だが、書店の場合は棚などの汎用性は少なく、売場が縮小されていく中で、それもリース料だけを残して捨てられていく運命をたどるかもしれない】

〔13〕『出版ニュース』（8／下）に日向咲嗣「暴かれたツタヤ図書館の選書リスト」が寄せられている。

それによれば、ツタヤ図書館として3館目の宮城県多賀城市の２０１６年の追加購入蔵書３５０００冊の選書リストを入手したところ、そのうちの１３０００冊が中古本だった。

その１３０００冊の出版年の内訳は、２０１３年が２０１３冊、10～12年が４５０１冊、５～9年が３２００冊で、75％を占めている。

ジャンル別でいえば、料理２６２０冊、美容健康２１４６冊、旅行１２１８冊で、生活実用書の視点から見ても鮮度が重要なのに、それらが考慮されていない。これらは大半が1円で売られているもので、ＣＣＣの関連会社ネットオフから仕入れたものではないか。つまり古本を「新刊」定価で納品したという疑惑がもたれているのである。

この問題に関して、多賀城市とＣＣＣに対し、追加購入蔵書の納入企業一覧と価格等がわかる文書の情報開示請求をしたところ、多賀城市は「不存在」と回答し、ＣＣＣは理由も明示せず、開示を拒否したとされる。

【『出版状況クロニクルⅣ』で、ツタヤ図書館問題については、その始まりである武雄図書館の本質としての「虚像の民営化」を指摘しておいた。しかし本クロニクル⑧で、同じく『出版ニュース』連載の「図書館ウォッチング」などから、依然としてツタヤ図書館問題がくすぶり続けていることを記したが、今回の日向文はツタヤ図書館問題が何も解決されていないことを知らしめている。ここに示された多賀城市とＣＣＣの対応は、確かに公金支出上に関して、説明責任を果たしていない。この問題は公共図書館業界における「森友・加計学園」問題のような様相を示し始めている。なお日向文はニュースサイト Business Journal に連載したものの要約なので、詳細はそちらを参照されたい】

〔14〕『文化通信』（8／7）の堀哲彦「生まれ変わる出版プラットフォーム」が「書籍フリマアプリ」を取り上げている。これによって新たな書籍流通が広がるとして、エイベンチャーの Labit の「ブクマ！」、メルカリの本、ＣＤ、ＤＶＤ、ブルーレイ専門の「メルカリカウル」が挙がっている。

これらは個人同士が直接取引するフリマの仕組みを利用するので、アマゾンなどのマーケットプレイスよりも手数料は安く、出品手続きも簡単で、「ブクマ！」も「メルカリカウル」も新刊も手がけていく。それによって新刊市場と中古市場を含む、新しいマーケットプレイスが生み出され、出版流通にも少なからぬ影響をもたらすのではないかと観測されている。

【これは連載第1回なので、その後もレポートをたどるつもりでいる。そういえば、2013年にサービスを開始した「メルカリ」は流通総額が月間100億円を突破したようだ。だが問題も露出してきているようで、『週刊新潮』(8/31)が「メルカリは泥棒市場だ万引本800冊でも放置」の記事を掲載していることも付記しておこう。なお「メルカリ」は多くの事実誤認があり、訂正と謝罪を求める抗議文を内容証明郵便で送ったという】

〔15〕 風船舎の古書目録第13号『特集都会交響楽』が届いた。

【そこに思いがけないものが掲載されていたので、そのことを書いておきたい。それは明治末から昭和十七年にかけての「横浜本牧チャブ屋『キヨホテル』経営者倉田治三郎・喜代子夫妻児蔵アルバム」13冊で、実際にその写真が8ページにわたって紹介されている。価格は162万円だが、横浜風俗文化や谷崎潤一郎研究者にとっては垂涎の的ともいうべき資料であろう。この通称キヨハウスはその文章が引かれているように、横浜に居を構えていた谷崎の家の隣にあった、アメリカまで知られていたチャブ屋だった。管見の限り、その最も詳しい言及は今東光の『十二階崩壊』(中央公論社)に見ることができる。書店市場と相俟って、古書市場の苦戦も伝えられているが、このような資料も古書店があればこそ出てくるのであり、そのサバイバルを願って止まない。これは売れたであろうか。もし売れていなければ、現在の『谷崎潤一郎全集』の編纂者である千葉俊二こそがぜひ買うべきだ。また風船舎目録は音楽関係をメインとしているが、それに関連して付け加えておきたい。先頃、「出版人に聞く」シリーズ番外編の関根由子『家庭通信社と消費社会』（仮題）の打ち合わせで、フリー編集者の野中文江と会った。すると彼女から、最初に勤めた出版社が河合楽器のカワイ出版から独立した二人が立ち上げた啓隆閣であることを知らされた。それからしばらくして、古本屋で１９７０年刊行のマーツァ『20世紀芸術論』を見つけ、購入してきた。ここでも音楽書を出していたのだろうか】

クロニクル㉑　２０１７年9月

17年8月の書籍雑誌の推定販売金額は９７６億円で、前年比６・３％減。書籍は４６４億円で、同３・７％減、雑誌は５１１億円で、同８・６％減。

雑誌の内訳は月刊誌が４１９億円で、同６・９％減、週刊誌は92億円で、同１５・７％減。

返品率は書籍が４２・２％、雑誌は４４・４％で、月刊誌は４５・３％、週刊誌は３９・８％。

最悪なのは週刊誌の落ちこみで、販売金額も2月と5月に続く3回目の１００億円割れで、販売部数に至っては前年比１８・３％減となっている。

週刊誌の時代が終わろうとしているのかもしれない。

8月までの推定販売金額は、これも前年比6・1％減と、16年の倍の落ちこみを示している。

もはや何が起きてもおかしくない状況が招来されつつある。

〔1〕日販の『書店経営指標2017年版』が出され、過去5年間の書店の損益計算書も含まれているので、その抽出表を示す。

【17年度は全国69法人、521店の書店経営データを収集、分析したとされる。その16年の損益計算書が示すところによれば、売上総利益、営業利益、当期損失はいずれもこの5年間で最低となり、14、15年はかろうじてプラスになっていた当期純利益も0・76％のマイナスに至っている。調査店分類内訳は

■過去5年間の指標〈損益計算書〉（単位：％）

科目	2012年	2013年	2014年	2015年	2016年
売上高	100.00	100.00	100.00	100.00	100.00
売上原価	72.35	72.02	71.18	72.39	72.52
売上総利益	27.65	27.98	28.82	27.61	27.48
人件費	12.33	12.54	13.29	12.40	12.03
販売費	3.43	4.47	3.35	3.12	3.20
設備管理費	9.23	8.21	8.72	8.52	8.15
その他管理費計	2.42	2.24	3.25	3.42	3.99
販売費・一般管理費計	27.41	27.46	28.61	27.46	27.37
営業利益	0.24	0.52	0.21	0.15	0.11
営業外収入計	1.05	1.01	1.32	0.95	1.12
営業外費用計	1.07	1.03	0.78	0.67	0.80
経常利益	0.22	0.50	0.75	0.43	0.43
当期純利益	− 0.19	− 0.08	0.37	0.31	− 0.76

出版物売上構成比「80％以上」が36・5％、「50％以上80％未満」が21・2％、「50％未満」が42・3％であり、大半が複合店とわかる。しかもその半分近くが、出版物シェアが50％を割っていて、それによって売上原価72％台は保たれていることになる。しかしそれであっても経常利益率は「0％以上1％未満」が34・0％、「0％未満」が36・0％で、双方を合わせれば、70％近くが赤字の状態ではないかと推測される。これを雑誌と書籍を専業とする書店に当てはめてみれば、専業店としての書店は、利益を生み出す業態ではなくなってしまったことを残酷なまでに告げている。そしてまたそれが多くの中小書店を閉店に追いやったことも。それゆえに現在最も苦しいのは、書店経営とその資金繰りであり、双方の困難さをもあからさまに告げていることにもなろう。もちろん資金繰りの苦労は出版社も取次も同様だが、書店は日銭商売であり、複合化しているとはいえ、ここまで雑誌が凋落していくと、そのダメージは出版社や取次が想像する以上に大きいだろう。その雑誌がさらに落ちこんでいっている17年はどうなっているのか、これもまた想像するに恐ろしいというしかない。なお「損益計算書」は『新文化』（9／7）にも掲載されている】

〔2〕くまざわ書店が千葉駅ビルにペリエ千葉本店を322坪で開店。隣接のタリーズコーヒーとコラボするブックカフェスタイル店。
紀伊國屋書店は10月にイトーヨーカドー川崎店を278坪、11月に名古屋の専門商業施設にプライムツリー赤池店を244坪で出店。

前者は各種イベントに、体験イベントとしてのワークショップも開催し、後者は海外輸入雑貨販売や大学出張講座、サイエンスカフェなどのイベントも予定。

〔3〕大垣書店は今期決算見通しを発表。

売上高は108億9600万円で、前年比5・0%増。

9月にJR神戸駅改札前に36店目のプリコ神戸店70坪を出店。

〔4〕TSUTAYA桜新町店が2FのCD、DVDレンタル売場を改修し、心と体を整えるヨガなどの新サービス「ツタヤコンディション」を導入。

【前回も丸善ジュンク堂、三洋堂、トップカルチャーの従来と異なるパラダイムチェンジにふれたが、2の200から300坪、3の70坪といった出店は、16年までの500坪以上大型店出店が不可能となり、中型、小型化していることを象徴しているし、今後の出店もそのようにシフトして行くと思われる。その背景には1で示した書店状況に求められることはいうまでもないけれど、取次自体が大型店出店を支える体力がなくなりつつあることを示している。そのような中にあって、3の大垣書店の既存店売上1・1%増、前年を上回る売上高は讃えるべきかもしれないが、これはフランチャイズや今期業務提携した兵庫の三和書房、札幌のなにわ書房、新たな2店の出店を含むものであることも、付記すべきだろう。それに利益に関しては発表されていない。書籍の売れ行きのほうだが、新書分野の第1位は『応仁の乱』の3748冊で、大垣書店から全国に火が点いたとされている。**4**のTSUTAYA桜新町店の「ツタヤコンディション」導入は、同じく三洋堂のスポーツクラブ、トップカルチャーの化粧品やキッチン用品などの物販売場への転換と同様で、TSUTAYAにも広範に起きてくることを予測させる。それらは雑誌や書籍の専門店からレンタルとの複合店、カフェとのコラボなどを経て、模索し、漂流する現在の書店像を浮かび上がらせている。どのようなところに着地するのか、それは予断を許さない時期に入っているとしかいいようがない】

〔**5**〕『日経MJ』(9/4)が「街の本屋さん『コンビニになる』」という見出しで、「出版不況、日販、ファミマ提携」を一面特集している。

そのケーススタディは兵庫県加西市の50年の歴史を持つ書店で、業務転換し、ファミマに加盟し、コンビニと書店が融合し、「ファミリーマート+西村書店加西店」となった。

「店内に入るとコンビニの5倍近い約700平方メートルの空間が広がり、児童書、新刊本、雑誌などが並ぶ。レジカウンターが店のど真ん中にあり、『ファミチキ』を販売。その奥がコンビニでチルド惣菜や菓子、冷凍食品など3000品目が並ぶ。」

滑り出しは順調で、客数は伸び、売上高は8割増、出版物売上も1坪当たり2・5倍になり、来客の4割が本とコンビニ商品の両方を購入する。しかし悩ましいのは24時間営業で、書店のほぼ倍となったことである。

【この背景には日販がファミマにコンビニ書店展開を持ちかけたことで、日販にとっては書店を存続させる最終手段、ファミマにとってはFCオーナーの確保と新規出店である。ファミマは書店の1200店舗がコンビニ書店転換の可能性があるとしている。しかしこれまでの書店とコンビニの関係、高いロイヤリティと24時間営業を考えれば、現在の中小書店が1200店もコンビニ書店に業態転換することはありえないだろう。日販にしてもファミマにしても、中小書店の危機を救うというよりも、トーハンやセブンイレブンへの対抗と、自らの一方的な都合と思いこみで、コンビニ書店を立ち上げようとしているにすぎない。その一方で、セブンイレブンは雑誌の定期講読取り置き、ローソンは書棚の設置拡大を試みている。だがそれらも功を奏しないとすれば、コンビニにおける出版物外しも生じてくるかもしれない】

〔6〕紀伊國屋書店は文藝春秋の『蘇える鬼平犯科帳』1万部をすべて買切、国内70店舗とウェブストアで販売。

また書店団体悠々会にも卸し、重版分も買切とすることで、文藝春秋と同意。

同書は逢坂剛など7人の作家が「鬼平」を描いた短編と池波正太郎の『鬼平犯科帳』からの一編を選んだもので、四六判上製、384ページ、1750円。

【紀伊國屋としては15年の村上春樹『職業としての小説家』を始めとして、出版社28社から166点の書店直接取引による買切販売を行なっている。池波の読者は村上よりも裾野が広いので、非再販商品、割引販売対象となって売られていくのだろうか。この内容と定価設定でも1万部売ることは難しいのではないだろうか。村上の『職業としての小説家』も八木書店ルート

で、在庫残部と思われるものがかなり流れていたからだ】

〔7〕 ポット出版は新レーベルのポット出版プラスから中村うさぎ編集『エッチなお仕事なぜいけないの?』を刊行する。ポット出版プラスは、トランスビュー扱いで書店と直接取引するために設立されたもので、9月7日までの事前注文は特別正味55%で発送し、返品は68%~70%の通常正味で歩高入帳となる。

同書は編者の中村がクラウド・ファンディングで資金調達し、製作した。

A5判並製、340ページ、2500円。

【7日までの事前注文は700部だったとされているが、中村の知名度と粗利45%であっても、そのぐらいの予約しか上がらないのか。もしくは小出版社とテーマを考えれば、よく集まったというべきなのか、判断を下せないのだが、その後の売れ行きも注視することにしよう】

〔8〕 集英社の決算が出された。売上高は1175億円で、前年比4・4%減。当期純利益は53億円、同8・2%減。営業・経常利益は非公表。

売上高内訳は雑誌576億円、同15・6%減、書籍124億円、同3・8%減、広告93億円、同5・4%減、その他381億円、同19・5%増。

その雑誌内訳は一般雑誌が280億円、同11・1%減、コミックス295億円、同19・4%減。

その他は電子書籍、雑誌、コミックスなどのwebが145億円、同19・7%増、版権が159億円、同31・4%増。

〔9〕 光文社の決算も出された。売上高221億円で、前年比6・8%減。経常損失1億8200万円、当期純損失2億9300万円となり、7年ぶりの赤字決算。

販売部門内訳は雑誌が76億円、同13・2%減、書籍が34億円、同6・3%減。

【8の集英社と9の光文社に共通しているのは、コミックスも含めた雑誌の凋落で、それが両社の決算にも色濃く反映されている。集英社の雑誌とコミックス、光文社の雑誌の二ケタ減は、それをダイレクトに物語っている。その一方で、電子雑誌やコミックスは伸びているものの、前年ほどではなく、電子除籍の伸長率は鈍化している。それに何よりも顕著なのは、雑誌に下げ止まりが見られないどころか、明らかに加速していることが近年の決算ごとに露わになってきている。集英社は一ツ橋グループ、光文社は音羽グループの中枢として、戦後の講談社や小学館を支えるのみならず、取次のトーハンや日販の成長に不可欠な雑誌出版社であった。そのアイテムが講談社や小学館と同様に、集英社や光文社においても崩壊しようとしている】

〔10〕 『出版月報』(8月号)が特殊「デジタルにシフトする雑誌」を組み、近年デジタルメディアに移行した6誌をレポートしている。それらの誌名と出版社名を挙げておく。

＊『週刊アスキー』(KADOKAWA)

＊『クーリエ・ジャポン』（講談社）
＊『FYTTE web』（学研プラス）
＊『日刊 Ranzuki』（ぶんか社）
＊『Web マガジン Cobalt』（集英社）
＊『別冊文藝春秋』（文藝春秋）

【これらは2015年と16年にデジタルメディアに移行した27誌のセレクションで、編集長へのインタビューを試みている。電子化による印刷流通経費の減少、配本、刷り部数、返品率問題の解消はなされたが、有料会員とweb広告だけでは大半が黒字となっていないようだ。特集がいうごとく、確かに「デジタルメディアに移行しても簡単に収益を上げられるわけではない。読者の認知を広げ、講読習慣を定着させなければならない」との状況の只中に、デジタルメディアも置かれている。ただそのような状況下であっても、大手出版社の雑誌を始めとして、多くの雑誌が休刊し、16年には雑誌銘柄が10年連続マイナスで、ついに2977点と、3000点を割ってしまった。それゆえに、デジタル雑誌の移行はまだ増えていくだろうし、『新潮』とヤフーの提携による小説の同時配信、講談社と楽天のスマホ向けファッション雑誌『BE ViVi』の創刊、光文社の女性誌『VERY』の携帯電話事業者などとのコラボも発表されている。しかしそれらが「読者の認知を広げ、講読習慣を定着させ」ることができるかは、まったく未知数だといっていい】

〔11〕岩波書店が佐藤正午『月の満ち欠け』で初の直木賞を受賞。新聞広告によれば、12万部を突破したという。

【『選択』（9月号）の「社会文化情報カプセル」で、「苦境の岩波書店に『干天の慈雨』／直木賞受賞作のヒットで一息つく」という記事が掲載されている。岩波書店が同書に関して、買切ではなく委託としたことで、「注文が殺到」し、「カネを刷っている状態」、つまり「干天の慈雨」とされている。だが出版社の立場から見れば、恐ろしいのは返品で、岩波書店はそれを経験することなく、12万部を配本してしまったことにある。確認するためにいくつかの書店状況を見てみたが、明らかに完売は難しい量の平積みが見られた。10月から返品を受けつけると伝えられているが、その返品金額の穴埋めに苦労することは目に見えている。そのかたわらで、岩波書店に関する情報が流れているが、複数の確認がとれないので、今回は言及を見合わせることにしよう】

〔12〕法政大学出版局より、図書目録と同時に次のような案内が届いた。

「2017年謝恩割引のご案内
平素よりご愛顧いただいております読者のみな様への感謝の意味を込め、同封の注文ハガキにて2017年11月末日までにお申込いただいたばあい、全点2割引価格にて販売させていただきます！」

【せっかくの案内なので、かねてから読まなければならないと思っていたジョージ・ケナン

『シベリアと流刑制度』Ⅰ、Ⅱを注文した。同書も含む「叢書・ウニベルシタス」がなければ、読まずに終わった本も少なくないだろう。この「叢書」だけでなく、もうひとつのシリーズ「ものと人間の文化史」も、盛田嘉徳『河原巻物』、中沢厚『つぶて』、阪本祐二『蓮』などは好著として忘れ難い。それからこのような読者向け割引販売だが、再販制ではなかった戦前においてはよく試みられたもので、本ブログの古本夜話364「アルスのバーゲンと東京出版協会の図書祭記念『特売図書目録』」を参照されたい】

〔13〕創拓社出版と関係会社の創拓社が破産。

同社は1983年設立で、書籍出版、塾運営、家庭教師派遣などを手がけ、2016年には売上高22億円を計上していたが、人件費や諸経費が重荷となり、今回の措置になったとされる。負債額は20億円。

【創拓社といえば、1980年代に『香具師口上集』という一冊が話題になったことを記憶しているが、その後の刊行物に関してはほとんど目にしていないと思う。それを考えると、今世紀に入ってから一般書は出していなかったのではないだろうか。それからこれは出版社ではないけれど、かつて文京区で辞書や辞典の製本業を営んでいた福島製本印刷が自己破産申請、負債額5億円】

〔14〕『新文化』（8／31）の「この人この仕事」欄に、河出興産の荻生明雄社長が登場し、現在

の出版倉庫状況について語っている。

それによれば、一時は１００社まで取引先は増えたが、毎年のように出版社の倒産、民事再生、資本の移動による解約などがあり、現在は80社ほどとなる。しかし先期はＣＣＣグループ出版社の倉庫業務の集約によって、増収増益の決算となった。

ただアマゾンの日販バックオーダー発注終了から完全に潮目が変わり、出版物流の変革の時期に入っている。実際に倉庫会社は新たなシステム、設備などを求められる一方で、激しい原価競争と流通量の減少、出版社の破産によって危機に追いやられ、同業者の破産や廃業も増え、減少しているという。

【本クロニクル⑲で、「出版倉庫業者の現状」を紹介しておいたが、今回はその個別編とでもいえる。13の製本印刷会社ではないけれど、出版倉庫業も出版業界と運命共同体にあり、やはり同様に危機の中に置かれている。そしてまたここでもＣＣＣが顔を見せ、大きな役割を果たしているとわかる。同じ『新文化』（９／21）に、大阪屋栗田の服部達也副社長のインタビューも掲載され、彼がＣＣＣ、丸善ＣＨＩグループ、楽天を経て、現在へと至っていることが明らかにされている。倉庫業界のみならず、取次の日販とＭＰＤ以外にも、ＣＣＣの人脈が流れこんでいることになる。しかしそれが織りなす出版水脈の行方はどうなっていくのだろうか】

〔15〕『ニューズウィーク日本版』（９／15）が特集「王者アマゾン 次の一手」を組み、次の６本

の記事を収録している。
＊Amazon の帝王 ジェフ・ベゾスの野心
＊謎に満ちたベゾスの半生
＊「世界一」富豪に迫る法の壁
＊複雑で周到過ぎる節税対策
＊トランプ vs ベゾス、口論の軍配は？
＊低迷スーパーを買ったアマゾンの皮算用
最初の記事のイントロのところに、アマゾンの従業員の待遇、税金逃れ、独占思考は嫌いだが、「それでも決して逃れられないほど、アマゾンは私たちの文化の中に深く入り込み、愛憎半ばする存在となっている」とある。

そしてアマゾンが『ワシントンポスト』も買収し、ベゾスは資産総額８００億ドルの大富豪として脚光を浴びているとし、次のように書いている。

「その脚光が照らし出すものは何なのだろう。書籍でも食品でも何でも売るというアマゾンの業態は既に完成した。今ではＣＩＡにクラウド・コンピューティングのサービスを提供し、ＮＡＳＡとはロケット会社ブルー・オリジンを通じて協力関係にある。一方で映画・テレビの世界でも存在感を強めている。いずれ映画大手のユニバーサルも破綻した書店チェーン大手のボーダーズと同じ目にあわされるかもしれない。」

それに続いて、アマゾンの時価総額は全米４位の４７８０億ドルであること、プライム会員が

8500万人に達したこと、最も秘密主義のテクノロジー企業の側面、次々に新事業を打ち出し、教育産業としてのアマゾン・インスパイアのスタート、児童向け番組ネット配信なども言及されていく。

そのコアにあるアマゾンの野心的エネルギーの根幹には、ベゾス個人の問題である「彼が非常に複雑だということ」の指摘もなされている。

【後の5本も読んでもらうしかないのだが、アマゾンの発展を彼の性格と直接結びつける分析は、アメリカからの発信ゆえであるからだろう。しかし気になるのは「今やアマゾンは、私たちの生活に欠かせない存在だ。アマゾンなしで生きていけるだろうかと思ってしまう」という告白であり、アメリカではアマゾンが「生活の必要性では、国の行政機関を上回る」存在になってしまっていることだろう。さすがに日本ではそこまでいっていないと思われるが、日本が絶えずアメリカを範としてきたことを考えれば、いずれはそのようになってしまう可能性も否定できない。それにこのようなアマゾンに関する記事も、CCCメディアが発行する週刊誌だから掲載できたのではないかとの思いに駆られてしまうのである】

〔16〕『週刊東洋経済』(9/23)が「流通新大陸の覇者メルカリ&ZOZOTOWN」特集号を組んでいる。ただここではメルカリだけを取り上げるし、旧大陸とは百貨店とショッピングセンターをさしている。

個人間通販アプリ「メルカリ」はサービス開始4年で、月間流通総額100億円を超えた。そのダウンロードは国内５０００万、米２５００万で、4年間で７５００万に及び、Ｃ ｔｏ Ｃの新場となっている。

その出品手続きは簡単で、スマホで写真撮影し、送るだけで成立するため、毎日１００万以上の出品がある。買い取り業者は安すぎるが、メルカリは自分で売り値を決められ、納得感があり、出品者の手数料は10％ですむ。

それもあって、16年決算では売上高１２２億円で、前期比3倍、営業利益32億円、こちらの前期は11億円の赤字から急成長している。

この背景にあるのはリユース市場の成長で、16年には１・９兆円とされ、その中でもフリマアプリは16％を占め、4年間で３０００億円市場となり、これらの成長も確実で、メルカリも上場間近とされる。

創業者で30代の山田進太郎会長の言である。

「世界的なマーケットプレイスを仕掛けるテクノロジーの会社だ。モノとおカネ、モノとモノ、サービスとサービスなどもっと自由にやり取りできれば、無駄になっている資源を有効活用でき、世界が本当に豊かになる。青臭い話ではあるけれど、本気で信じている」

特集もまたヨイショ気味の「期待」をこめ、次のように書いている。

「日本の小売業界に旋風を起こした流通革命児はこの先どこまで突き進むのか。（中略）日本発のネットサービスが世界で成功した事例はまだほとんどない。メルカリは小売りにとどまらないベンチャー代表としての期待も背負っている」

【ここでメルカリのほうだけに言及したのは、最近になって、書籍、ＣＤ、ＤＶＤ分野の商品に特化した「メルカリカウル」を投入したからである。これは前回もふれているし、新しいマーケットプレイスの誕生も確実なように思われる。特集には4ページにわたって、「メルカリ徹底活用例」が掲載され、売り方の基礎から応用までがマニュアル化されている。「メルカリカウル」だけでなく、このようなフリマアプリが広範に普及すれば、多くの個人が消費者と販売者の双方の存在を兼ねることになり、かつてと異なる消費社会の新しい在り方を提出することになるかもしれない。このような関係にある詩を連想したが、それはここでは示さない】

〔17〕フリースタイルによって、宮谷一彦の『ライク ア ローリング ストーン』が単行本化された。

【解説者の中条省平はこの刊行によって、「ようやく日本マンガ史に開いた大きな空白がほぼ半世紀ぶりに埋められることになります」と書いているが、私も同感である。この際だからフリースタイルには、やはり未刊の『太陽への狙撃』の単行本化も望みたい。１９６０年代後半において、宮谷はつげ義春と並んで、その特異な劇画の愛読者はかなりいたと思われるが、出版社に恵まれなかったゆえに、その全集も刊行されていない。宮谷もつげも青林堂から単行本を出し、その後つげは北冬書房や筑摩書房からの選集や全集を見たが、宮谷は編集者や読者がいたにもかかわらず、今世紀に入ってからは忘れ去られていたかのようだった。宮谷とその時代に関しては、これ以上私が贅言をはさむより、岡崎英生の『劇画狂時代』（飛鳥新社、２００

2年）を参照されたい】

クロニクル㉒　2017年10月

17年9月の書籍雑誌の推定販売金額は1284億円で、前年比6・5％減。書籍は720億円で、同0・5％増となり、4ヵ月ぶりに前年を上回った。文庫本の大物新刊の刊行などによる底上げとされるが、書店実売の書籍は1％減。

雑誌は564億円で、同14・2％減。その内訳は月刊誌が467億円で、同14・2％減、週刊誌は96億円で、同14・1％減。雑誌の二ケタ減は今年に入って4回目である。

返品率は書籍が35・5％、雑誌は42・4％で、月刊誌は42・8％、週刊誌は40・5％。月刊誌の返品率は最悪で、今年は一度も40％を下回っておらず、月刊誌そのものだけでなく、ムックやコミックも売れなくなっている事実を突きつけている。

このような状況がさらに来年も続けば、出版業界はどうなるのか、それは火を見るより明らかであろう。

■2017年 推定販売金額

月	推定総販売金額		書籍		雑誌	
	（百万円）	前年比（%）	（百万円）	前年比（%）	（百万円）	前年比（%）
2017年 1〜9月計	1,049,420	▲6.2	560,653	▲2.7	488,767	▲9.9
1月	96,345	▲7.3	50,804	▲6.0	45,541	▲8.7
2月	139,880	▲5.2	82,789	▲1.9	57,092	▲9.6
3月	176,679	▲2.8	105,044	▲1.2	71,635	▲5.0
4月	112,146	▲10.9	55,090	▲10.0	57,056	▲11.9
5月	92,654	▲3.8	47,478	3.0	45,176	▲10.0
6月	110,394	▲3.8	54,185	▲0.2	56,209	▲7.0
7月	95,208	▲10.9	46,725	▲6.2	48,483	▲15.0
8月	97,646	▲6.3	46,499	▲3.7	51,147	▲8.6
9月	128,468	▲6.5	72,040	0.5	56,428	▲14.2
10月	133,096	▲4.2	60.397	▲2.2	72,698	▲5.8
11月	123,229	▲3.3	51,911	▲5.6	71,318	▲1.6

〔1〕 1月から9月までの出版物推定販売金額の推移を示す。

【今年もあますところ、実質的には2ヵ月ということになるが、2017年の書籍雑誌推定販売金額は1兆4000億円を確実に割りこみ、1兆3800億円前後と予測される。そして18年には1兆3000億円を下回ってしまうであろう。1996年のピーク時の2兆6563億円に比べれば、この20年間で書籍雑誌推定販売金額はまさに半減してしまった。それとパラレルに書店数も半減してしまい、さらに閉店が続いていけば、1万店を割ることすらもありえる。大手出版社にしても、取次にしても、正確な状況分析に基づき、ヴィジョンを確立し、書店市場と併走してきたわけではない。日本の出版業界が雑誌をベースとして成立し、中小書店が大手出版社の雑誌と書籍、大書店が中小出版社の書籍を売るという「対角線取引」によって、書店の棲み分けと再販委託制のバランスは保たれていたのである。しかしそうした日本の書店の現実を無視した取次とナショナルチェーン書店の出店競争によって、それらの中小書店は退場してしまい、大書店は複合化を進め、実質的に「対角線取引」という言葉も失われてしまった。もちろんこうした書籍雑誌販売額の失墜の原因は他にも求めることができるけれど、最大の要因は、販売市場としての外売力も備えた地域の中小書店の衰退に求められるであろう。これは**2**や**4**でも言及しているとおりである】

〔**2**〕本クロニクル⑥などで、雑誌銘柄数がついに3000点を割ってしまったことを既述しておいたが、販売部数、返品率と共に2001年からたどってみる。

次の表は『出版指標年報2017年版』より抽出したものである。

【まずこの雑誌銘柄数だが、2016年の場合、週刊誌は81点で、その他の2896点が月刊誌となる。だが後者には月刊誌以外の不定期刊誌、ムック、コミックが含まれ、ムックとコミックは1シリーズが1点としてカウントされていることをふまえてほしい。2000年代前半はまだ増加し、後半になると減少し始めているが、それでも3500点前後で推移していた。ところが2010年代に入ると、マイナスが続き、ついに3000点を下回ってしまったのである。推定販売部数のほうはさらにドラスチックで、2001年から下げ止まらず、2001年の32億8615万冊から、16年にはその半分以下の13億5990万冊まで減少している。し

■雑誌銘柄数、推定販売部数、返品率の推移

年	雑誌銘柄数	前年比(%)	推定販売部数(万冊)	前年比(%)	返品率(%)
2001	3,460	0.8	328,615	▲3.5	29.4
2002	3,489	0.8	321,695	▲2.1	29.4
2003	3,554	1.9	307,612	▲4.4	31.0
2004	3,624	2.0	297,154	▲3.4	31.7
2005	3,642	0.5	287,325	▲3.3	32.9
2006	3,652	0.3	269,904	▲6.1	34.5
2007	3,644	▲0.2	261,269	▲3.2	35.2
2008	3,613	▲0.9	243,872	▲6.7	36.5
2009	3,539	▲2.0	226,974	▲6.9	36.2
2010	3,453	▲2.4	217,222	▲4.3	35.5
2011	3,376	▲2.2	198,970	▲8.4	36.1
2012	3,309	▲2.0	187,339	▲5.8	37.6
2013	3,244	▲2.0	176,368	▲5.9	38.8
2014	3,179	▲2.0	165,088	▲6.4	40.0
2015	3,078	▲3.2	147,812	▲10.5	41.8
2016	2,977	▲3.3	135,990	▲8.0	41.4

かも2010年代に入ってからのマイナス幅は大きく、返品率は3年続きで40％を超えている。書籍のほうは2010年代は39％から36％台で、40％を割っているので、返品率から見れば、雑誌の状況の深刻さが浮かび上がる。17年はさらに最悪の返品率となることも確実であろう。

このような雑誌の凋落とパラレルに起きているのは書店の減少で、アルメディアによれば、現在の書店数は1万2526店であるから、この10年間で4572店のマイナスとなる。その結果、書店のない地方自治体は2割を占め、420に及ぶ。雑誌の凋落の原因として、電子雑誌

の成長も挙げられるが、最大の原因は1970年代と比較して半減してしまった書店市場に他ならない。しかもまだ減り続けていくだろうし、再販委託制による近代出版流通システムが限界に達していることを意味していよう】

〔3〕太洋社の倒産処理の最終配当率は78・41％という異例の高配当で終了。

【この数字は「地方・小出版流通センター通信」No.494で知ったのだが、そこには「先代が蓄積した財産を処分し、それなりの配当になった」のではないかとも記されていた。昨年の太洋社の自主廃業から自己破産に至る経緯は、本クロニクル②、③で言及しているように、自己破産に至ったが、当初は自主廃業をめざしていた。つまりまだ体力のあるうちに事業整理を行なう予定で、そのための書店売掛金、不動産、有価証券などによる清算が目論まれていた。今回の最終配当率が高かったのは、おそらくそれらが当てられたのであろう。これまでの鈴木書店、大阪屋、栗田の破産処理スキームと異なり、まだ資産のあるうちの自己破産が功を奏し、今回の高配当で破産処理を終えたことになる。先の「同通信」の言はそのことを伝えている。しかしこれは太洋社だけのケーススタディと見なしておくべきだろう】

〔4〕全国図書館大会分科会「公共図書館の役割と蔵書、出版文化維持のために」で、文藝春秋の松井清人社長が、図書館での文庫貸出をやめてほしいとの要望を表明。

その根拠として、東京都3区1市の公共図書館文庫貸出率が示され、荒川区26％、板橋区

22％、（新書を含む）、豊島区24％、三鷹市17％に及び、この流れが他の地域の公共図書館にも広がっている。

今後さらに文庫貸出が増えれば、文庫収益が30％強を占める文春の売上にも少なからぬ影響を及ぼし、文庫市場の凋落は出版社だけでなく、書店や作家にとっても命とりになりかねないと訴えたとされる。

【このような発言は本クロニクル⑪でふれた新潮社の佐藤信隆社長の公共図書館に対する新刊本の一年間の貸出猶予を求める要望、それに基づく書協の文芸小委員会による公共図書館宛の要望書の送付と同様に、単なるパフォーマンス以外の何ものでもない。新刊貸出猶予や文庫貸出中止などは、現在の公共図書館状況において、実現できるはずがないことは百も承知の上での発言だからだ。本クロニクル⑯で示しておいたように、確かに文庫市場も3年続きの6％マイナスで、2017年は販売金額は1000億円、販売部数も1億5000万冊を割りこみ、最悪の数字となるだろう。しかしそれは図書館だけでなく、同⑯で指摘しておいた書店数の激減によっていることは明らかだ。雑誌と同様に文庫もまた、書店の増加とパラレルに成長してきたのである。ちなみに明治末期に3000店だった書店は、昭和初期に1万店を数えるに至る。『文藝春秋』は大正12年（1923年）、岩波文庫は昭和2年（1927年）に創刊されたことは、それを証明していよう。戦後の出版物の成長にしても、絶えず2万を超える書店という販売インフラが寄り添っていたのである。しかし1960年代に2万6000店を数えた書店は現在半減してしまい、昭和初期の1万店に近づきつつある。それこそが文庫もまた最悪の数字へと追いやった主原因に他ならない。このような出版状況を直視することなく、公共図書館への文庫貸出中止の要請はファルスでしかない。また『選択』（10月号）が、「マスコミ業界ばなし」で、9月に文春の松井社長から社員に召集がかかり、「雑誌だけでなく、単行本や文庫なども含めた書籍部門も振るわないため、松井社長が発破をかけた」とされる。16年度は売上高257億円、純利益11億円だったが、17年度は売上高238億円、純利益8億7000万円で、赤字ではないものの、「全社的に息切れ状態」に陥っているようだ。このような状況の中にあって、文庫出版の行方はどうなるであろうか】

〔5〕 雑協は昨年初めて実施した12月31日の「年末特別発売日」は取りやめ、12月29日を最終発売日、1月4日から全国一斉発売すると発表。

【昨年の「年末特別発売日」に関しては、本クロニクル⑪で疑問を呈し、同⑰でその「総括」がフェイクニュースに他ならないことを記しておいた。雑協はこれまで今年も「年末特別発売日」を実施するとしていたが、出版社だけでなく、取次や書店からも疑問視され、また運輸事情も絡んで、中止せざるを得なかったことになろう。雑誌の現在状況は**2**に示したとおりであるにもかかわらず、雑協はその現実を直視できていないし、書店が半減してしまったことが雑誌の凋落の大きな原因であることにも、気づいていないかのようだ】

〔6〕 16年度の貸与権使用料分配金額が、これまでで最高の23億5100万円となった。

これはレンタルブック事業著作使用料を管理する出版物貸与権管理センターから分配するもので、契約出版社は46社。

これらの出版社から著作権者にさらに分配され、15年は18億1000万円だったので、大幅に増加。なお1回目の2008年は5億2000万円だった。

現代のレンタル店は2172店とされる。

【TSUTAYAとゲオはほとんどがコミックレンタルを兼ねているので、現在のレンタル店のシェアは両社によって大半が占められていると考えられる。しかしわずか1年で1回目を上回る5億4100万円の増大は何を意味しているのだろうか。それは店舗改革におけるレンタルコミック部門の急速な拡張、及びそれに伴うコミック読者の増加と見なすしかない。コミック売上の凋落も、電子コミックばかりでなく、レンタルコミックにも影響されているのだろう】

〔7〕『日経MJ』(10/27)によれば、CCCは3月以降TSUTAYAを43店閉店し、10月半ば時点でさらに3店の閉店を予定しているとされ、CD、DVDレンタル市場の急速な縮小を伝えている。

そのかたわらで、九州TSUTAYAが福岡の複合ビルに「六本松蔦屋書店」を開店。

売り場面積800坪のうち、書籍雑誌は360坪、スターバックス200席、レコード店、ファッション、イベントスペースなどからなる。

月商目標は3000万円。

【この出店を取り上げたのは、TSUTAYAの出店で月商目標を始めて目にするからである。それが3000万円ということは年商3億6000万円、坪当たりの在庫50万円とすれば、総在庫は1億8000万円だから、2回転が目標となる。360坪で日商100万円、2回転の書籍、雑誌売場ではほとんど利益は上がらないと考えられるので、その他の複合によって採算をとるということなのか。それからスタバとCCCの関係だが、書店ばかりでなく、図書館でもコラボしていることからすれば、CCCはスタバのFCなのかもしれない。今月にはいって、CCCとTSUTAYAのマスコミリリースと露出は目に見えて多くなっている。増田社長の新風会での講演、CCCの中国の出版社との合弁会社設立、Tカードプレミアム会員特典、TSUTAYAプレミアム、文具雑貨のTSUTAYAプライベートブランドなどで、これらは10月に集中している。CCCはTSUTAYAで、812店、全チェーンで1250店を数え、Tカード会員6400万人を有するにしても、かつてない閉店ラッシュ、またここまで雑誌が凋落し、レンタルなどの複合も落ちこむ一方だから、当然のことながら、さらなる店舗リストラ、FCリストラは避けられないはずだ。その一方で、Tカードから離脱しようとする企業も出てきているようだ。そうした中での様々なプロパガンダが、ここにきて前面に押し出されているのだろう。その渦中にいる日販とMPDはどこに向かおうとしているのか】

〔8〕 精文館書店の決算が出された。

売上高196億円、前年比2・6%減。営業利益5億円、同11・3%減、当期純利益2億7600万円、同25・3%減の減収減益。

【売上内訳は、書籍・雑誌が113億円、文具、セル、レンタル75億円だから、日販子会社、CCCFCの典型的複合店の現在ということになる。店舗数は50店で、1店当たりの書籍・雑誌販売金額は月商換算すると、1900万円を割り、日商は63万円である。しかも雑誌シェアが高い。それに文具、セル、レンタルを複合させてきたのだが、書籍・雑誌に加え、この3分野もマイナスとなり、既存店の不振もいうまでもない。日販やトーハンの傘下書店売上はそれぞれ700から800億円に及ぶとされるが、ここまで雑誌が落ちこみ、複合のメインたるレンタルも同様となると、もはやビジネスモデルが揺らいでいるというしかない。これ以上の出店も同様である】

〔9〕文教堂GHDの連結決算は299億円、前年比7・0%減。営業利益は8900万円、当期純利益は2400万円で、前年の赤字決算から黒字に転換。

【新規出店は5店、閉店は8店、改装店舗は14店とされ、スクラップ&ビルドを推進し、アニメ関連に特化した業態店「アニメガ」が好調などによる黒字とされる。しかし売上高は減少を続け、有利子負債もそのまま抱えているはずで、健全な黒字決算とは思えない。精文館にしても文教堂にしても、いずれも日販の傘下にあるわけだが、来期の決算がどうなるのかが問われることになろう】

〔10〕　三五館が事業停止。
1992年設立で、宗教、ビジネス、健康書などを出版し、2015年には売上高3億2000万円だったが、17年には2億5000万円まで減少し、今回の措置となった。負債は3億円。

【もはや忘れられてしまったかもしれないが、三五館を設立した星山佳須也は情報センター出版局の編集長で、1980年代は星山と情報センターの時代でもあったのである。情報センターの「センチュリイ・プレス」から椎名誠『さらば国分寺書店のオババ』を始めとして、村松友視『私プロレスの味方です』、関川夏央『ソウルの練習問題』、呉智英『封建主義、その論理と情熱』、栗本慎一郎『東京の血は、どおーんと騒ぐ』、南伸坊『さる業界の人々』などに加え、ハードカバーとして藤原新也『東京漂流』を刊行し、ベストセラーならしめている。それゆえに栗本によって、「現代をリードするソーソーたる執筆陣を擁して出版業界に大旋風を巻き起こしている原爆的張本人」とまで称されたのである。情報センター出版局は大阪で、『日刊アルバイト情報』から始まったとされる。そして「センチュリー・プレス」の創刊に至るのだが、いずれ1980年代の星山と情報センターのことは誰かが書いてくれるだろう】
〔11〕　産経新聞出版は潮書房光人社が新設分割する潮書房光人新社の株式100％を取得し、社長には産経新聞出版の皆川豪志社長が就任。
【潮書房は1956年設立で、当初は戦記ものではないジャーナリズム月刊誌『丸』を刊行していた。この雑誌に関しては、井家上隆幸『三一新書の時代』（「出版人に聞く」16）でふれら

れている。その後経営者が代わり、戦記物へと転換した。光人社は1966年に潮書房の戦記物単行本のために設立され、NE文庫も刊行していたが、今世紀に入って合併し、潮書房光人社となっていた。どこに産経新聞出版が潮書房光人社を買収する理由があるのかはっきりしないが、出版物から考えれば、戦記物に求めるしかない。かつてのサンケイ新聞と戦記物とのジョイントする分野の出版を想定してのことのように思われる】

〔12〕『出版月報』(9月号)が「日記・手帳　人気の背景」を特集しているので、それを紹介してみる。

＊日記・手帳は出版社と文具メーカーと大きく2種類に分かれ、販路もまた書店、文具店、雑貨店、量販店(ホームセンターなど)と多岐にわたる。主要ルートは書店、文具店、量販店。

＊出版社が刊行する書店ルートの市場規模は200億円、販売シェアは1・6%。ちなみに児童書や学参は5%であり季節商品としては安定したシェアを維持。

＊2009年から7年連続で前年を上回り、この5年間の伸び率は12年7%、13年11%、14年8%、15年7%、16年2%のプラスで、手帳が9割を占める。

＊高橋書店、日本能率協会マネジメントセンター(JMAM)、博文館新社の老舗3社が点数、部数ともに突出し、販売金額シェアは高橋書店が40%超、JMAMが30%、博文館新社が10%で、3社80%以上を占めている。日記だけの場合、博文館新社が60%シェアとなる。

＊日記は06年349点から16年162点と半減しているが、手帳は652点から1499点と

こちらは倍増で、出版社は85社に及んでいる。
＊返品率は25～30％。
【何も印刷されていないといっていい日記や手帳が7年連続で売上を伸ばし、分野としても安定し、返品率も低いことは、現在の出版業界において、誠に皮肉なことだというしかない。それは活字の魅力が失われてしまったことを示唆してもいる】

〔13〕『文化通信』（10／2）の「文化通信bBB」が「長岡義幸の街の本屋も見て歩く」47で、大阪屋栗田が今年1月に立ち上げた少額取引店向けの卸サービス「Foyer（ホワイエ）」を紹介しているので、それを要約してみる。
＊これは雑貨屋カフェなどの他業種が新たな商材として簡便に書籍販売に取り組めるように、商品代以外の初期費用ゼロ（取引信認金なし）で卸売りする新たな出版販売の仕組みである。
＊東京港区のホテル「ザエムインソムニア赤坂」、鹿児島県の東シナ海の甑島の民泊・食料品店の山下商店、和歌山市のイベントスペースを改装した住宅の交流施設の本屋プラグ、静岡県袋井市の家具・雑貨店CoCoChi HIROOKA、熊本県阿蘇市の移動書店310BOOKS、世田谷区豪徳寺の「絵本と育児用品の店Maar（まーる）」など50店以上が取引。
＊取引条件は正味83％、1回の注文2万5000円以上、送品時送料は大阪屋栗田、返品時は300枚2000円で購入したシールを1箱に1枚貼り、送料は店持ち。
【本クロニクル⑮で、児童書専門店、個人の小規模書店、ブックカフェ、雑貨店の取次で、ク

レヨンハウスの子会社である子どもの文化普及協会を紹介しておいたが、さらにニッチのホワイエといってかまわないだろう。単独での採算は難しいだろうが、大阪屋栗田によるひとつの試みとして、紹介しておく】

〔14〕『日経MJ』(10/18)が「第6回ネットライフ1万人位調査」を実施し、「欲しいものはスマホの中」と題して3面にわたり、特集を組んでいる。

それによれば、スマホ経由でインターネットを使う人が6割に迫り、若者を中心にしてスマホがコミュニケーションだけでなく、欲しいものを見つけて買う手段としても浸透しているという。ネットの買い物で総合的に使うサイトやサービスは楽天市場67・3%、アマゾン66・6%、ヤフーショッピング33%だが、10代ではメルカリなどのフリマアプリが大手ネット通販サイトに近い影響力を持つほど成長してきたことがレポートされている。

【前回もマーケットプレイスとしてのメルカリに言及し、書籍などの「メルカリカウル」にふれた。実際に村上春樹の『騎士団長殺し』を検索してみると、アマゾンが数十冊であることに対し、メルカリは販売済も含めて千冊以上の出品がある。すでにベストセラーのリユース市場としてはメルカリのほうが量的に多く、値段も安い。しかもメルカリはトータルとして毎日100万点の出品があるというから、商品の移動とスピードはかつてない現象を生じさせているかもしれない。何と自著も9冊あった。このような「欲しいものはスマホの中」にある「流通新大陸」が成長し続ければ、ユニー・ファミマHDが発表したサークルKとサンクスの664

店の閉店ではないけれど、リアル店舗の大閉店時代を迎えることになるかもしれない】

〔15〕 ヤマト運輸とアマゾンの運賃交渉は大筋合意し、値上げ幅は4割超となるようだ。

【本クロニクル⑲で、ヤマトは1・7倍の値上げを要請したと記しておいたが、それでは合意できず、1・4倍という落としどころになったと考えられる。ヤマトのアマゾン向け運賃は280円前後とされるので、400円を超えることになる。他の割引契約を結ぶ大口顧客1000社とも値上げ交渉を進め、7～8割は合意したとされる。また個人向け宅配便の基本運賃も荷物1個当たり140～180円（平均15％）を値上げしている。佐川急便も11月から値上げし、日本郵便のゆうパックもすでに値上げとなっている。これらの運送業者の値上げは、出版流通にも大きな影響を及ぼしているようで、ある区間では2億5000万円の値上げになったと伝えられている】

〔16〕 宮田昇『昭和の翻訳出版事件簿』（創元社）を読了した。

【今回の著書は戦前の翻訳史への誤解をはらす一冊で、翻訳権のことなど、ある程度は無視して日本で出版されていたとばかり思っていたが、それなりの配慮があったことを教えられた。また戦後に関しても、具体的な例を挙げての真相究明で、まさに拳々服膺すべき「翻訳出版事件簿」といえよう。『出版社大全』（論創社）の塩澤実信、『文壇うたかた物語』（筑摩書房）などの「文壇三部作」の大村彦次郎、『逝きし世の面影』（平凡社）の渡辺京二の3人に、宮田を加え、私は勝手に「四翁」と称んでいる。この4人は高齢社会にあって範とすべき翁たちであり、その中でも宮田は今回の著書を90歳で上梓している。さらなるご健筆を祈ります】

クロニクル㉓　2017年11月

17年10月の書籍雑誌の推定販売金額は993億円で、前年比7・9％減。書籍は473億円で、同5・2％減。

雑誌は520億円で、同10・3％減と2ヵ月連続の2ケタマイナス。その内訳は月刊誌が406億円で、同12・6％減、週刊誌は114億円で、同1・3％減。

週刊誌のマイナスは17年で最少だが、月刊誌はコミックス、ムックの大幅な落ちこみによっている。それらも作用し、17年の雑誌のマイナスは初めての2ケタ減が予測される。

最悪は16年の6・6％マイナスだったけれど、それどころではない雑誌状況を迎えようとしている。

返品率は書籍が41・0％、雑誌は44・5％と、双方がまたしても40％を超えてしまった。10月は台風の影響もあり、他の物販やサービス業も大半が前年を下回っているので、書店の返品率は11月も高いはずで、雑誌の販売額マイナスはそのまま続いていくだろう。

そして18年も続けて2ケタマイナスとなるのではないか。出版状況は崩壊から解体過程へと向かいつつある。

〔1〕 日販の『出版物販売額の実態２０１７』が出され、その「販売ルート別出版物販売額２０１６」が『出版ニュース』（11／下）に掲載されている。それを示す。

【これは本クロニクル⑪でもふれておいたが、日販のこのデータは15年から生協、駅売店、スタンドルートが「その他取次経由」に一本化され、さらに新たに「出版社直販」が加えられている。それらの合計が１兆７２２１億円で、前年比４・１％減となる。そのことによって、16年の出版科学研究所の推定販売金額は１兆４７０９億円なので、２５１２億円上回る数字となるけれど、５の「出版社直販」を外すと、取次ルート推定販売金額に近くなる。しかし3は紙媒体だけで、電子書籍は含まれていないこと、それから5の場合、アマゾンと出版社の直取引を考えると、これらの今後の正確な追跡は難しくなるのではないだろうか。もちろん出版科学研究所の取次出荷から返品を引いた推定販売金額、本クロニクル⑱の『出版年鑑』やニッテンの実売金額に基づくデータにしても、書店も含めたドラスチックな出版物市場の変容の中で、第一次資料としての判断が問われるところにさしかかっているように思われる】

〔2〕 丸善ジュンク堂の工藤恭孝社長と岡充孝副社長が辞任し、取締役も退任し、それぞれ会長、

副会長となる。同じく取締役の文教堂GHDの嶋崎富士雄社長も退任、後任の社長はDNP常務執行役員の中川清貴取締役が就任し、丸善CHIホールディングス社長を兼ねる。
丸善ジュンク堂営業本部のもとで店舗運営を担う淳久堂書店も工藤社長と岡副社長が退任し、こちらも中川社長へ移行。

【任期途中の退任であり、二人はDNPから解任されたと見られる。本クロニクルでも繰り返し丸善ジュンク堂のバブル大型店出店に関する採算上への疑問や、同⑰で工藤社長の敗北にも似た告白にもふれてきているが、この1年の売上の落ちこみも相乗し、DNPにとっても、もはや限界を超えてしまったのであろう。全国90店舗に及ぶ大型店の展開にしても、2014年から赤字続きだったとされる。淳久堂書店を介在させるその出店のメカニズムが再考され、必然的に店舗リストラが始まるのは必至だ。それはいうまでもなく返品となって、取次と出版社に押し寄せてくるだろう。出店は10月の「横浜みなとみらい店」が最後となろう】

〔3〕CCCのFCで、栃木県を中心としてTSUTAYAを展開するビッグワングループが、創業140周年記念式典を開催。同グループは1887年に肥料店を創業、1960年からガソ

■販売ルート別推定出版物販売額2016年度

販売ルート	推定販売額（百万円）	構成比（%）	前年比（%）
1. 書店	1,089,442	63.3	94.0
2. CVS	185,923	10.8	97.7
3. インターネット	183,050	10.6	106.0
4. その他取次経由	78,941	4.6	97.0
5. 出版社直販	184,757	10.7	96.6
合計	1,722,113	100.0	95.9

リンスタンドを始め、CCCのFCには87年に加わっている。

同式典は『文化通信』(10／30)に詳しく報道されているが、その記事を引く。

「87年にCCCとフランチャイズ契約を結んで複合書店の出店を開始した。現在はTSUTAYA26店舗、大型複合店の「bigonebooks」4店舗など、書店32店舗を展開するほか、グループでブックオフ11店舗、「かつや」「道とん堀」「いきなり!!ステーキ」カフェなどの外食店を経営している。」

そして大村一夫社長の次のような発言も紹介されている。

「さらに、『業態の変化が著しい』と述べ、これからはスマートフォンではできない飲食と『人と人との出会い』に関わるビジネスに向かう必要があるとし、レンタルとの複合だったTSUTAYAから、書籍を中心とする蔦屋書店への転換を図ると表明。」

その「新たな成長のスタート」として、12月には佐野市にスターバックスを併設した813坪のTSUTAYA大型複合店も開店する。

【ビッグワングループの記念式典は『新文化』(11／9)にも報道されていることからすれば、プロパガンダのために広くリリースされていたのだろう。CCCのFCとしては異例のことで、しかもそのFC業態が公開されたのも初めてのように思われる。しかもTSUTAYAなどの書店が32店、ブックオフ11店というのも驚きで、ビッグワングループがCCCとブックオフの一定のエリアを独占する地域FCの代表的企業、もしくは様々な業態からなる地域FC企業だと推測される。これまで出版業界でも知られていなかったが、このような地域FC企業がCC

C＝TSUTAYAのコアということになる。記念講演はCCCの増田宗昭社長、祝辞と挨拶は日販の吉川英作副社長、ブックオフの堀内康隆社長、TSUTAYAの大西一雄社長、乾杯発声はMPDの奥村景二社長で、これらのメンバーがFC企業の式典で勢揃いしたのも初めてだろう。それでいて、出版社からの挨拶はなく、その姿も伝えていないのも異例である。この事実はビッグワンの式典がCCC＝TSUTAYA、日販、MPDのプロパガンダに他ならないことを告げている。そのかたわらで、前回の本クロニクルでふれたように、TSUTAYAの50店に及ぶ閉店が続き、ブックオフも連続赤字で、今期の第2四半期決算も赤字となり、それはブックワンのTSUTAYAやブックオフにも影響が及んでいよう。そのためのテコ入れとしての関係者総出演の式典と見なせるが、「TSUTAYAから書籍を中心とした蔦屋書店への転換」はCCCの絵に描いたFCスローガンに他ならず、不可能に近く、経営の戦略として間違っているというしかない。TSUTAYA佐野店はどうなるのか、注目しよう】

〔4〕 ポール・メイソン『ポストキャピタリズム』（佐々とも訳、東洋経済新報社）を読み終えた。テーマは「新自由主義―ゾンビシステムの崩壊」である。

メイソンは新自由主義に伴って起きた1980年代の「金融化」＝financialization に注視する。それは企業社会が金融市場へ向かったことを意味し、まず銀行は従来の顧客から離れ、高リスクな投資業務へ向かう。銀行の従来の顧客だった企業もクレジットカード、様々なローン、モーゲージなどの金融市場に取りこまれていく。

金を貸すことや借りることにまつわる単純な利子の金融が、複雑な金融となって市場を生み出し、投資家に収入をもたらし、その世界に身を置く人たちが1％の超富裕層を形成していく。そうした生産から金融への転換は、労働者の敗北と分断化をもたらし、社会の無秩序化を招き、08年のリーマンショックへと結びついていった。

これはラフな要約なので、詳細は同書を読まれたい。

【偶然ながら、この11月に読んだので、この「金融化」のコンセプトを2と3の大型店出店に当てはめてみる。２０１０年代に入って、丸善ジュンク堂やＴＳＵＴＡＹＡなどの大型店は、予算達成が困難で、自転車操業的出店へと移行していった。それは「金融化」と呼ぶにふさわしく、大型店初期在庫は長期の支払い猶予が設定されるので、それらは取次による「金融化」支援とも見なすことができる。すなわちそれは初期在庫の返品による、書店の資金繰りに当てられるからである。それに加えて、かつては一社現金決済がほとんどであったことに対し、書店側の「金融化」も複雑になっている。例えばA社の新規出店に当たって、出店契約はB社、店舗運営はC社、出版物在庫はD社、ＤＶＤなどは消耗品としてE社が受け持ち、棚やレジなどはリースといったように、様々な「金融化」が複雑に絡み合い、それにＦＣ契約と再販委託制が重ねられている。しかもＦＣではタブーとされる、ＦＣによるＦＣもかなりあると推測される。しかしそれらの流通と金融を担っているのは取次に他ならず、取次はこの複雑化した書店市場に対し、ほとんどなすべき手立ても持てずにいる。しかも流通販売の要である雑誌の凋落に直面し、そのビジネスモデルすらも揺らいでいる。それとパラレルに丸善ジュンク堂にしてもCCC＝TSUTAYAにしても、店舗リストラに向かうだろうし、その際に出版業界のリーマンショックのような事態が起きることも考えられる。また「金融化」だが、これは出版社にしても同様で、週刊誌、月刊誌は除くにしても、ムック、文庫、新書などは、取次の支払い条件に則った「金融化」出版と化していることも事実だし、それが高返品率として現れているのである。読者や書店のことは二の次になっている。だからいってみれば、生産、流通、販売をめぐる出版市場のすべてが「金融化」の中にあり、それが臨界点を迎えていると判断できよう】

〔5〕北海道函館市の加藤栄好堂が自己破産。創業は1934年で、函館市美原と北斗市、亀田郡七飯町に3店舗を展開していた。負債は3億8000万円。

【この書店は知らなかったので、1996年の『ブックストア全ガイド』（アルメディア）を確認してみると、当時は本店が30坪であり、その後出店を続け、リストラなどを経て、今回の事態に至ったと推測される。取次は日販】

〔6〕日本で最初の児童書専門店である名古屋のメルヘンハウスが、来年の3月で閉店。

【本クロニクル⑦で、絵本市場が拡大していることをレポートしたが、45年にわたる児童書専門店には、それが及んでいなかったことを示していよう。「出版人に聞く」シリーズ11『名古屋とちくさ正文館』の中で、古田一晴が近くにあるメルヘンハウスとのコラボを語っていたが、

それも今年で最後となってしまうのである】

〔7〕 同じく名古屋の風媒社の創業者稲垣喜代志が亡くなった。享年84だった。

【稲垣と最後に会ったのは5年ほど前で、転んでけがをした後だったこともあり、「出版人に聞く」シリーズに出てくれないかと頼みづらく、そのままになってしまった。稲垣は日本読書新聞を経て、1963年に名古屋で風媒社を立ち上げ、所謂地方出版の先達で、しかもNR出版会の最初からのメンバーだった。名古屋にあって、風媒社という出版社が存在したことは、有形無形に大きな文化的意味があったはずで、それが継承されていくことを願わずにはいられない。なお『出版ニュース』（11／下）の「出版」欄に、インパクト出版会の深田卓による長文の追悼も掲載されていることを付記しておく】

〔8〕 桐原書店は株式の51％を図書印刷に譲渡し、図書印刷のグループ会社となる。同じく図書印刷の子会社で、主として小中学校の検定教科書を手がける学校図書との事業シナジーをめざす。

【桐原書店に関しては、『出版状況クロニクルⅣ』で、15年にTACに全事業譲渡締結とその後の中止を既述しておいた。2013年に英国のピアソングループから分離独立し、高校の英語や国語教科書、参考書出版に加え、デジタル教材、ベンチャー企業との提携、フィリピン語学支援会社買収などの新事業進出もあり、図書印刷の傘下に入ったことになろう。だが学校図書が先行していたことは知らずにいた。他の教科書をメインとする出版社がリストラでもめて

いる話を耳にしているが、かつては安泰とされた教科書会社にしても、出版危機は押し寄せているのである】

〔9〕 日本ABC協会による2017年上半期の雑誌販売部数が出されたので、週刊誌、月刊誌、合計のトータル数字を示す。

■2017年上半期　雑誌販売部数

	17年上半期	前年同期比（%）	読み放題UU	16年下期比
週刊誌（34）	3,775,809	▲12.1	2,809,940	29.4
月刊誌（117）	9,460,213	▲1.5	5,678,015	26.6
合計（151）	13,236,022	▲4.8	8,487,955	27.5

17年上半期のほうは出版社39社、週刊誌34誌、月刊誌117誌で合計1323万部だが、「読み放題UU」は93誌で848万部だから、実質的に紙を上回っており、その成長率から考えれば、来年は逆転してしまうことが確実である。

それに対し、デジタル版は94誌で、合計部数は14万部、16年下半期比4・9%減となっている。

【スマホで雑誌を読むことが主流となる時代に入ってきている。その一方で、デジタル雑誌はすでに下降していることが明らかである。この雑誌、読み放題UU、デジタル版の販売推移は同様なプロセスをたどっていくであろう。しかしこれはいうまでもないことだが、このデータは雑誌市場の一端であり、ムックとコミックは除外されている。定期誌よりもさらに深刻な状況に追いやられているのは、返品率から明らかにように、ムックと見なせよう。ムックこそは4でふれた「金融化」雑誌に他ならないからで、本クロニクル⑤で指摘しておいたように、長きにわた

るバブル刊行も限界に達していよう】

〔10〕インターネットで海賊版コミックを読むことができるリーチサイト（誘導サイト）の「はるか夢の址」をめぐる著作権違反事件で、運営者やサーバー運営者たち9人が逮捕された。

この「はるか夢の址」は２００８年に開設され、３２００人の会員が毎月1万９５００件の海賊版リンクを投稿する巨大サイトで、閲覧者数は月に１４００万人に及ぶ。

ダウンロードされたコミックは毎月３００万点で、『NARUTO』『ワンピース』『ドラゴンボール』などの人気コミックも含まれ、出版社の被害は２０１１年以降で、４１２４億円に上るとされる。

【これは『朝日新聞』（10／31、11／1）の記事によるが、続報が出ていないので、その後のことがわからない。他紙ではどうなっているのか。「はるか夢の址」はよく知られたサイトで、今年の7月に関係先が家宅捜索され、すでに閉鎖されたが、50万件以上の作品のリンクが投稿されていたという。だがサイト運営者は金銭的利益は得ておらず、リーチサイトが著作権を侵害したのか、多数のリンク投稿者も著作権違反となるのか、この事件はどのような方向に展開されていくのだろうか。「はるか夢の址」と同様のサイトは海外にも多くあるとされているので、それらも含め、詳細なレポートが望まれる】

〔11〕イオングループのコンビニであるミニストップ２２００店は、来年1月から18歳未満販売

禁止の成人向け雑誌の販売を中止すると発表。
さらにイオングループ下にある300店余の未来屋書店なども同様で、それらはミニストップを含めて7000店のすべてに及ぶとされる。

【これも本クロニクル⑭でふれているが、2020年の東京オリンピックを意識してのイオンのパフォーマンスのように映る。また実際に他のコンビニでも、首都圏を中心にして多くが撤去されるとも伝えられている。しかし出版業界にカストリ雑誌から始まるアダルト誌を置いてみれば、編集者、漫画家、作家にしても、次世代の人材の宝庫だったし、それが出版業界を下支えしてきたのである。それはこの8月に出された池田俊秀『エロ本水滸伝』（人間社文庫）にも明らかで、1980年代以後の雑誌カルチャーにしても、エロ本業界を抜きにして語れないはずだ。それからこれは購入して気づいたのだが、人間社は名古屋の出版社で、**6**のメルヘンハウスやちくさ正文館の近くにある。この出版社も**7**の風媒社の影響を受けているはずで、奇しくも今回は明暗の暗のほうによってしまったけれど、名古屋の4つの出版社や書店を挙げたことになる】

〔**12**〕『日経MJ』（11／24）が「宝島社のすご腕付録姉さん」なる一面特集を組み、付録づくりに日々奔走する「目利き」の桜田圭子マーケティング課課長の行動を追っている。
これは**9**のABC調査に基づくであろう、今年上半期宝島社の女性ファッション誌が1位から4位までを独占したこと、及び40代女性向けファッション誌『GLOW』（8月号）が1週間で50

万部を完売したことを受けての特集である。それはアメリカの高級スーパー「ディーン&デルーカ」のロゴ付き保冷バッグの付録によっている。

「付録姉さん」は付録のアイディアをもとめ、雑貨屋、カー用品、地方の大手ショッピングセンター、空港の雑貨店など、週に300~500店をめぐるという。

【「姉さん、あっしもお伴させて頂きます」というわけにはいかないけれど、雑誌本体ではなく、付録が売れ行きを担っているのも、現在の出版業界を象徴している。前回の本クロニクルで、日記と手帳の人気にふれ、何も印刷されていない日記や手帳が好調なのは、誠に皮肉なことだと既述しておいたが、付録人気も同様だと見なすしかない。ただ付録は日本の雑誌の原点ともいえるので、その歴史をテーマとした『おまけとふろくの大図鑑』(「別冊太陽」、平凡社)にならって、宝島社の付録史を一冊にまとめて残してほしい。映画『フリークス』のDVDの付録がついた雑誌を買いそびれてしまったこともあるので】

〔13〕 祥伝社の女性誌『Zipper』が休刊。

1993年に月刊誌として創刊され、「カワイイ」というタームを広めた原宿ファッションをメインとし、古着も含め、10代後半の女性の熱烈な支持を得ていた。

だが2015年からは季刊となっていた。

【12の付録は「癒し」系が主流だというので、もはや「カワイイ」はトレンドから外れてしまい、それも休刊の一つの理由となったのだろうか。エフェメラのようなトレンドは、月刊誌や

季刊誌が寄り添っていくのが難しい時代となっているのが実感として感じられる。これからは流行の消費サイクルがさらに短くなり、雑誌というよりも付録がそれを反映していくのかもしれない】

〔14〕講談社の『小説現代』が来年の10月号で休刊。20年3月号でリニューアル創刊する予定。

【1963年の創刊だから、半世紀以上にわたって刊行されてきたことになる。1978年に創刊15周年を迎えて、『小説現代新人賞全作品』（全4巻）が出されている。その「刊行にあたって」に、次のような言が見える。

「創刊直後に「小説現代新人賞」を設け、年2回、作家志望者に広く門戸を開けて新人発掘に勉め、新しい時代の感覚や風俗に応えた。斬新で、かつ才能豊かな新人作家を生み出し、中間小説界随一の登龍門として、「新人賞は小説現代」と評価されるまでに成長してきました。」

私などの世代はまさに『小説現代』とともに成長したこともあり、66年に第6回小説現代新人賞を受けた五木寛之の「さらば、モスクワ愚連隊」をリアルタイムで読んでいる。それに偏愛する藤本泉もこの新人賞を受賞している。「中間小説」という言葉も懐かしいし、実際に『小説現代』編集長も務めた大村彦次郎による「中間小説とその時代」というサブタイトルの『文壇栄華物語』（筑摩書房）が出されている。だが『小説現代』とともに、中間小説の時代も

完全に終わったのである】

〔15〕 龍生書林の古書目録『りゅうせい』66（最終号）が届き、「今年で廃業」との言が記されていた。

【A5判334ページに及ぶ目録は稀覯本を含めて、近代文学書が満載で、龍生書林が近代文学書にかけては第一人者だったことをあらためて教えてくれる。写真版以外の「複数冊割引」も示され、2冊は2割引、3冊は3割引、4冊は4割、5冊は5割引となっている。残念ながら、私は初版本や署名本などに門外漢であるので、注文できなかったが、近代文学書収集者や読者には、垂涎の一冊が見つかるのではないかと思う。まだ1ヵ月残されているし、目録を入手してほしい。古書業界でも龍生書林の廃業はショックだったようで、親しい古本屋によると、書店に例えれば、紀伊國屋書店が廃業したようなものだと語っていた。14の中間小説ではないけれど、古書業界においても、近代文学が終わってしまったといえるのかもしれない】

〔16〕 ブックオフは通販サイトのブックオフオンラインをアマゾンのマーケットプレイスに出店。ブックオフオンラインは2007年開設で、会員数は350万人、在庫点数は500万点、年間買取点数は3000万点、同販売点数は1640万点とされる。

【このブックオフオンラインのマーケットプレイスへの参入と、アマゾンの手数料の値上がりによって、1円販売本のサイトは劣勢で赤字が確実となり、マーケットプレイスからの撤退が続くだろうと予測されている。新刊書も同様だが、古本も専門書から1円本に至るまで、かつてない激動の只中にさらされている。これは近代、すなわち明治の和本から洋本への過渡期に重なっているようにも見える。だが基本的に異なっているのは、その時代に古本業界を後戸のようにして、出版社・取次・書店という近代流通システムが立ち上がっていたことに対し、現在は逆にそれが崩壊から解体へと向かっていることだろう】

クロニクル㉔　2017年12月

17年11月の書籍雑誌の推定販売金額は1069億円で、前年比7・8％減。書籍は515億円で、同3・1％減。

雑誌は554億円で、同11・8％減と3ヵ月連続の2ケタマイナス。

その内訳は月刊誌が457億円で、同12・5％減、週刊誌は97億円で、同8・2％減。

しかも雑誌の推定販売部数を見てみると、4月から8ヵ月連続の2ケタマイナスである。

販売金額よりも販売部数のほうのマイナスが続いているのは、コミックスの売上が落ちこんでいることを告げているのだろう。

返品率は書籍が40・5％、雑誌が41・7％で、雑誌のほうは何と1月から11月まで40％を超えていて、販売金額、部数に加え、最悪の雑誌状況の中で、新たな年を迎えようとしている。

前回の本クロニクルでも指摘しておいたように、17年の雑誌販売金額は初めて2ケタマイナスとなろう。

〔1〕 1月から11月までの出版物推定販売金額の推移を示す。

【11月までの推定販売金額は1兆2557億円で、前年比6・5％減。書籍は6595億円で、同2・9％減、雑誌は5961億円で、同10・1％減である。16年12月の推定販売金額は1283億円だったので、これに17年11月までの通年マイナス6・5％を当てはめれば、12月は1200億円

■1月から11月までの出版物推定販売金額の推移を示す。

月	推定総販売金額		書籍		雑誌	
	（百万円）	前年比（％）	（百万円）	前年比（％）	（百万円）	前年比（％）
2017年 1～11月計	1,255,731	▲6.5	659,533	▲2.9	596,198	▲10.1
1月	96,345	▲7.3	50,804	▲6.0	45,541	▲8.7
2月	139,880	▲5.2	82,789	▲1.9	57,092	▲9.6
3月	176,679	▲2.8	105,044	▲1.2	71,635	▲5.0
4月	112,146	▲10.9	55,090	▲10.0	57,056	▲11.9
5月	92,654	▲3.8	47,478	3.0	45,176	▲10.0
6月	110,394	▲3.8	54,185	▲0.2	56,209	▲7.0
7月	95,208	▲10.9	46,725	▲6.2	48,483	▲15.0
8月	97,646	▲6.3	46,499	▲3.7	51,147	▲8.6
9月	128,468	▲6.5	72,040	0.5	56,428	▲14.2
10月	99,380	▲7.9	47,377	▲5.2	52,003	▲10.3
11月	106,931	▲7.8	51,503	▲3.1	55,428	▲11.8

ほどとなる。したがって17年度は1兆3757億円前後と予測される。本クロニクル㉒で、1兆4000億円を確実に割りこみ、1兆3800億円前後と予測されると既述しておいたとおりとなる。そして18年は1兆3000億円を下回ってしまうとも考えられる、雑誌をベースとして構築された再販委託制による出版流通システムは、崩壊どころか、解体の渦中へと向かっていきつつある。出版社、取次、書店のいずれもが体力の限界まできていることからすれば、もはや全体としてのソフトランディングはありえず、18年はハードランディング状況が現実化していくと見なすしかない。とうとうこんなところまできてしまったのだ】

〔2〕「新文化」編集部編『出版流通データブック2017』が出され、そこに「出店ファイル2016年100坪以上店」の75店が掲載されている。

そのうちの300坪以上店の30店を挙げてみる。

【本クロニクル⑭などでも「新規店売場面積上位店」の10店は示してきているが、このように30店まで挙げると、TSUTAYAとジュンク堂以外の出店もよくわかる。16年の動向として、ゲオがトーハンとコラボし、TSUTAYAほどではないにしても、同様の4店の大型複合店を出店している。またトーハンもTSUTAYA出店に連鎖し始めている。それから未来屋は上位30店では2店しかないが、75店内では合わせて7店、同じく宮脇書店やくまざわ書店も1店だが、合わせれば前者が9店、後者は4店となる。75店のすべてを挙げれば、それらをめぐる日販とトーハンの寡占出店状況も明らかになるけれど、煩雑なので、明細が必要ならダイレ

■出店ファイル 2016年100坪以上店

店名	所在地	売場総面積(坪)	帳合
TSUTAYA OUTLET 神栖店	茨城県	1500	日販
明文堂書店 TSUTAYA 戸田	埼玉県	1070	トーハン
ジュンク堂書店立川高島屋店	東京都	1032	日販
ジュンク堂書店南船橋店	千葉県	909	日販
TSUTAYA BOOK GARAGE 福岡志免	福岡県	842	日販
蔦屋書店長岡花園店	新潟県	800	日販
HIRASEI 遊 TSUTAYA 三条大崎店	新潟県	800	トーハン
美しが丘 TSUTAYA〈日光堂升井商店〉	北海道	735	日販
岡書帯広イーストモール店〈TSUTAYA〉	北海道	700	日販
ジュンク堂書店名古屋栄店	愛知県	610	日販
ゲオ志摩店	三重県	600	トーハン
ジュンク堂書店柏モディ店	千葉県	500	トーハン
TSUTAYA BOOK STORE 重信〈フジ・TSUTAYA・エンターテイメント〉	愛媛県	491	日販
TSUTAYA 仙台荒井店〈ホットマン〉	宮城県	477	日販
くまざわ書店ポーズなんばパークス店	大阪府	470	トーハン
ゲオ日立金沢店	茨城県	454	トーハン
TSUTAYA サンリブきふね店〈リブホール〉	福岡県	442	日販
紀伊國屋書店セブンパークアリオ柏店	千葉県	432	トーハン
三洋堂書店芥見店	岐阜県	430	トーハン
喜久屋書店小倉南店	福岡県	410	トーハン
ゲオ新岩見沢店	北海道	380	トーハン
ゲオ北本店	埼玉県	370	トーハン
未来堂書店イオンタウンユーカリが丘店	千葉県	336	日販
未来堂書店長久手店	愛知県	336	日販
有隣堂ららぽーと湘南平塚店	神奈川県	325	日販
今井書店 AREA	島根県	320	トーハン
天牛堺書店イオンモール堺鉄砲町店	大阪府	314	トーハン
宮脇書店松山店	愛媛県	300	日販
三洋堂書店碧南店	愛知県	300	トーハン
ジュンク堂書店奈良店	奈良県	300	トーハン

クトに当たってほしい。しかし留意すべきはこれが16年の出店状況で、このようなバブル出店を背景として、前回と前々回でふれた丸善ジュンク堂の工藤社長たちの辞任、TSUTAYAの50店に及ぶ閉店が起きていることである。この16年出店の大型店にしても、新規であっても売上は伸びず、売上目標にはほど遠く、すでにリストラや閉店を迫られている店も多々あるはずで、それは18年にはさらに顕在化していくだろう】

〔3〕 日書連加盟書店数はこの半年で109店減少し、3395店となる。

【ピーク時は1986年で、1万3000店を数えたわけだから、ちょうど1万店が消滅してしまったことになる。20店台の件も6県を数え、大半の県で減少が続いているので、来年は20店を割る県も出てくるはずだ。それが2で見たようなナショナルチェーンによるバブル的な大型店出店を受けてのことであることは、いうまでもないだろう。それにしてもあらためて認識させられるのは、雑誌を中心とする日本の出版流通システムを支えていたのは、これらの消滅してしまった街の中小書店に他ならなかったという事実だ。またそのためには2万を超える絶対的書店数が必要で、さらにそれらが担う外商力も不可欠だったのだと思い知らされる。現在は大型複合店とかつてのスタンド業者に当たる5万店のコンビニが流通販売のメインを占めてしまった。雑誌の凋落も、これらのことを抜きにしては語れないことは自明のように思われる。これを書いた後、加盟店58の栃木県の組合が来年3月で脱退することを知った。財政的な理由などからとされ、12年の山口県に続く脱退である。前回の本クロニクルでふれた佐野市におけるビッグワンのTSUTAYA大型店の出店も影響しているのだろう。おそらく来年はさらに脱退が増えていくと判断するしかない】

〔4〕日販の連結中間決算は売上高2825億円、前年比4・9％減。

〔5〕トーハンの連結中間決算は売上高2090億円、前年比6・2％減。

〔6〕日教販の決算は売上高273億円、前年比0・1％減、営業利益は3億9800万円、同13・1％増、当期純理系は2億1700万円、同93・8％の微減収増益。
【日販とトーハンは中間決算なので、簡略にふれるだけにとどめた。日教販の微減収増益決算は減資と各種準備金減少を反映し、繰越利益剰余金がマイナス9億円から3200万円のプラスとなっている。書籍と教科書の売上は263億円とほぼ横ばいで、返品率は総合で12・0％でありながらも、かろうじて黒字化したことがうかがわれる。日教販の低返品率は日販やトーハンの書籍雑誌の高返品率に比べ、TRCに並ぶものだが、それでも「最低レベルの利益」しか出せないとの言が決算説明でなされている日販とトーハンの今期の最終的決算はどうなるのだろうか】

〔7〕紀伊國屋の決算は売上高1033億円、前年比2・4％。営業利益は13億円、当期純利益

は8億5000万円。

国内店舗数は69店で、出店はエブリイ津高店、天神イズム店、イトーヨーカドー木場店、閉店は高松店、大津店。

〔8〕 有隣堂の決算は売上高505億円、前年比2・4%増。書籍雑誌売上は224億円で、同3・4%減だが、雑貨や教材販売は好調で、販管費の圧縮もあり、営業利益は3億5000万円、当期純利益は2億3100万円の増収増益決算。
出店はららぽーと湘南平塚店、同立川立飛店、閉店は本厚木ミロード店。

【有隣堂の場合、書籍雑誌の占める割合は44・3%で、書店部門シェアは半分以下になっている。近年有隣堂が進めてきた業態転換が功を奏したといえる決算であるのか、これは来期に確認するしかない。紀伊國屋は新宿南店の撤退、出店と閉店のバランスから考えても、今後は大型店のリストラに向かわざるをえないだろう。それは丸善ジュンク堂にしても、DNPのバックアップが不可欠であったことからわかるように、単独でのこれ以上の出店は難しいと思われるし、経営をめぐるメインバンクとの確執も伝わってくる。いずれにしてもそれが来期は現実となって現れるであろう】

〔9〕 CCCがDNPから主婦の友社の99・9%（議決権ベース）を買収。
【これは『日経新聞』（12／13）が報じ、それに対し、CCCは同日「当社が発表したもの」で

はないとプレスリリースしていた。だがこれまでの美術出版社や徳間書店の例から考えれば、CCCが直接ではなくても間接的にリリースしたように判断できよう。その後の『日経MJ』（12／18）で、CCCは主婦の友社のコンテンツを囲い込み、オリジナル商品を開発するなどSPA（製造小売り）モデルを構築し、「書店のユニクロ」を目指すとしている。これは明らかにCCCのリリースによっているのだろう。買収金額は数億円とされているが、主婦の友社の16年売上高は86億円で、11年に比べ20億円減少し、この間の5期は赤字と見られるが、数億円で買いたたかれるとはよほどの苦境にあったと思われる。それにこの主婦の友社の買収は出版業界の末路を象徴している。同社の創業者の石川武美は1921年に『主婦之友』を創刊して以来、出版業界のひとつのストリームとしての婦人家庭雑誌の分野を創造し、確立させた人物である。しかもそればかりでなく、戦後は東販の社長も務め、取次の中枢をも担っていた。その主婦の友社がCCCに買収されるのは何とも皮肉なことで、疑似的にトーハンも日販と同様の立場に置かれた感もする。だがCCCにしても、前回の本クロニクルで言及しておいたように、レンタル事業と雑誌凋落がダブルで傘下のFC企業を襲い、深刻な状況になっているのだろう。そのためのスローガンが書籍を売る蔦屋化や出版社買収による「書店のユニクロ」化であるが、それらはFCとレンタルを本質とするCCCには不可能だと断言していい。その一方で、眼鏡店のジンズの導入も聞こえてくる。そのような例はこれからさらに増えていくはずだ】

〔10〕玩具ゲームの卸大手のハピネットが、音楽、映像ソフト大手の星光堂のＣＤ、ＤＶＤ部門を吸収分割。買収費は30億円。

【星光堂に関しては本クロニクル⑳の「書籍・ＣＤ・ビデオの卸売業調査」で取り上げてきている。16年度売上高は５８９億円で、大阪屋栗田に続く第４位になっているが、前年比５・６％マイナスであり、定額配信サービスの普及によるＣＤ、ＤＶＤ販売の落ちこみを伝えてきた。実際に４年連続の営業赤字だったとされる。ＣＣＣ＝ＴＳＵＴＡＹＡも同様の影響を受けていることは確実で、しかもそれは日販が囲い込んでいる書店も含めて、大型複合店９００店に及ぶし、それらの全盛の時代も終わりつつあることを告げているのだろう】

〔11〕ティーエス流通協同組合（ＴＳ）は次期繰越損失が７４５万円となり、組合出資金額を上回る債務超過に陥ることから、ブックスページワンの片岡隆理事長は解散も選択肢に入れていくと発言。

【77書店からなるＴＳも、トータルとしての売上がマイナスとなっていく中で、客注や単品注文が増えるほど赤字になっていく構造が露呈し、債務超過に陥ったことになろう。といって、大きなロット取引への移行や出版社との直取引によるマージン確保は難しく、やはり解散の方向へと進んでいくしかないように思われる。折しもネットニュースで、明石駅前の木村書店の閉店が伝えられている。歌人の木村栄次が開業し、83年間にわたって営業してきたが、ここ数年は雑誌販売も急減し、閉店を決めたという。雑誌の凋落はＴＳのような協同組合、大書店か

ら小書店、複合店からコンビニまでのすべてに及んでおり、それが来年はさらに加速していくことになろう】

〔12〕 青春出版社の月刊誌『BIG tomorrow』が休刊。

1980年創刊で、37年にわたるビジネスマン雑誌だったが、2010年の6万部から16年には3万部と半減していた。

【塩澤実信の『戦後出版史』の中でも、戦後の創刊雑誌のひとつとして取り上げられているように、『BIG tomorrow』は「人間情報誌」として一世を風靡した雑誌だった。創刊号は32万部を発行し、一時は100万部を突破したことがあったようにも記憶している。その読者となったのは団塊の世代を中心とするサラリーマンで、出世や投資や副業へとテーマが変わっていったのである。しかし読者のコアだった戦後生まれのサラリーマンのリタイアも影響し、部数も急落したと考えられる。あらためて『戦後出版史』の45に及ぶ「創刊雑誌と編集者たち」を読んでしまったが、雑誌の存続の難しさを再認識することになった。しかも現在はその正念場にあるということを実感してしまった。今月は2010年創刊の高校生向け雑誌『HR』（グラフィティ）の休刊も報じられている。その一方で、雑協と取協などは、昨年の12月31日の「特別発売日」の失敗にもかかわらず、またしても12月29日と1月4日を「特別発売日」として、雑誌、増刊、別冊、ムック、コミックスを296点1000万冊を供給する。今年は「本屋さんへ行こう！」キャンペーンと銘打たれているが、3で見たような雑誌販売を担っていた中小書店の消滅後に、「本屋さんへ行こう！」とは白々しい限りだというしかない。本クロニクル⑰で、販売実績フェイクニュースも含め、「取協や雑協は同じことを今年も繰り返すのだろうか」と指摘しておいたが、まさにそうなってしまったのである】

〔13〕『選択』（12月号）の「経済・情報カプセル」欄に、「訴訟乱発の『イオン』に鉄槌／裁判長に苦言を呈される異様」が掲載されている。

それは『週刊文春』によるイオンの産地偽装米をめぐる記事に対する控訴審判決に関してである。裁判長は「訴訟を起こして言論や表現を委縮させるのではなく、良質の言論で対抗することで論争を深めることが望まれる」と異例の言及をしたという。これも他では報道されていないのだが、それに続くレポートも同様なので、そのまま引いてみる。

「今回の文春報道をめぐっては自社傘下の書店から週刊文春を撤去するなど、言論の自由を軽視する姿勢は徹底している。最近では千葉市の要望を受ける形で、流通業者の中で唯一、傘下書店からの成人雑誌撤去を決めた。他社は成人向けとはいえ、表現の自由を侵しかねないため断っている。」

【前回の本クロニクルで、イオングループのコンビのミニストップ、未来屋書店などの7000店すべての成人向け雑誌の販売中止にふれ、東京オリンピックに向けてのイオンのパフォーマンスではないかと既述しておいた。しかしこの『選択』のレポートによって、千葉市からの要望を受けてだと判明したことになる。これも前回の東京オリンピックと連動してだが、1

963年に甲府市の書店から所謂「悪書追放運動」が始まり、それは出版業界全体を巻き込み、全国的にも拡がっていったのである。今回の千葉市とイオンの例を自治体や流通業者は見ならうべきではない。「悪書追放運動」に関しては、飯田豊一『「奇譚クラブ」から「裏窓」へ』(「出版人に聞く」12)を参照されたい】

〔14〕『フリースタイル』37が恒例の特集「THE BEST MANGA 2018 このマンガを読め!」を組んでいる。

【1位は本クロニクル㉒で言及した宮谷一彦の『ライクアローリングストーン』だが、それ以外のBest10は一冊も読んでいなかった。年を追うごとに、ここにランキング入りしているマンガを読んでいないばかりか、出版されていたことも知らないものが増えてきている。これも近年の恒例になってしまったけれど、少しずつ探して読んでいくことにしよう。巻末にはこちらも恒例の呉智英、いしかわじゅん、中野晴行の「マンガ時事放談」が掲載され、そこには「かつて『町の本屋』というものがあった」との小見出しが付された「放談」も見えている。もう忘れられてしまったのかもしれないが、マンガも雑誌とともに「町の本屋」で売られていたのであり、都市の大型店では置かれてもいなかった。その「町の本屋」の消滅もまた、コミックの失墜とパラレルなのである】

〔15〕『神奈川大学評論』88が特集「多様性のなかの社会と文化―ジェンダー・セクシュアリ

ティ、グローバリゼーション」を組んでいる。

【巻頭対談は藤本由香里（ジェンダー論・漫画文化論）とジェームス・ウェルカー（日本文化史）によるもので、グローバリゼーション化とともに、アジアにおけるBL（ボーイズラブ）＝男性同士を描いた女性向けのマンガや小説の受容の変化が論じられている。ウェルカーはそれをある物事がある文化から多文化へ移るときに、その物事が自然に変わっていくというトランスフィギュレーション（変容、変種、変化）として捉え、藤本も日本の21世紀のLGBT文化との重なりを確認している。いうまでもないかもしれないが、藤本は筑摩書房の元編集者である。この対談は石田美紀が『密やかな教育』（洛北出版）で示した「〈やおい・ボーイズラブ〉前史」からの21世紀的展開までをたどっていて、14の2位が萩尾望都『ポーの一族 春の夢』だったことも想起させる。ただ私の場合、たまたま『神奈川大学評論』を恵送されていることから、読む機会に恵まれただけで、多くの読者はこの特集を見ていないと思う。それでささやかな紹介を試みた】

〔16〕 陳浩基『13・67』（天野健太郎訳、文藝春秋）を読了した。今年のベスト1のミステリーとしてお勧めしたい。

【まったくの新しいアジアミステリーの登場である。香港の英国支配から1997年の中国への返還をはさむ、1967年の反英暴動から2013年の雨傘革命の前年までを背景とする6編の連作で構成されている。「我々はたしかに不条理の時代を生きているということだろう」

との認識のもとに、中国の歴史と犯罪が「本格派」と「社会派」の手法をリンクさせて提出され、国家権力としての警察の視点からその謎が明らかにされていく。それは右であれ、左であれ、ミステリーは国家権力構造の鏡像だというテーゼの展開のようにも思える。そしてミステリーを書くこととその出版の自由こそは、社会のバロメーターであることも。中国本土でのミステリーの刊行は聞いていないし、それはプーチン以後のロシア、独裁的なアジア国家においても同様で、『13・67』のような「本格派」と「社会派」が結びついたミステリーの出現を望んで止まない】

あとがき

論創社の森下紀夫氏の誘いによって、本クロニクルを書き始めたのは２００８年のことだから、ちょうど10年にわたって、出版状況をレポートしてきた。

しかもそれは１９９９年刊行の『出版社と書店はいかにして消えていくか』（ぱる出版、後刊論創社）に端を発しているので、20年以上に及んで出版状況を定点観測してきたことになる。

それらの記録は『ブックオフと出版業界』『出版業界の危機と社会構造』と続き、さらに現代出版史としての『出版状況クロニクル』へと引き継がれていったのである。

これらのすべてに関わり、企画と編集、復刊と出版を担ってくれたのも、他ならぬ森下氏であり、本当にお礼の言葉もないほどだ。そのためにも、この8冊が１９９０年代から２０１０年代にかけての日本出版史の基礎文献、資料として読まれることを願って止まない。

二〇一八年二月

著者

小田 光雄（おだ・みつお）
1951年，静岡県生まれ。早稲田大学卒業。出版業に携わる。著書『〈郊外〉の誕生と死』『郊外の果てへの旅／混住社会論』（いずれも論創社）、『図書館逍遥』（編書房）、『書店の近代』（平凡社）、『出版社と書店はいかにして消えていくか』などの出版状況論三部作、インタビュー集「出版人に聞く」シリーズ、『古本探究Ⅰ～Ⅲ』『古雑誌探究』（いずれも論創社）、訳書『エマ・ゴールドマン自伝』（ぱる出版）、エミール・ゾラ「ルーゴン＝マッカール叢書」シリーズ（論創社）などがある。個人ブログ【出版・読書メモランダム】http://odamitsuo.hatenablog.com/ に「出版状況クロニクル」を連載中。

出版状況クロニクルⅤ
——2016.1～2017.12

2018年5月20日　初版第1刷印刷
2018年5月25日　初版第1刷発行

著　者　小田光雄
発行者　森下紀夫
発行所　論　創　社
東京都千代田区神田神保町 2-23　北井ビル
tel. 03（3264）5254　fax. 03（3264）5232　web. http://www.ronso.co.jp/
振替口座　00160-1-155266
装幀／宗利淳一
印刷・製本／中央精版印刷　組版／フレックスアート
ISBN978-4-8460-1711-8　